STORMIE OMARTIAN

Orando a través DE LOS Temas más Profundos DEL Matrimonio

GRUPO NELSON
Una división de Thomas Nelson Publishers
Desde 1798

NASHVILLE DALLAS MÉXICO DF. RÍO DE JANEIRO BEIJING

ÍNDICE

Al que puede hacer muchísimo más de lo que podamos imaginarnos o pedir, por el poder que obra eficazmente en nosotros.

EFESIOS 3.20

¿CUÁLES SON *los* PROBLEMAS MÁS PROFUNDOS, *y* CÓMO PODEMOS EVITARLOS?

Tal vez estés pensando: *¿Quién, yo? Yo no tengo problemas. No veo ninguna de las catorce esferas de oración que se enfocan en la página del Índice como que sean un problema en mi matrimonio. Excepto... bueno... tal vez una... o dos... o más... pero son problema de mi esposo (esposa) y no mío.*

Pero por favor, escúchame, porque creo que todas las personas que están casadas, en algún momento de sus vidas, tendrán que tomar una decisión sobre *cada una* de estas catorce esferas sobre si *permitirán* que se conviertan en problemas en su matrimonio o no. Solo porque ahora no son un problema no quiere decir que no lo serán en el futuro. De hecho, estos asuntos importantes son trampas en las que podríamos caer con más facilidad de lo que pensamos, como lo prueban recientes estadísticas, que sugieren que pronto casi la mitad de los matrimonios terminarán en divorcio. Las razones más comunes que se dan para el divorcio se encuentran a menudo en esta lista de catorce esferas de posibles problemas.

Esto quiere decir que cada matrimonio tiene cincuenta por ciento de posibilidades de tener éxito. Por supuesto que existen excepciones. Estoy segura de que debe haber algunas parejas que nunca han tenido un problema en su matrimonio y que son perfectas. Yo nunca he conocido a ninguna de ellas, pero deben estar en algún lugar. Y hay parejas recién casadas para las cuales la novedad no se ha disipado y la realidad todavía no ha tomado su lugar, y que todavía no han experimentado las tensiones, las pérdidas y las pruebas de la vida que pueden poner presión en cualquier matrimonio. Pero este libro es para ellas como así también para todos los que están luchando. En realidad, este libro es para todos nosotros los que estamos casados, porque no trata solamente de orar *a través* de las luchas para encontrar sanidad y restauración; sino que, en primer lugar, se refiere a orar para *prevenir* que esos problemas se vuelvan serios.

Gracias a incontables cartas, correos electrónicos, llamadas telefónicas y contactos a través de mi sitio Web, miles de parejas han compartido conmigo los problemas que están enfrentando en su matrimonio. Agregue a eso las experiencias que he tenido en mi propio matrimonio, y tengo lo que creo que son los catorce problemas más comunes que llevan al divorcio. Si los podemos conquistar, tendremos matrimonios a prueba de divorcio. Pero Dios tiene más para nuestros matrimonios que solo evitar el divorcio. Él quiere que seamos felices y realizados en ellos. Él no es glorificado cuando estamos casados y nos sentimos desdichados. Él tiene un propósito muy grande para cada matrimonio, pero su propósito no puede ser totalmente realizado si las personas casadas viven en conflicto.

Te sorprenderías si supieras cuanta gente *aparenta* tener matrimonios perfectos y sin embargo están luchando con problemas serios. Aun sus amigos y familiares cercanos nunca sospecharían que tienen dificultades debido a la habilidad de ellos de ocultarlos y presentar un frente muy fuerte. Muchos creen que pueden mostrarse estoicos y vivir con la situación, pero con demasiada frecuencia eso prueba ser insoportable. Esto es verdad especialmente a medida que la gente envejece y se da cuenta de que nada está cambiando en su matrimonio y no pueden continuar viviendo como lo han hecho por el resto de su vida.

Estoy completamente convencida de que todos estos problemas se podrían evitar si entendiéramos realmente lo que Dios quiere para nuestro matrimonio y la forma en que el enemigo de nuestra alma siempre trata de frustrar eso. Y nosotros lo ayudamos al caer en su trampa. Pero existe una manera de apresurar la destrucción de los planes del enemigo y ver prevalecer los planes de Dios para nuestro matrimonio.

Si tu matrimonio ya ha sido desafiado de algunas maneras, la buena noticia es que Dios tiene un plan para restaurarlo a la forma que Él quiso que fuera. Y Dios quiere que te asocies a Él para que eso suceda. La manera en que lo haces es vivir como Dios quiere que vivas, en oración diaria por tu cónyuge y por tu matrimonio.

Yo sé que esto da resultado, porque mi esposo y yo en algún momento hemos luchado con la mayoría de estos problemas. Hemos tenido tiempos en que se rompió la comunicación entre nosotros que fueron tan malos que no nos hablamos por días, y luego solo hablamos lo que era absolutamente necesario, y nada que siquiera se pareciera a la verdadera comunicación por meses. El enojo de mi esposo y mi reacción supersensible a dicho enojo casi causaron que nuestro matrimonio fuera uno entre 50 por ciento que no tuvieron éxito. Tuvimos nuestras épocas de no perdonar, y ambos luchamos con emociones negativas tales como la depresión, la ansiedad y el temor, las cuales impregnaban la atmósfera de nuestro hogar. Hubo tiempos cuando estábamos tan preocupados con la crianza de nuestros hijos que nos olvidamos completamente de nosotros. Hemos tenido tiempos de dificultades financieras y de desacuerdos sobre ellas. Hemos experimentado el endurecimiento de nuestro corazón del uno hacia el otro, y ocasiones en las cuales cada uno pensó que ocupaba un lugar muy bajo en la lista de prioridades del otro. Hemos llegado a usar la palabra «divorcio», como una amenaza aun cuando ninguno de los dos en realidad quería divorciarse. Personalmente, en algunos momentos yo pensé que toda la esperanza se había perdido y que necesitábamos un milagro. Y era verdad, porque aparte del Señor no había esperanza alguna. Fue necesario un milagro de Dios para que las cosas cambiaran. Vi que Dios hizo un milagro al cambiar nuestros corazones y al enseñarnos a avanzar a la restauración que Él tiene para nosotros.

La forma en que nuestro pasado afecta el presente

La razón por la cual yo eran tan sensible al enojo de mi esposo es porque fui criada por una madre que tenía una enfermedad mental y que estaba enojada acerca de todo. Ella estaba enojada porque pensaba que su padre —mi abuelo— amaba a sus hermanas mayores y menores más que a ella. Ella pensaba así, porque cuando tenía once años de edad, *su* madre murió de pronto y en forma trágica al dar a luz, y su padre no pudo cuidar a sus tres hijas. Mi madre tuvo que vivir con otras familias, y se sintió rechazada debido a eso. Esto sucedió durante la época de la Depresión, cuando los tiempos fueron muy difíciles, y el dinero no abundaba. Las personas estaban tratando de salir adelante y resolver sus propios problemas, y no tenían el tiempo, los recursos o el conocimiento necesario para ayudar a una niña a enfrentar sus problemas.

A los diecinueve años de edad mi madre tuvo reumatismo, y su enfermedad mental se manifestó con enojo e ideas delirantes después de eso. Ella se enojaba con la gente que creía que la seguía y estaba tratando de matarla. Podía verse normal un segundo, y enajenada mental al siguiente. Era astuta para ocultar su lado oscuro cuando necesitaba hacerlo, pero no pudo mantener la fachada por mucho tiempo. Su enfermedad siempre se manifestaba, por lo general cuando alguien débil y vulnerable estaba con ella.

Cuando mi padre se casó con ella, él creía que ella era normal. Es decir, hasta que estaban conduciendo hacia el lugar donde pasarían la luna de miel, y ella lo hizo seguir de largo al llegar al hotel donde se suponía que iban a quedarse, porque pensaba que la estaban siguiendo para matarla. Después de conducir a dos hoteles más y huir de ellos, finalmente mi padre tomó una decisión. Cuando llegaron al cuarto hotel, le dijo: «Suficiente. Nos vamos a quedar aquí». Mi padre la amaba, y parecía que estaba dispuesto a soportar cualquier cosa para continuar casado con ella.

Mi madre era una mujer muy bella. Todo el mundo decía que se parecía a Vivian Leigh en la película *Lo que el viento se llevó*. Yo me parezco a mi padre. De hecho cuando la gente decía: «Tu mamá se parece a Vivian Leigh y tú te pareces a tu papá», yo me sentía herida. Yo tomaba ese comentario como que me parecía a un hombre en lugar de a una mujer. Una vez que llegué a ser adulta y mis amigas tenían hijos que se parecían a sus padres, me di cuenta que no quería decir lo que yo había pensado. Así que sufrí todos esos años por gusto. De todas formas, yo heredé su buena vista y sus dientes, y por eso estoy muy agradecida.

Mi madre siempre estaba enojada con mi padre porque él nunca podía *hacer* lo suficiente, *ser* lo suficiente o *dar* lo suficiente para complacerla. Y cuando él no estaba, ella descargaba todo ese enojo sobre mí. Vivíamos en una estancia aislada en el estado de Wyoming, a muchos kilómetros de la ciudad y de los vecinos más cercanos. Mi papá pasaba mucha parte del tiempo en los campos, poniendo en los corrales y dándole de comer al ganado; reparando las cercas, plantando, irrigando y cosechando; y trabajando en un aserradero local para ganar dinero extra. La vida en una estancia sin que nadie ayude es más que un trabajo de tiempo completo. En realidad es muchos trabajos duros y que producen carga. Cuando él no estaba en la casa, mi madre me mantenía encerrada con llave en un pequeño clóset debajo de la escalera en donde se guardaba el canasto con la ropa sucia. Por un rato, yo estaba libre de su maltrato físico, pero otros terrores andaban por allí. El lugar era completamente oscuro excepto por un pequeño rayo de luz que pasaba por debajo de la puerta. Yo siempre mantenía las piernas sobre el canasto para que cualquier rata o ratón que considerara ese lugar como su hogar no me pudiera tocar. Una vez yo había descubierto una culebra grande, enroscada, dentro de la casa, y ese recuerdo permanecía conmigo. Mi papá había matado la culebra, pero encontrarme con la madre de la culebra dentro del clóset era una posibilidad inminente en la cual pensaba. Yo estaba aterrorizada.

Cuando nos mudamos de esta estancia, ya no me encerraba en un clóset, pero mi madre me maltrataba verbal y físicamente cada vez más. Yo nunca sabía cuándo me daría una bofetada en la cara. Esa era la cosa que más le gustaba hacer, y parecía producirle gozo y satisfacción. Ahora siento que cada vez que ella lo hacía, estaba arreglando las cuentas con su madre y padre que la habían abandonado, con la familia con la cual había vivido, que ella creía que no la querían, y con Dios que nunca la había rescatado de la gente que ella creía que querían matarla.

Para cuando llegué a la adolescencia, yo sabía que ella era enferma mental, pero a veces me preguntaba: *¿Y qué si está diciendo la verdad? ¿Qué si Frank Sinatra y el Papa en realidad habían contratado a la mafia para que la matara como decía ella?* Durante un tiempo yo observaba cuidadosamente para ver si podía identificar a las sombras que ella decía que iban detrás de ella a todos los lugares adonde ella iba, pero a pesar de esforzarme, nunca vi nada sospechoso. Cuando ella comenzó a usar malas palabras contra la gente que pensaba que la estaban mirando a través de los espejos y del televisor, yo ya no pude seguirle dándole el beneficio de la duda. Muchas veces cuando estaba en un lugar público —por ejemplo en el supermercado—, de pronto ella se volvía a alguna persona inocente y la atacaba verbalmente, diciendo en voz alta que sabía lo que se proponía hacer, que sabía que la estaba siguiendo y tratando de matar, y que iba a reportar eso a la policía. Si yo estaba con ella en esos momentos, con rapidez caminaba en la dirección opuesta y pretendía no conocerla. No me animaba a mirar los rostros de las personas a quienes ella estaba atacando para ver cómo lo estaban tomando. Solo me puedo imaginar el miedo que sentirían porque ella podía asustar a la gente.

Como resultado de vivir con ella, crecí con temor, ansiedad, depresión, desasosiego, soledad y una profunda tristeza en el corazón que nunca se iba. Nunca me sentí parte de nada o de nadie. Yo necesitaba aceptación y amor, y buscaba ambos dondequiera y de cualquier forma que los pudiera hallar. Traté de todo para quitar el dolor que sentía dentro. Traté algunas religiones orientales y prácticas ocultistas, siempre tratando de encontrar alguna clase de propósito y significado a mi vida. Busqué amor en todos los lugares equivocados y cada vez me deprimía más con el fracaso de cada relación.

Cuando tenía unos veinte años, encontré un buen trabajo en la televisión como cantante/bailarina/actriz, y las drogas y el alcohol estaban por doquier. Yo solo las tomaba cuando no estaba trabajando, porque era demasiado profesional como para hacer algo que pudiera poner en peligro mis trabajos. Pero unas pocas veces tomé demasiadas drogas y llegué a estar peligrosamente cerca de morir.

Cuando tenía veintiocho años de edad, mi amiga Terry, con la cual había estado trabajando grabando canciones y algunos programas de televisión, me llevó a ver a su pastor —Jack Hayford, pastor de The Church on the Way en California. Él me habló de Jesús de una forma que nunca antes había escuchado. Me dijo que Dios tenía un propósito para mi vida, y que yo nunca lograría ese propósito fuera del poder del Espíritu Santo, quien viviría en mí si yo recibía a Jesús como mi Salvador. Él me dio tres libros para que los llevara a mi hogar y los leyera, y uno de ellos era el Evangelio de Juan, un libro pequeño el cual leí los días que siguieron a nuestra reunión. Terry me llevó de vuelta a ver al Pastor Jack a la semana siguiente, y yo recibí al Señor en su oficina. Allí es donde comencé a ver el plan que Dios tenía para mi vida, y mis años sin un propósito finalmente llegaron a su fin.

Antes de llegar a ser creyente, yo había conocido a un joven llamado Michael Omartian durante una semana de sesiones de grabación en las cuales Terry y yo cantábamos. Pero yo estaba a punto de casarme con otro hombre que sabía que no era conveniente para mí, y también sabía que ese matrimonio no duraría ni dos años. Pero yo estaba en una condición desesperada y quería sentir lo que era pertenecer a algún lugar y a alguna persona, así que me casé con ese hombre. Resultó que me sentí como en el infierno, porque no era el tiempo oportuno y era la persona equivocada.

Sorprendentemente, vi a Michael Omartian en la iglesia unos dos años después de que mi primer matrimonio terminara. Comenzamos a asistir a la iglesia juntos y fuimos novios cerca de un año antes de casarnos. Durante ese tiempo yo le oré constantemente a Dios para que me mostrara si Michael era la persona con la cual me debería casar, y cada vez que lo hacía, sentía la paz de Dios asegurándome que esta era su voluntad. Yo seguía entregándole a Michael al Señor diciendo: «Señor, quítalo de mi vida y cierra la puerta si no debemos estar juntos». Y yo lo hubiera dejado ir si Dios me hubiera mostrado que lo debía hacer, porque estaba muy consciente de cómo había arruinado mi vida haciendo las cosas a mi manera. Ahora yo no iba a confiar en mi discernimiento; yo solo quería lo que quería Dios. Para cuando nos casamos, yo estaba convencida de que estaba haciendo lo correcto. Debido a esa certeza, cuando Michael y yo tuvimos problemas en los años que siguieron, yo siempre recordé la seguridad que Dios me dio de que estábamos supuestos a estar juntos.

Los problemas comenzaron de inmediato

El problema más grande que vi en nuestro matrimonio era el enojo de mi esposo. Era explosivo, impredecible y siempre estaba dirigido a mí. Debido a mi pasado, yo era demasiado sensible y frágil para recibirlo o bregar con él. Al principio pensé que era culpa mía. Pensé: *Yo debo ser una persona terrible para hacerlo que se enoje tanto conmigo todo el tiempo.* Yo trataba lo más que podía, pero no era suficiente. Yo siempre estaba demasiado quebrantada y herida para poder enfrentar eso, o aun para entender de dónde provenía su enojo.

Cuando hacía menos de un año que nos habíamos casado, yo experimenté una liberación muy grande del temor, la depresión y la ansiedad con la ayuda de una dotada esposa de pastor llamada Mary Anne, quien oró por mí. Y eso fue de mucha ayuda. También mi esposo y yo fuimos a ver a consejeros matrimoniales cristianos, y yo comencé a ver que el enojo de Michael era *su* problema, no el mío. De hecho, uno de los consejeros matrimoniales que fuimos a ver me dijo: «Michael tendría este enojo sin importar con quién se hubiera casado. Si él se hubiera casado con otra mujer, habría dirigido su enojo hacia ella».

Ese conocimiento me ayudó a no sentirme como una fracasada, pero todavía no pude superar lo mal que me sentía cuando él me atacaba con palabras de enojo. Parecía que mi madre me estaba dando una bofetada en el rostro de nuevo. Me hacía sentir de la misma forma —pequeña y sin valor. Su enojo era como una culebra que no se puede ver, siempre enrollada y lista para atacar cuando menos lo esperaba. Llegaría a ser un profundo problema que casi destruyó nuestro matrimonio.

Por mucho tiempo, yo estuve enojada con Dios por permitir que me casara con alguien que era como mi madre en algunos aspectos. Antes de casarnos, no vi ni una señal del enojo de Michael, y me preguntaba por qué nunca me había sido revelado. Lo había visto luchar con la depresión y con sentimientos de fracaso, pero yo también tenía esos problemas, y pensé que lo podría ayudar a superarlos. Yo pensé que nos ayudaríamos mutuamente. En forma errónea creí que porque Dios nos había llamado a estar juntos no habría problemas cuando nos casáramos.

En defensa de Michael, ahora creo que su enojo provino de tener dislexia en los días en que la gente no sabía lo que era. Su madre me dijo que había sido muy dura con él porque había luchado tanto en la escuela, y ella pensaba que él era rebelde. Por haber sido bendecida con un hijo disléxico yo misma, ahora entiendo la frustración de la persona que tiene dislexia y los profundos sentimientos de fracaso que siente porque no puede aprender de la forma que aprenden los demás. También lo entiendo desde la perspectiva de una madre. Antes de que el problema sea diagnosticado, no entiendes por qué a tu hijo no le está yendo tan bien en la escuela. Sabes lo inteligente, creativo y dotado que es, y la sorprendente memoria que tiene, pero cuando se trata de leer, entonces todo eso parece no funcionar. Estos niños parecen ser rebeldes porque da la impresión que se rehúsan a realizar el trabajo, pero la verdad es que no lo pueden hacer. Así que, mientras que definitivamente empatizo con lo que la madre de Michael pasó, también sentí lástima por Michael. Él sufrió con enormes y sobrecogedores sentimientos de fracaso y depresión debido a eso.

Ahora creo que su enojo vino de eso. Él estaba enojado por la frustración de ser un disléxico creativo en un sistema educacional no creativo y rígido. Él estaba enojado con su madre porque ella a menudo estaba enojada con él por algo sobre lo cual él no podía hacer nada. Y él se sacaba el enojo conmigo.

Te voy a contar más de nuestra historia más adelante en el libro, pero ahora quiero informarte que tiene un buen fin. Nuestro matrimonio ha pasado por muchos tiempos difíciles, pero ya hemos cumplido treinta y cuatro años de casados. Mi esposo y yo hemos realizado muchos cambios positivos, y voy a compartir contigo cómo sucedió eso. No estoy diciendo que somos perfectos; estamos muy lejos de eso. Pero somos prueba viviente de que si *quieres*, puedes cambiar. Y si te liberas y continúas orando, podrás ver que las cosas cambian. Así que si quieres proteger a tu matrimonio de las cosas que pueden destruirlo, o si anhelas restaurar el daño que ya ha sido hecho, continúa leyendo y ve cómo lo puedes hacer. Puedes encontrar el éxito que deseas en tu matrimonio si haces las cosas a la manera de Dios y te rehúsas a desistir.

Tú puedes cambiar y también puede cambiar él (ella)

Se nos dice una y otra vez: «No trates de cambiar a tu esposo (esposa) porque él (ella) nunca cambiará». Escuchar esas predicciones nefastas en forma repetida puede hacerte sentir sin esperanza. Si tu matrimonio no es feliz debido a algo intolerable que hace tu cónyuge, y se te dice que él (ella) nunca cambiará, entonces, ¿qué esperanza tienes para el futuro juntos? A continuación presento cinco verdades importantes, desde la perspectiva de Dios, acerca de eso.

1. La verdad es que todos necesitamos cambiar. Dios lo dice. De hecho, es su voluntad para nuestras vidas que cada uno de nosotros cambiemos porque Él quiere que lleguemos a ser más como Él. Y ese es un proyecto que no tiene fin, porque todos estamos destituidos de la gloria de Dios (Romanos 3.21-23). Siempre necesitaremos someternos a Él y no pensar de nosotros mismos tan alto que sintamos que no necesitamos cambiar. Dios está en el negocio de cambiar a las personas. Por eso es que, a través de nuestras oraciones y el poder del Espíritu Santo, siempre hay esperanza para cambiar.

2. La verdad es que todas las personas pueden cambiar. *Tú* puedes cambiar, y *tu cónyuge* puede cambiar. No permitas que nadie te diga lo contrario. No se trata de que una persona *no pueda* cambiar; se trata de que *no quiere* cambiar. O no quieren hacer el esfuerzo de hacer nada en forma diferente de la que siempre han hecho. O no se esfuerzan por buscar a Dios para saber los cambios que Él quisiera ver realizados en sus vidas. O están tan absolutamente contentos consigo mismos que no piensan que necesitan cambiar. No prestan atención alguna a que todos los que están a su alrededor quieren que cambien.

Por lo general las personas no cambian debido a que:

1. No están conscientes de que necesitan cambiar.
2. No creen que tienen que cambiar.
3. No lo quieren hacer.
4. No saben cómo hacerlo.
5. No sienten que puedan hacerlo.

3. La verdad es que estar casado crea la oportunidad perfecta para cambiar. Cuando estás casado, te darás cuenta de lo mucho que necesitas mejorar. Es orgullo y egoísmo que una persona se case y piense que es tan perfecta que no necesita cambiar de ninguna forma. Cada uno de nosotros necesita cambiar de muchas maneras, algunos más que otros, pero Dios comenzará con el que está dispuesto. Y la buena noticia es que sus bendiciones serán dirigidas a esa persona primero. Recuerda que tanto tú como tu esposo (esposa) *pueden* cambiar. Dios siempre está esperando que lo invites a que te cambie. El matrimonio siempre inspira cambio.

4. La verdad es que la gente no puede hacer cambiar a nadie. Y esto nunca es más cierto que en el matrimonio. Una esposa no puede cambiar a su marido. Un esposo no puede cambiar a su esposa. Pero *Dios* los puede cambiar a los dos. Tenemos que aprender que de ninguna manera es trabajo nuestro cambiar a nuestro cónyuge. Esa es la obra del Espíritu Santo. Ninguna cantidad de quejas o de crítica lo va a lograr, sin importar lo mucho que tratemos. Dios nos hizo a cada uno a *su* imagen, y Él no quiere que tratemos de lograr que nuestro cónyuge llegue a ser a *nuestra* imagen. Nuestra tarea es aceptar a nuestro cónyuge como él (ella) es y orar que el Señor haga los cambios necesarios en él (ella). Mientras tanto, cuando Él está obrando en el corazón de tu cónyuge, también estará obrando en tu corazón. En el proceso de orar por *él (ella),* Dios también te cambiará a *ti.*

5. La verdad es que solo Dios puede obrar cambios que perduren en nosotros. Solo Dios puede transformarnos. Solo debemos estar dispuestos a decir: «Señor, reconozco que estoy lejos de ser perfecto, y me doy cuenta de que necesito cambiar para llegar a ser más como tú. Sé que no me puedo cambiar a mí mismo de ninguna forma que perdure, pero tú lo puedes hacer. Señor, cámbiame a la persona que quieres que sea, y muéstrame lo que debo hacer. Te alabo y te doy gracias por la transformación que estás obrando en mí».

Solo Dios puede:

1. Hacer que alguien esté consciente de que *necesita* cambiar.

2. Ayudar a alguien a darse cuenta que *debe* cambiar.
3. Alentar a alguien para que *quiera* cambiar.
4. Mostrarle a alguien *cómo* cambiar.
5. Capacitar a alguien para *hacer* un cambio.

Exactamente, ¿cuáles son los «problemas»?

Todos los matrimonios tienen problemas. Todos los matrimonios tienen tiempos difíciles de negociar y de llegar a acuerdos que, si no se tratan con cuidado, pueden permitir que una brecha se interponga entre el esposo y la esposa. Si no se repara, esta división puede aumentar con cada problema no resuelto y finalmente convertirse en una separación *grande*. Los problemas que se dejan crecer hondo pueden romper un matrimonio completamente. Y puede pasar tan subrepticiamente que no lo ves venir hasta que un día despiertas y te preguntas por qué lo has dejado llegar tan lejos. Y entonces no sabes qué hacer para impedir que la división se haga más profunda. No ves cómo puedes hacer que todo vuelva a ser como antes, porque el daño parece irreparable. Pero en el Señor nada es irreparable, y toda división puede ser eliminada. Solo se requiere saber con que estás tratando.

En primer lugar, ayuda entender con exactitud cuáles son los problemas. Saber la definición de «asuntos» hace que resolverlos parezca más razonable y algo que se puede lograr. Impide que nos sintamos abrumados por las emociones y las reacciones que ocasionan. Un *asunto es un punto que está siendo disputado. Es un tema que tiene que ser decidido. Es una pregunta que tiene que ser contestada* de una forma que sea aceptable para ambas partes involucradas. Cuando dices que hay un *asunto*, significa que has *entrado en desacuerdo o conflicto* sobre algo. Es *un punto particular sobre el cual no están de acuerdo.*

Estar en desacuerdo con tu cónyuge quiere decir que tienes una diferencia de opinión con él (ella). Es decir, los dos no ven algo de la misma forma, y eso causa que tengan discusiones, desacuerdos o conflictos sobre ese asunto. Por ejemplo, si un esposo bebe bebidas alcohólicas de vez en cuando y su esposa cree que eso no es bueno, no están de común acuerdo sobre ese asunto. Tienen una diferencia de opinión. Tienen un punto que tiene que ser decidido. Si la esposa confronta al esposo sobre eso y le pide que deje de beber, y él de todas formas continúa, sabiendo que su esposa no lo aprueba, entonces este problema no ha sido decidido de una forma que es aceptable para ambos, y se convierte en un asunto. Hace que la esposa sienta que su esposo no la ama lo suficiente como para dejar de hacer algo que a ella le molesta mucho. Llega a ser un punto de contención que puede terminar la negociación en lo que respecta a su matrimonio.

La esposa puede hacer una de cuatro cosas:

1. Puede negociar. Ella puede resolver el asunto con alguna clase de compromiso, tal como estar de acuerdo en que él puede tomar un vaso de vino con la cena. Pero este compromiso tal vez no sea suficiente para satisfacerla si beber, cualquiera que sea la cantidad, va contra sus creencias religiosas.

2. Ella puede escoger guardar silencio y no seguir hablando del asunto. Sin embargo, con el tiempo se puede resentir, especialmente si el beber afecta el desempeño de su esposo, tal como su habilidad de caminar, hablar, conducir un automóvil, trabajar o ser un ser humano amable, decente y productivo.

3. Ella puede entrar en conflicto con él. Esto quiere decir tener desacuerdos desagradables, discusiones o luchas, especialmente si él hizo cosas cuando bebía que la hicieron sentir amenazada, tales como poner en peligro su seguridad física, su estabilidad mental o su sentido de bienestar emocional. O si él causó que ella viera que su vida se está desmoronando y que el futuro de los dos está siendo amenazado debido a la bebida.

4. Ella puede orar por él. Ella puede orar que los ojos de él sean abiertos a la voluntad y la perspectiva de Dios, y que Dios haga lo que sea necesario para traer cambios a la vida de él.

No estoy ensañándome con los esposos aquí. Es lo mismo cuando la esposa está haciendo algo —o *no* está haciendo algo— y el esposo tiene reparos. No importa lo que sean los asuntos; tienen que ser resueltos de una manera que es aceptable para *ambos*, el esposo y la esposa. Si no se resuelven, estos desacuerdos se vuelven más y más profundos. Todos los asuntos en un matrimonio deben ser confrontados porque por lo general no desaparecen por sí mismos, sin que uno o los dos hagan un esfuerzo grande. Pero hay una manera poderosa de tratar con los asuntos del matrimonio que no solo impedirá que se hagan más profundos, sino que los sanará y eliminará por completo.

Se necesitan tres para estar de acuerdo

Para que un matrimonio no solo sobreviva, sino que sea satisfactorio y exitoso, debe haber tres personas involucradas: el esposo, la esposa y Dios. La razón por la cual los matrimonios tienen problemas, en primer lugar, es porque todo matrimonio está formado por dos *personas imperfectas*. Un ser humano imperfecto, más otro ser humano imperfecto es igual a un *matrimonio imperfecto*. Sin embargo, si le agregas la presencia de un *Dios perfecto* a esta unión imperfecta de dos seres imperfectos, entonces tienes posibilidades ilimitadas de acercarte a la perfección que Dios quiso que fuera la relación matrimonial. Ya sea que eso suceda o no es determinado por la frecuencia y el fervor con que se invita a Dios a reinar en los corazones de ambos, el esposo y la esposa. Tiene que ver con la disposición de que los tres estén de acuerdo.

Tú y tu cónyuge pueden estar de acuerdo sobre algo, pero todavía puede ser un problema si *Dios* no está de acuerdo con eso. Por ejemplo, si tu cónyuge quiere que veas una película que tiene escenas sexuales explícitas, y tú estás de acuerdo con verla, este es un compromiso que *ambos* han escogido, pero que no está de acuerdo con la *Palabra de Dios*. Por lo tanto, *Dios no está de acuerdo* con eso. Para ustedes dos puede estar bien, pero ofende a Dios y viola sus leyes. Es un punto de desacuerdo con Dios, y siempre será un problema en sus vidas juntos.

Inhibirá todo lo que Dios quiere en cada uno de ustedes y en su matrimonio. Tal vez ambos estén de acuerdo en algo, pero si no está de acuerdo con Dios, abrirá la puerta a problemas que perjudicarán su matrimonio.

Hay consecuencias por violar cualquiera de las leyes de Dios —ya sea que lo hagamos por ignorancia o sabiendo que lo hacemos. Algunas personas creen que las leyes de Dios no se aplican a ellas, pero eso no quiere decir que las consecuencias por violarlas sean menos destructivas. Tal vez crean que son inocentes de cualquier violación de leyes, pero Dios no lo ve de esa forma. Es como la ley de la gravedad. Puedes saltar de la ventana de un edificio de diez pisos y negar la ley de la gravedad mientras caes, pero las consecuencias todavía van a ser las mismas cuando llegues al suelo. Las leyes de Dios son para nuestro beneficio. La vida es mejor para nosotros cuando las obedecemos.

DIECISÉIS FORMAS DE DESTRUIR TU MATRIMONIO

1. Dejen de comunicarse abierta y honestamente.
2. Muestra siempre enojo, egoísmo, rudeza, y maltrata a tu cónyuge.
3. Rehúsate a perdonar a tu cónyuge por cualquier ofensa, no importa lo grande o pequeña que sea.
4. Dale rienda suelta a la depresión y a ser negativo.
5. Convence a tu cónyuge que tus hijos son mucho más importantes para ti que él (ella).
6. Trabaja lo menos que puedas, y haz lo menos posible en tu hogar y en tu trabajo.
7. Gasta dinero en forma imprudente, y continuamente adquiere deudas grandes.
8. Dale lugar en tu vida a las adicciones o a hábitos irritantes, y defiende tu derecho a tenerlos.
9. No te preocupes sobre lo que tu cónyuge necesita sexualmente mientras tanto tú consigas lo que quieres.

10. En forma habitual mira películas explícitas, revistas o avisos, y compara a tu esposo (esposa) con las imágenes glorificadas que ves allí, y especialmente menciona a otras personas que consideras más atractivas.

11. Permite que tu corazón se endurezca hacia tu esposo (esposa). Y rehúsate a decir «Lo siento», «Perdóname», o «Te perdono».

12. Pon como tu prioridad número uno a otra cosa que no sea Dios y tu cónyuge.

13. Amenaza con divorciarte cada vez que algo que debe ser resuelto se interpone entre ti y tu cónyuge.

14. Ten una aventura amorosa, o una obsesión en tu corazón sobre otra persona que no sea tu esposo (esposa).

15. Vete del hogar y no trates de reconciliar las diferencias.

16. Ríndete y rehúsate a creer que Dios es un Dios de milagros que puede restaurar el amor y la esperanza.

Le puede suceder a cualquiera

Aun en la mejor de las relaciones, cada una de las dieciséis formas anteriores de destruir un matrimonio puede comenzar como algo pequeño y luego, de la noche a la mañana, convertirse en algo grande. Tal vez tienes un matrimonio ideal con el cónyuge más perfecto y tú mismo puedes estar cerca de la perfección, pero también lo estuvieron Adán y Eva, y fíjate lo que les pasó a ellos. Conozco a muchas mujeres —y también hombres— que pensaban que no tenían problemas en su matrimonio y que no necesitaban pedirle a Dios que cambiara sus corazones para poder llegar a ser un compañero matrimonial mejor. No aprendieron a interceder por su cónyuge. Es triste, pero esas personas ahora están divorciadas. En cada uno de los casos, su cónyuge fue el que los dejó. Fueron descuidados y no dieron los pasos necesarios para prevenir eso, y se rehusaron a hacer lo que se requería para reparar el daño.

No adoptes la peligrosa creencia de que eres inmune a tales problemas en tu matrimonio. Demasiadas personas que creyeron eso terminaron en una corte de divorcio. O lo que es igualmente malo, han permitido que su matrimonio esté lleno de tanta lucha y falta de perdón que se volvió desdichado, falto de vida y muerto. Perdieron de vista el propósito que realmente Dios tenía para ellos. Y no te equivoques, Dios tiene un gran propósito para tu matrimonio.

Hoy en día hay una epidemia de desesperación, desesperanza y dolor debido a la crisis en los matrimonios. No hay un dolor mayor, excepto por la muerte de un ser querido, que el que se sufre cuando se rompe una relación matrimonial. El sentimiento de fracaso, culpa, tristeza y angustia por un divorcio es insoportable. Y permanecer en un matrimonio desdichado es intolerable. Cualquiera de las dos elecciones es muy dolorosa.

Sin embargo, de la misma forma que el *problema* le puede ocurrir a *cualquiera*, es lo mismo con la *solución*. No te voy a decir que la solución que he escrito en este libro es fácil, pero *se puede lograr*. Y no solo para los muy espirituales o los muy disciplinados; *todos* la pueden llevar a cabo. Si *yo* la puedo hacer, *tú* también. *La razón por la cual se puede lograr* es porque está de acuerdo a los caminos de Dios, y Él te ayudará a llevarla a cabo si tienes un corazón dispuesto. Sin embargo, *la razón por la cual no es fácil* es debido a una cosa —*la condición de tu propio corazón tiene que ser correcta*, y a veces parece imposible cambiar eso. Es difícil quitarse las anteojeras cuando estamos tan acostumbrados a ellas que ni nos damos cuenta de que están allí. Los asuntos profundos se desarrollan primero en el corazón, así que allí es donde debemos ir para encontrar la raíz del problema, y allí es donde comienza la sanidad.

Dios te ha dado autoridad

Dios es soberano, y Él ha declarado soberanamente que no trabajará en forma independiente en nuestra vida. Él no va a arreglar las cosas por nosotros simplemente sin ninguna participación de nuestra parte. Él quiere trabajar a través de todos los que se mueven en la autoridad que nos ha dado en la oración. Si no oramos, *Él no lo hará*. Sin su ayuda y su poder, *nosotros no lo podemos hacer*.

Aclaremos algunos hechos básicos primero. Si crees que Jesucristo es el Hijo de Dios y lo has invitado para que gobierne tu vida, entonces eres un hijo de Dios. Eso hace que seas el hijo o la hija de un Rey. Has nacido en una familia real, y estás destinado a gobernar sobre las fuerzas del mal. Dios «nos libró del dominio de la oscuridad y nos trasladó al reino de su amado Hijo» (Colosenses 1.13).

Cuando conocemos a Jesús y somos hijos de Dios, allí es donde comienza nuestra autoridad en oración. Orar es poner en acción nuestra autoridad. Satanás tiene el poder de destruirnos, pero a nosotros se nos ha dado autoridad sobre él. Dios dice: «Les he dado autoridad a ustedes para pisotear *serpientes y escorpiones y vencer todo el poder del enemigo*; nada les podrá hacer daño» (Lucas 10.19, itálicas añadidas).

Como dije antes, yo fui criada en las tierras inhóspitas de Wyoming, y tengo más experiencias con serpientes de las que hubiera querido tener. Cuando pienso en todas las veces en que estuve cerca de serpientes de cascabel, enrolladas y listas para atacar —algunas veces estuve a solo unos centímetros de ellas—, es un milagro que nunca una de ellas me haya mordido. Las serpientes se acercan en forma silenciosa, y no te das cuenta de que están allí hasta que de pronto las ves y te asustas. Los escorpiones son conocidos por su picadura dolorosa, repentina y venenosa. Si pensaras en todas las amenazas a tu matrimonio como serpientes y escorpiones, te ayudará ver el potencial que tienen para el dolor y la destrucción. Ya sea que es algo silencioso que entra a hurtadillas a tu matrimonio al principio, o algo pequeño pero mortal que se presenta y te golpea cuando menos lo esperas, dejándote herido y envenenado, Dios te ayudará a enfrentar al enemigo con valor. Dios va a obrar su poder a través de ti, para que puedas ejercer su autoridad sobre el enemigo por medio de la oración en el nombre de Jesús.

Dios nos ha dado *libre albedrío* en lo que respecta a quién permitiremos que tenga autoridad sobre nuestra vida. ¿Respetaremos la autoridad de Dios o se la daremos a Satanás? Cuando escogemos a Jesús, Él nos da autoridad sobre todas las situaciones en nuestra vida. Pero si no nos sometemos a Él en obediencia a sus caminos, en reverencia por quien es Él y por lo que ha realizado en la cruz, no nos podremos mover en la autoridad que pagó con su vida. La única forma de movernos en todo lo que Dios tiene para nosotros es someternos totalmente a la autoridad de Jesús en nuestra vida. Tenemos *autoridad* sobre el enemigo debido a lo que Jesús hizo en la cruz. Cuando aprendemos a usar nuestra autoridad sobre el enemigo, en el nombre de Jesús, cosas increíbles suceden en nuestra vida y en nuestro matrimonio.

En un poderoso libro sobre la autoridad que tenemos en la oración, Dutch Sheets escribe: «…hablando sin ambages, autoridad y poder no son lo mismo. Poder es la ‹fortaleza o fuerza› que se necesita para gobernar; autoridad es el ‹derecho› de hacerlo. Son mellizas gubernamentales y deben ser operadas juntas; la autoridad sin el poder para establecerla no tiene significado; el poder sin la autoridad —el derecho a usar ese poder— es usurpación y es moralmente erróneo».* Dios no solo nos da su *poder* en oración, sino que también nos da su *autoridad*.

Toma autoridad sobre tu mundo

El mejor lugar para comenzar a tomar autoridad sobre tu mundo y sobre tu vida es orando regularmente por tu esposo (esposa) y por tu matrimonio. Tus oraciones por tu esposo (esposa) tienen mucho poder en la esfera espiritual. El mismo enemigo de tu alma que quiere *verte* destruido, también quiere ver *tu matrimonio* destruido. Si tú no te das cuenta de eso, terminarás pensado que tu cónyuge es el enemigo y que tus peleas son con él (ella). Mientras que es verdad que él (ella)

---

* Dutch Sheets, *Authority in Prayer: Praying with Power and Purpose* (Bloomington, MN: Bethany House Publishers, 2006), p. 20.

puede estar *actuando* como el diablo algunas veces, él (ella) no es el enemigo. Jesús ganó la victoria sobre la muerte y el infierno, así que si estás viviendo en un infierno en tu relación matrimonial, todavía no te has movido a la victoria que Dios tiene para ti.

Cada vez que te encuentres en una situación difícil en tu vida o en tu matrimonio, toma autoridad sobre ella orando en el nombre de Jesús. Luego alaba a Dios por la victoria que Él ya ha ganado a tu favor. Dale gracias porque Él tiene un camino para salir de cualquier situación, aun cuando parece completamente sin esperanza.

Cuando oras con la autoridad que Dios te ha dado, pones en movimiento el poder de Dios para obrar en las vidas de ambos. En realidad no puedes cambiar la voluntad fuerte de tu cónyuge, pero cuando oras por él (ella), invitas a Dios a crear una atmósfera en la esfera espiritual alrededor de él (ella) que lo ayudará a ver mejor la verdad.

Llegando a ser más que vencedores

Dios nunca dijo que no tendríamos problemas. Dijo que los *tendremos*. Podemos contar con eso. Y cuando eres casado, no solo tendrás *tus* problemas, sino que también tendrás los problemas de tu cónyuge. Pero la buena noticia es que Jesús venció esos problemas por nosotros. Cuando nos alineamos a Él en oración y obediencia, Él nos ayudará a superar nuestros problemas, o a caminar a través de ellos con éxito. Él te dará el poder para ser más que vencedor (Romanos 8.37).

Tal vez te estés preguntando: *¿Cómo puedo ser más que vencedor? Tú o vences o no vences.* Pero aun cuando un país conquista a otro, todavía puede estar bregando con luchas constantes y problemas en ese país conquistado. (Es probable que puedas pensar en por lo menos un ejemplo en tu vida en que eso sucedió en el mundo.) En realidad, sería un milagro poder conquistar un país *sin* luchas o problemas. Jesús ha hecho ese milagro en nuestra vida. Él ya ha conquistado a la muerte y al infierno, y nos ha asegurado la victoria sobre el enemigo sin tener que luchar. Tenemos que aprender a caminar en esa victoria.

Dios tiene un destino para ti y para tu esposo (esposa), no solo como individuos sino como pareja. Cada uno de los capítulos de este libro trata de una trampa que el enemigo ha preparado para que caigas en ella y para que tu matrimonio sea destruido, y que no puedan alcanzar su destino. El enemigo de tu alma y de tu matrimonio es también el enemigo de tu propósito, tanto individualmente como juntos como pareja. Jesús te capacita para ser más que vencedor en tu vida y en tu matrimonio. Tú no solo puedes conquistar el territorio que Dios tiene para ti, sino que también puedes experimentar el milagro de la paz en el proceso.

Aprende a orar con poder

No quiero hablar solamente *acerca* de orar por ti mismo, tu esposo (esposa), y tu matrimonio. Quiero enseñarte *cómo* orar con poder. Quiero inspirarte con una gran esperanza de que las cosas pueden cambiar. No estoy hablando de ser religioso, de decir palabras que se usan en la «iglesia», de hablar el idioma de los cristianos, o de usar «frases que se pegan», sin ningún poder que las acompañe. Estoy hablando de orar de una manera que trae resultados.

Yo te puedo decir cómo se nada, describirte el agua, y te puedo enseñar todos los movimientos correctos, pero en algún momento tendrás que meterte en el agua. Una vez que estás en la corriente del Espíritu de Dios que fluye a través de ti a medida que oras, te encontrarás no solo a flote, sino elevándote sobre cada ola de la vida que normalmente te abrumaría.

Una de las promesas más grandes de Dios dice que «Dios dispone todas las cosas para el bien de quienes lo aman, los que han sido llamados de acuerdo con su propósito» (Romanos 8.28). Pero si tú lees los versículos que *preceden* a esa promesa, te darás cuenta de que la Biblia está hablando de la oración. En otras palabras, Dios dispone todas las cosas para el bien si estamos *orando*. No se promete que las cosas van a obrar para bien de forma automática. Si ha habido cosas en tu vida que tú no sientes que obraron para bien, es posible que en algún lugar, en algún tiempo, la gente que debería haber estado orando por ti o por tu situación no lo hubiera estado haciendo.

Tú tienes el poder de controlar tu propio destino. Puedes escoger entre el cielo y el infierno como tu morada eterna. Tú puedes escoger darle el control de tu vida a Dios y dejarlo mover en el propósito para el cual Él te ha creado. Puedes escoger desistir en cuanto a tu matrimonio o permanecer y luchar por él en oración.

Lo que Jesús logró en la cruz le parece desconcertante y necio a alguien que no ha nacido de nuevo y a quien no se le han quitado las anteojeras, pero para nosotros los que creemos, es la manifestación más grande del poder de Dios. «El mensaje de la cruz es una locura para los que se pierden; en cambio, para los que se salvan, es decir, para nosotros, este mensaje es poder de Dios» (1 Corintios 1.18). Cuando invitas a Jesús a entrar en tu vida, el mismo poder que lo resucitó se manifestará y resucitará todas las esferas muertas en tu vida, incluyendo tu matrimonio.

Dios sabe que necesitamos eso. Él sabe que nosotros no podemos diseñar un plan a prueba de fallos que mantenga unido a nuestro matrimonio. Somos demasiado egoístas y ciegos. Nos falta sabiduría y el espíritu de autosacrificio. «El Señor conoce los pensamientos humanos, y sabe que son absurdos» (Salmo 94.11). Él también quiere que *nosotros* nos demos cuenta de eso. Él quiere que sepamos que no lo podemos lograr sin Él. Dios quiere que sepamos que es más grande que cualquier huracán, inundación o maremoto de circunstancias y emociones que pudieran amenazar arrasar con nuestra relación.

Dios es más grande que el enojo de tu esposo o que la falta de interés de tu esposa en las relaciones sexuales. Él es más grande que la depresión de tu esposa o la inhabilidad de comunicarse que tiene tu esposo. Él es más grande que tu falta de perdón hacia tu esposo (esposa) por tener un corazón endurecido. Dios es lo suficientemente poderoso como para ayudarte a pagar tus deudas y a librarte de las adicciones. Él es más fuerte que tus malos hábitos y que tu débil voluntad. Él te hizo para que fueras victorioso sobre todo eso y más, pero no pueden seguir aparentando ser piadosos, pero tu «conducta desmentirá el poder de la piedad» (2 Timoteo 3.5). Tienes que correr hacia la cruz con agradecimiento por el sacrificio de Jesús a tu favor, y debes reconocer el poder de Dios en tu vida.

Dios tenía un plan para tu vida antes de que nacieras. Él dice que «nos salvó y *nos llamó a una vida santa*, no por nuestras propias obras, *sino por su propia determinación* y gracia. Nos concedió este favor en Cristo Jesús antes del comienzo del tiempo» (2 Timoteo 1.9, itálicas añadidas). Él te llamó para un propósito, pero todavía te da una elección. Tú puedes escoger *Su* destino para tu vida, o puedes hacer tu propio destino. Déjame darte una clave acerca de esto que te ahorrará mucho tiempo y esfuerzo: La vida que *tratas* de obtener nunca será tan buena como la vida que dejas que *Dios* escoja para ti.

¿Qué sucede si soy la única persona que ora?

Tus oraciones a favor de tu matrimonio tienen poder, aun cuando tú seas la única persona que ora. Eso es porque los dos son uno ante los ojos de Dios, y lo que uno hace afecta al otro —ya sea para bien o para mal. Por supuesto, que el poder es aun mayor cuando los dos oran juntos, pero no quiero elaborar sobre este punto. Si tienes un esposo (esposa) que ore contigo, considérate bendecido. La mayor parte de la gente no lo tiene.

¿Qué diremos si tú eres la única persona en el matrimonio que es creyente? ¿O tú eres el único que está viviendo según los caminos de Dios? ¿O solo tú estás dispuesto a someterte al proceso de perfeccionamiento de Dios? ¿O estás dispuesto a trabajar en la relación? ¿Y qué diremos si tú entiendes el ataque del enemigo sobre tu matrimonio, y tu esposa no se da cuenta de eso? ¿Pueden *tus* oraciones solas salvar el matrimonio? Yo creo que sí. De hecho, he escuchado sobre milagros en esa situación. No permitas que nada más que Dios gobierne en tu matrimonio cuando tú puedes tomar autoridad sobre ello —aun solo— y esperar ver respuestas a tus oraciones.

Todo matrimonio tiene dos corazones que deben cambiar, asuntos que con los cuales se debe bregar, y dos perspectivas completamente diferentes. Para que dos individuos completamente diferentes lleguen a ser uno, tienen que estar alineados con Dios y el uno con el otro. Tienes que estar dispuesto a dejar que Dios te transforme en la persona que te ha creado para ser. Por supuesto, que si tu esposo (esposa) se deja llevar por sus propios deseos y está determinado a rebelarse contra los caminos de Dios, o a ser tan abusador que destruya la relación, tú solo puedes hacer una parte. Pero si tu cónyuge tiene deseos de preservar el matrimonio, tus oraciones pueden construir el camino para que Dios haga milagros.

La buena noticia es que Dios todavía bendecirá *tu* vida, aun si tu cónyuge tiene que pasar por algunas cosas hasta que él (ella) reciba revelación. El problema es que lo que le pasa a tu cónyuge te pasa a ti. Todo lo que él (ella) hace te afecta a ti de cierta manera. Pero cuando oras, Dios te puede rescatar de cualquier situación, aun de los errores o pecados de tu cónyuge. Tú puedes ser rescatado de cualquier aspecto negativo de tu matrimonio mientras que Dios obra a través de tus oraciones para restaurarlo.

Busca consejo piadoso lo necesitas

Tal vez haya ocasiones en tu matrimonio cuando parece como que tus oraciones no son escuchadas. O te sientes tan acongojado que no puedes orar. O estás en un punto muerto y no puedes pasar la gran brecha entre tu cónyuge y tú. O existen tantas heridas y luchas entre los dos que no pueden ni siquiera hablar. Allí es donde necesitas la ayuda de un buen consejero matrimonial cristiano. Y tal vez necesites más de uno en toda tu vida matrimonial, porque «la victoria se alcanza con muchos consejeros» (Proverbios 24.6).

Ten presente que cualquier asunto profundo que amenace a un matrimonio puede causar un divorcio. Es por eso que te sugiero seriamente, que aun si uno de los asuntos que se tratan en este libro ya es una influencia negativa que afecta tu matrimonio hasta el punto en que tú y tu cónyuge son desdichados o están pensando en el divorcio debido a ello, busca un consejero sabio, que siga los caminos de Dios, que esté dispuesto a trabajar con los dos para salvar el matrimonio. Y digo «que siga los caminos de Dios», porque no todos los consejeros cristianos dan asesoramiento según los caminos de Dios.

Mi esposo y yo una vez enviamos a una pareja cristiana, que eran buenos amigos nuestros, a un consejero cristiano que una vez nosotros habíamos consultado. Ese consejero nos había dado asesoramiento piadoso en un punto muerto en nuestro matrimonio y nos había ayudado mucho. Sin embargo, cuando enviamos esta pareja a él unos años más tarde, él les dijo que su problema era tan serio que se deberían divorciar. Cuando la pareja nos dijo lo que había sucedido, nos sentimos abrumados y tremendamente desilusionados. Afortunadamente, esa pareja estaba comprometida a permanecer casada y no siguieron el asesoramiento del consejero. En cambio, fueron a ver a nuestro pastor y él los ayudó a recuperarse. Eso sucedió hace más de quince años, y el matrimonio de ellos todavía permanece fuerte. Hay muchos buenos consejeros cristianos. Pídele a Dios que te guíe al consejero indicado, y sigue orando las oraciones de este libro.

Estoy consciente de que el gasto que ocasiona recibir asesoramiento puede hacer que lo pienses con mucho cuidado, pero a la larga, el costo del divorcio es mucho más grande. Si no puedes pagar aun una o dos sesiones con un consejero profesional, pregunta en tu iglesia si hay una persona o una pareja que sean dotadas en asesorar a los matrimonios, que sean creyentes instruidos, maduros, de confianza, que sepan que el divorcio no es la mejor solución a los problemas profundos del matrimonio, y que estarían dispuestos a ayudarte a salvar tu relación.

¿Puede la oración evitar que estas cosas sucedan?

Por supuesto que sería mejor orar acerca de los problemas profundos del matrimonio antes de que se desarrollaran. O mejor aun sería orar sobre ellos *antes* de casarse. Sin embargo, aun cuando sería maravilloso tener todas estas cosas resueltas *antes* de casarse, creo que en realidad es imposible. Eso es porque tú y tu cónyuge nunca han vivido juntos como esposo y esposa. Y esto es cierto aun si han vivido juntos antes de casarse. Ningún hombre o mujer en realidad entiende sus propios límites y capacidades antes de haber hecho esa declaración pública, y haber entrado a ese compromiso legal que los une para toda la vida. Cuando lo haces, te ves forzado a bregar con asuntos en ti y en tu cónyuge porque afectan profundamente sus vidas juntos.

Cuando somos novios, ponemos nuestro mejor esfuerzo para llevarnos bien, pero es imposible hacer eso todos los días por el resto de nuestra vida. Todos tenemos días buenos y días malos, puntos débiles y puntos fuertes, tiempos en que somos pacientes y tiempos en que no tenemos mucha paciencia. Todos tenemos momentos en que dejamos salir de nuestros labios palabras que nunca debieron haber sido dichas, y momentos cuando debimos decir o hacer algo y no lo hicimos. Pero el matrimonio produce una base en la cual puedes enfrentar quien en realidad eres, y tener la oportunidad de liberarte para sanar y crecer. Es por eso que orar de antemano para que estas cosas no sucedan no quiere decir que no ocurrirán cosas difíciles, pero si ocurren, podrás sobrevivir esos tiempos exitosamente, sabiendo que Dios las está usando para perfeccionarlos a los dos.

Recuerda los buenos tiempos

En Tennessee, donde vivo, el otoño es muy bello. Cuando las hojas de los árboles cambian de color, vemos matices de rojo, púrpura, naranja, fucsia, amarillo y un color que es una combinación de coral y magenta que es tan bello que no se puede describir. Es similar a la puesta del sol más hermosa que jamás hayas visto. A veces cuando estoy conduciendo mi automóvil en esta estación tan llena de colores, quiero detenerme al costado del camino para respirar estos matices. Estar en medio de ellos me da vida.

Es el recuerdo de esos bellos colores del otoño lo que me ayuda a pasar el invierno. Cuando todo es oscuro, gris e inhóspito, pienso en esos colores del otoño y sé que los voy a ver de nuevo.

Así es como es un matrimonio. Es el recuerdo de los buenos tiempos —los tiempos en que hubo colores y felicidad— que pueden ayudarte a pasar los tiempos difíciles, la estación oscura y gris. Recuerdas lo que *puede* ser, y eso te inspira para no desistir. Los buenos recuerdos te alientan para persistir y continuar orando.

Con todo eso, hay una belleza sorprendente también acerca del invierno. Es una estación de desnudez. Es la monotonía fría y vigorizante del negro, gris y blanco. Las hojas han caído de los árboles, y la estación expone lo que en realidad hay allí. Puedes ver todo lo que las hojas cubrían antes; notas todo lo que hay en la estructura que las sostenía. En un matrimonio es lo mismo. Los tiempos difíciles exponen tu verdadera naturaleza —lo que es fuerte y lo que es débil. Lo que es bueno y lo que no lo es. Te ayudan a ver lo que en realidad hay allí. Si pasas por una estación difícil y la miras desde una perspectiva de profundo crecimiento, de cambiar de las formas que Dios quiere que las cambies, de solucionar los problemas y llegar a nuevas conclusiones, de compromisos nuevos y mejores entre tú y tu cónyuge, y de rehusarte a contemporizar con las leyes de Dios, siempre puedes encontrar belleza en la estación en la que te encuentras.

Dios tiene para ti más de lo que te puedes imaginar

Lo que debes recordar es que Dios tiene más para ti de lo que puedes imaginar. Sé que esto es difícil de entender porque tú te puedes imaginar algunas cosas maravillosas. Todos podemos tener grandes sueños, pero aun considerando el sueño más grande que tengas para ti mismo, lo que tiene Dios es mucho más grande. La Biblia dice: «Ningún ojo ha visto, ningún oído ha escuchado, ninguna mente humana ha concebido lo que Dios ha preparado para quienes lo aman» (1 Corintios 2.9). Eso también es verdad en cuanto a un matrimonio. Tal vez tengas dificultad en imaginarte a tu matrimonio mejor que tu sueño más grande para él, pero puede ser. La razón por la cual sé que esto es verdad, es porque es la voluntad de Dios para tu vida. Es lo que Él quiere para ti. He visto a Dios hacer milagros en mi propio matrimonio y en las vidas de muchas parejas casadas con las cuales he orado, y con quienes me he comunicado a través de los años. No estoy diciendo que mi matrimonio es perfecto, pero es mucho mejor de lo que pensé que podría ser a esta altura. Y sé que lo es por el poder de Dios obrando a través de nuestras oraciones.

Las cosas como son

Bueno, ahora debes estar sentado para lo que sigue. Esta puede ser la parte en la cual arrojes el libro al otro lado del cuarto y digas: «No voy a hacer eso», igual que algunos de ustedes hicieron cuando leyeron el primer capítulo de mi libro titulado *El poder de una esposa que ora*, en el cual les dije a las esposas que debían dejar de orar la oración de «Cambia a mi esposo, Señor». No me echen la culpa por eso. No fue idea mía. A mí me gustaba la oración que dice «Cámbialo, Señor». No importaba que no estuviera siendo contestada. A la mayoría nos gustaba esa oración porque no pensábamos que éramos *nosotras las* que necesitábamos cambiar. Pero Dios dice que *todos* debemos cambiar, y Él comenzará con la persona que esté *dispuesta* a cambiar. Así que si no te gusta la siguiente parte, discute con Dios. Esta es idea de *Él*, no mía. Pero por lo menos escúchame, porque da resultado. Así es como la oración recibe respuesta. Y lo que he aprendido es que de todas formas tendrás que aceptar esta verdad en algún momento de tu vida, así que es mejor que lo hagas ahora.

Bueno, aquí va. Afírmate bien.

Lo básico en cuanto a salvar, mejorar y enriquecer tu matrimonio es que debes *estar dispuesto a tener un corazón arrepentido*.

¡Espera! No tires el libro a la basura. Sé lo que estás pensando.

Estás pensando: *Mi esposo (esposa) es el que realmente necesita arrepentirse, así que, ¿por qué tengo que hacerlo yo? Además, soy una persona buena. No he matado a nadie ni he robado un banco. ¿Por qué necesito arrepentirme?* Dios dice que todos debemos arrepentirnos. Porque nadie puede alcanzar lo que Dios quiere para nosotros de la forma en que pensamos, actuamos y vivimos nuestras vidas. Y mayormente no entendemos el verdadero significado de tener un corazón arrepentido. No quiere decir que hayas hecho algo terriblemente malo, aunque *podría* significar eso. Lo que quiere decir es que estás dispuesto a dejar que Dios te muestre las esferas en que no has hecho las cosas bien, y que luego respondas postrándote ante Él y pidiéndole que te perdone.

En nuestro matrimonio, tenemos que llegar al punto en el cual vivimos con un corazón arrepentido en todo momento. Un corazón que dice *estoy dispuesto a ver mis errores, y sin importar en la forma en que he sido ofendido por lo que ha hecho mi cónyuge, voy a tener un alma limpia. Oraré pidiendo ojos que vean la verdad acerca de mí antes de orar lo mismo por mi esposo (esposa).*

¿Cuántas veces quiere Dios hacer cosas sorprendentes en nuestra vida y en nuestro matrimonio, pero debido a que no oramos con un corazón arrepentido, esas cosas no suceden? Dios le dijo al pueblo de Israel que *ellos* serían los que determinaran si Él los *bendecía* o si en cambio recibirían *maldiciones* (Deuteronomio 28, itálicas añadidas). Él estaba listo para bendecirlos, pero ellos no escuchaban. En cambio, en forma arrogante fueron por sus propios caminos y buscaron sus propios ídolos. De igual manera, nosotros determinamos si vamos a tener bendiciones o desdicha en nuestro matrimonio, ya se que escuchemos a Dios o que persigamos lo que se siente bien. Puede ser que en forma farisaica pensemos que no necesitamos arrepentirnos de nada porque vemos cosas peores en nuestro cónyuge, o podemos aceptar el costo y arrepentirnos de cada mal pensamiento o acción presentándonos humildemente ante Dios en oración.

Hace poco escuché en las noticias que más y más parejas casadas están eligiendo continuar viviendo juntas después de haberse divorciado, aunque cada uno vive su propia vida. La razón que dan es que «es más barato de esa manera». Pero yo tengo una idea. ¿Por qué no hacer lo que se requiere para permanecer juntos y en realidad aprender a amarse y disfrutar el uno del otro? Esto se puede hacer con corazones *arrepentidos* y que están dispuestos a dejar que Dios *los cambie.* Aun si tú eres el único con un corazón dispuesto, tus humildes oraciones pueden abrir el camino para que Dios haga milagros en ti y en tu relación matrimonial. ¿Estás listo para comenzar?

1

Cuando SE ROMPE *la* COMUNICACIÓN

Lo más difícil en un matrimonio es que hay *dos* personas en él. Y todos sabemos que el problema por lo general es con la otra persona. Si estuviéramos tratando de solucionar las cosas por nosotros mismos, por supuesto que podríamos hallar una buena solución, pero tenemos que hacer encajar nuestros sueños, deseos, esperanzas, habilidades, maneras de pensar, suposiciones, necesidades y hábitos con los de nuestro cónyuge. Y eso lleva tres cosas: comunicación, comunicación y comunicación.

Comunicación verbal, emocional y física.

El fundamento de un buen matrimonio que durará toda la vida tiene que estar basado en la comunicación. Es la forma en que se establece la intimidad. Cada vez que se corta la comunicación, la intimidad sufre mucho. Y un matrimonio sin intimidad está muriendo. Tanto tú como tu cónyuge deben tener un sentimiento de intimidad en el matrimonio, la seguridad de que ambos están de acuerdo. Y no pueden tener eso si no hay buena comunicación.

La relación más íntima que jamás tendrás es con tu cónyuge, porque comparten todo. No poderte comunicar con él (ella) —o si él (ella) no puede comunicarse contigo— pavimenta el camino para una existencia intolerable. Si no sabes lo que tu cónyuge piensa o siente hace que sea imposible construir una vida juntos. Si ninguno de los dos sabe cuáles son los planes internos y las visiones para el futuro del otro, ¿cómo pueden avanzar juntos?

¿Cómo puedes mostrar tu compromiso con la relación si nunca compartes eso con tu cónyuge? ¿Cómo puedes tener el sentimiento de que siempre se van a ayudar el uno al otro si no hablan? Si tú no expresas tus temores y tus inquietudes internas, ¿cómo puedes recibir el aliento que necesitas? Si no hay buena comunicación verbal, entonces no hay una conexión emocional, y lo que eso quiere decir que tampoco habrá intimidad física. Esa parte de sus vidas juntos se convertirá en una acción sin sentimientos o pasión. Si *uno* de ustedes cree que la comunicación no es buena en su relación, entonces hay que hacer algunos cambios.

Es tiempo de hacer un cambio

¿Te has sentido alguna vez como que tu vida está atascada en algún lugar? ¿Que no te puedes mover más allá de donde estás? Las cosas pueden llegar a ser así también en un matrimonio. Te puedes sentir atascado en una relación que no está creciendo, que no está mejorando, que no está yendo a ningún lugar. Y solo uno de los dos —o tal vez ninguno de los dos— está dispuesto a cambiar algo para mejorarla.

Dios es un Dios de cambio. Aunque *Él* no cambia —Él es el mismo ayer, hoy y para siempre— Dios no quiere que *seamos* de esa forma. Eso es porque *Él no necesita* cambiar. *Nosotros sí. Él es perfecto. Nosotros no lo somos.* Dios quiere que nosotros siempre estemos cambiando, porque desea que lleguemos a ser más y más como Él. Si nos resistimos a ser cambiados, entonces nos estamos resistiendo a Dios, porque Dios está empeñado en *cambiarnos*.

Si uno o ambos cónyuges en un matrimonio se resiste al cambio, a transformarse y a perfeccionar la obra del Espíritu Santo, entonces de seguro que se han desarrollado malos hábitos. Nuestra carne es así, siempre se dirige hacia la destrucción. Cuanto más tiempo permanecen los malos hábitos, tanto más arraigados llegan a ser. Pero la buena noticia es que cualquier atadura de malos hábitos puede ser rota en un instante por el poder de Dios, sin importar el tiempo que haya estado allí. Aun los malos hábitos referentes a la comunicación en tu matrimonio pueden ser eliminados completamente. Cualquier persona puede aprender a comunicarse mejor si está dispuesta a esforzarse.

El matrimonio no es algo a lo que entras para ver qué es lo que puedes *sacar* de él. Es algo que te preguntas cada día qué es lo que puedes poner *en* él. El matrimonio es una relación de pacto, lo que significa que se supone que sea un compromiso hasta que la muerte nos separe. Desafortunadamente, con demasiada frecuencia el *matrimonio* muere antes que las *personas* que lo forman. *Casarse* es solo el comienzo de tu relación. *Estar* casado te libera para sentirte lo suficientemente seguro como para mostrarte tal como eres —para bien o para mal— para que puedas ver las esferas en que necesitas la sanidad y la transformación que trae Dios. *Permanecer* casado depende de que los dos puedan comunicarse el uno con el otro.

La única forma en que pueden continuar creciendo juntos, y no estar separados, es por medio de la buena comunicación. ¿De qué otra forma se pueden manifestar el amor y el respeto? ¿De qué otra manera pueden estar los dos del mismo lado? ¿Qué sucedería en un equipo de fútbol americano si el mariscal de campo nunca se comunicara con el resto del equipo? Sería un desastre. Nunca alcanzarían la meta. Nunca experimentarían una victoria. Lo mismo es en el matrimonio. Es por eso que es totalmente egoísta y destructivo rehusarte a comunicarte con tu cónyuge, no importa cuál sea la razón.

Desde el principio mismo

Desde el principio, Dios tuvo en mente la relación matrimonial. Aun cuando Adán se podía comunicar con Dios todos los días, Dios vio que eso no era suficiente. Dios dijo: «No es bueno que el hombre esté solo. Voy a hacerle una ayuda adecuada» (Génesis 2.18). Él podría haber creado otro hombre para que Adán tuviera un amigo con quien jugar al golf, pero Dios no lo hizo. Él creó a una mujer que fue «una ayuda adecuada». Esto quiere decir que no fue simplemente una cabeza hueca con un buen cuerpo. Ella lo *complementó*. Ella lo *ayudó*. Y Adán necesitaba su *compañerismo y apoyo*. Él necesitaba a alguien con quien comunicarse en el mismo nivel. Si Adán lo hubiera podido hacer por sí solo, no hubiera necesitado a Eva.

Dios hizo a Eva de la costilla que tomó de Adán (Génesis 2.21-22). Esto quiere decir que un hombre siempre va a tener algo que le falta sin su esposa. Ella lo completa. Y, de la misma manera, una mujer tiene un sentimiento natural de pertenecer al lado de un hombre como su apoyo. A través de los años he conocido a varios hombres y mujeres que tienen ahora más de sesenta años de edad y que nunca se han casado, y sin importar la cantidad de amigos que tienen en la vida, todavía sufrieron severos periodos de soledad. Y esto solo aumenta con la edad. Sé que hay excepciones, como los hombres y las mujeres que han dedicado sus vidas al servicio de Dios, y que debido a Su gracia no han sufrido esa clase de soledad. Pero la mayoría de las personas solteras *luchan* con eso. Desde el mismo comienzo, Dios reconoció la profunda necesidad de un hombre y una mujer de comunicarse el uno con el otro.

Hice una encuesta entre mujeres antes de escribir *El poder de un esposo que ora*, y una de las cosas más importantes que querían las mujeres era que su esposo les hablara más. Este es un asunto importante en el matrimonio. Tal vez has estado casado por treinta años con un cónyuge que no se comunica bien —o tal vez tú eres quien no se comunica bien, pero Dios los puede cambiar a los dos. *Todos* nosotros podemos aprender a comunicarnos mejor.

Conozco una pareja que pasan más tiempo en silencio que el que pasan hablando. Discuten tanto cuando hablan, que han escogido no comunicarse en absoluto. Esta no es una forma natural de vida. Si tienes esa clase de situación, no estás cumpliendo el plan que Dios tiene para tu matrimonio. La comunicación es más en cuanto a *hacer la voluntad de Dios* que la tuya propia. Se trata más de hacer *lo que es correcto*, que sobre *quién tiene razón*. Si quieres glorificar a Dios en tu matrimonio, ora para que los dos tengan buena comunicación. Eso requiere dos corazones que se aman tanto el uno al otro que se rehúsan a ser egoístas.

Si tu esposo (esposa) no quiere cambiar ahora mismo, entonces alégrate de que Dios te puede cambiar *primero a ti* mientras oras que el Espíritu Santo obre en *él (ella)*. Dios *te* puede ayudar para que no te sientas herido con tanta facilidad porque tu cónyuge tiene malas técnicas de comunicación. El Señor *te* puede dar tal gozo y alegría en *tu* vida que no te vas a sentir rechazado cuando tu cónyuge guarda silencio. Si *tú* eres la persona que tiene problemas para comunicarse, pídele a Dios que te dé un corazón hacia tu cónyuge que desee expresar el amor y los pensamientos con libertad.

Tú y tu cónyuge se convirtieron en uno ante los ojos de Dios el día que se casaron (Efesios 5.31), pero todavía hay un proceso para llegar a ser uno en sus vidas diarias juntos desde ese día en adelante. La forma de vivir llevando a cabo este concepto de unidad total no es algo que suceda así porque sí; requiere tiempo y esfuerzo. *Ambos*, el esposo y la esposa tienen que comprometerse para lograrlo. Cuando una persona deja de hacer el esfuerzo de hablar sobre las cosas o de mejorar el matrimonio, esto llega a ser una pesadilla para el otro. Si solo uno se está comunicando y el otro no, el matrimonio va a experimentar problemas serios. El que una persona trate de llevar todo el peso de una relación matrimonial solo va a resultar por un tiempo.

La razón por la cual sé que la comunicación es tan importante

Si eres como yo, y ya has experimentado el divorcio, sabes el terrible dolor que se experimenta, y no quieres pasar por eso nunca más. También sabes que cuando estás considerando divorciarte, haces una lista mental de todas las cosas que cambiarán, y te preguntas: *¿Vale la pena? ¿La ganancia supera las pérdidas?* Si la comunicación es mala —o si la única comunicación es negativa—, terminas pensando que no tienes mucho que perder y que todo es ganancia.

Cuando yo estuve casada por primera vez, antes de llegar a ser creyente, no había comunicación alguna en nuestra relación. No solo no estábamos en la misma página, no estábamos en el mismo libro. Llegué al punto en que sentí que estaba viviendo en un infierno, y estaba lista para dejar cualquier cosa para sentir esperanza, alivio y algún grado de paz de nuevo. Yo quería salir de esa situación con tanta urgencia, que abandoné todo, llevándome solo las posesiones que había llevado al matrimonio, aunque había trabajado por dos años para mantenerlo mientras él se quedaba en casa y miraba televisión. No quería vivir ni un día más en esa muerte lenta, y no veía ninguna forma en que la vida pudiera ser diferente.

En la cultura de él, los hombres no hacen absolutamente nada para ayudar en las tareas de la casa —o en ningún otro lugar, para ser sincera. Aparentemente, no trabajan. Yo me di cuenta de que no podía trabajar de diez a doce horas por día, para luego regresar a la casa para *cocinar* y *limpiar* porque eso era lo que él demandaba. Todos los días evaluaba mi actuación y me recitaba las formas en que no había hecho las cosas de acuerdo a las normas de su madre. Él quería que yo fuera como ella, y yo no pude serlo. Él pasaba horas todos los días en la casa de su madre mientras yo trabajaba, y cuando yo llegaba del trabajo por la noche, él todavía estaba allí. Era como vivir sola de nuevo, pero no tan divertido. Y yo no era lo suficientemente fuerte como para recibir constante crítica sin ningún sentido de aliento o de ser amada. En defensa de él, probablemente estaba tratando de convertirme en la esposa que quería, y en aquel momento yo no era una persona restaurada lo suficiente como para ser todo eso.

Él no era creyente, y se enojó muchísimo cuando se enteró de que yo había aceptado a Jesús como mi Salvador. Cuando todavía no teníamos un año de casados, yo comencé a ir a la iglesia sola todos los domingos, lo cual él pensaba que era una pérdida de tiempo cuando podría haber estado limpiando o trabajando en otra cosa para mantenerlo. Un domingo de tarde, llegué de la iglesia sintiéndome especialmente bendecida en mi espíritu, y traté de hablarle acerca del Señor. Él se irritó y me dijo en voz muy alta y amenazadora que me prohibía hablar del nombre de Jesús en *su* casa de nuevo, y nunca mientras estaba con *él*. Fue la paja que rompió la espalda de mi enclenque matrimonio. Yo había estado al borde de un precipicio, aferrada a una rama delicada y finalmente había encontrado esperanza y una razón para vivir, y ahora él iba a cortar la rama. Fue como si cortara el aire que respiraba.

Muy poco tiempo después de eso, decidí hacer lo que él demandaba y nunca hablar de Jesús en *su* casa o en *su* presencia de nuevo. Por supuesto que eso quiso decir que tendría que irme de su casa y de su presencia. Después que lo dejé, me sentí libre no solo para respirar sino para hablar el nombre de Jesús donde quisiera. Me sentí liberada.

Cuando me casé de nuevo, fue diferente. La diferencia más importante fue que mi segundo esposo, Michael, era creyente. Fuimos a la iglesia juntos, oramos juntos. Fuimos a ver a consejeros cristianos juntos. Así que siempre hubo esperanza de cambio en ambos. Y yo creí que cada problema que tuviéramos sería resuelto con facilidad.

Sin embargo, cuando nos casamos, cada uno tenía profundas inseguridades. Él se sentía fracasado, porque no podía vivir según las expectativas de su madre. Yo me sentía fracasada porque mi madre, que era enferma mental, nunca había esperado nada de mí. Cuando en forma repetida me dijo que yo no valía nada y que nunca llegaría a nada, yo no tenía razón alguna para dudar sus palabras, aunque con desesperación buscaba una razón. Así que mi esposo estaba *enojado* y deprimido. Yo estaba *ansiosa* y deprimida. Éramos dos personas heridas, y herirnos mutuamente era fácil. Aunque al principio nos comunicábamos bien, hubo periodos en los cuales él me hablaba con enojo y yo pensaba que estaba siendo cruel, así que debido al dolor yo me retraía, lo que causaba que él creyera que a mí no me importaba.

La comunicación se hizo más y más difícil con el paso del tiempo, y fue una época muy desdichada.

Cuando nuestro matrimonio llegó al punto de la peor crisis después de años así, yo quise dejarlo. Pero mientras oraba un día, el Señor me mostró que si yo oraba por mi esposo todos los días de la forma en que Él quería que lo hiciera, Él me usaría como un instrumento de sanidad y liberación en nuestro matrimonio. Yo le dije que sí al Señor, y aprendí a orar de la forma que el Señor me estaba mostrando. Cuando lo hice, comencé a ver cambios, especialmente en nuestra comunicación. No fue una transformación de la noche a la mañana. Fue más como algo que sucedió día tras día moviéndonos hacia el territorio que Dios tenía para que lo conquistáramos, y no abandonar cuando hubo tiempos en que volvíamos a los patrones anteriores.

El sufrimiento que tiene lugar en un matrimonio que no es feliz es terrible, porque no hay esperanza. A menos que te divorcies y disuelva la relación, estás estancado allí, y tienes que tratar de resolver el problema. Si tu cónyuge no hace nada para mejorar la relación, es una pesadilla. Es por eso que orar para tener buena comunicación es tan importante. Sí, es muy bueno estar leyendo la Palabra de Dios y asistir a una iglesia donde la enseñanza bíblica es buena, pero yo he visto demasiados matrimonios en la iglesia terminar en divorcio. Yo he visto demasiadas personas que eran excelentes maestros de la Biblia dejar a su esposo o esposa. También he visto matrimonios de personas que nunca van a la iglesia o leen la Biblia que duran toda la vida. Así que tiene que haber más para salvar a un matrimonio que una respuesta fácil como «lean la Biblia y quédense en la iglesia». Aun cuando estas dos cosas son un imperativo, tú todavía tienes que hacer más. Tienes que orar y orar. Y tienes que orar específicamente acerca de tu comunicación, porque sin ella tu matrimonio no tiene ni una posibilidad. Quiero compartir específicamente algunas formas que aprendí en cuanto a orar acerca de nuestra comunicación que hicieron una diferencia en nuestra relación.

Ora para que puedas ser amable

¿Cuántos matrimonios se podrían salvar si ambos el esposo y la esposa fueran amables el uno con el otro? Se llama tratarse con consideración. La Biblia dice: «El amor edifica» (1 Corintios 8.1). Esto quiere decir que el amor nos mejora y nos hace más fuertes. El amor no habla palabras con un espíritu descortés y sarcástico, palabras que destruyen. *Lo que* decimos y la *forma* en que lo decimos puede comunicar amor o falta total de consideración. Las palabras de crítica que se dicen sin amor pueden destrozar una relación matrimonial, así que tenemos que preguntarnos a nosotros mismos si la satisfacción que sacamos de decirlas en realidad vale la pena la destrucción y las heridas que causan. Dios cree que no. Él dice que el amor verdadero «no se comporta con rudeza, no es egoísta, no se enoja fácilmente, no guarda rencor» (1 Corintios 13.5). No hay razón para que trates mal a tu cónyuge. Si quieres mejorar tu matrimonio, ser amable es un buen lugar para comenzar.

Cuando una persona no trata bien a su cónyuge, hace que el cónyuge se sienta inseguro para compartir sus pensamientos y emociones más profundas, y esto cierra una parte importante de la relación. Si ya has caído en malos hábitos de criticar y usar palabras descorteses hacia tu cónyuge, arrepiéntete de eso y pídele a Dios que cambie tu corazón. Si tu esposo (esposa) con frecuencia *te* habla en forma negativa o crítica, ora pidiendo una revelación para él (ella). Ora para que las graves consecuencias de palabras tan descorteses le sean reveladas a él (ella). Sé que parece que no tiene sentido hacer algo si *tú* eres la única persona que está haciendo el esfuerzo y parece que tu cónyuge no está haciendo nada, pero yo he encontrado que cuando *tú* haces lo correcto, aun cuando tu cónyuge no lo hace, Dios *te* bendice, y eso hace una gran diferencia.

¿Has visto parejas que están casadas pero que parecen extraños? Yo conocía a una pareja que parece que habían aprendido de memoria el antiguo dicho «Si no puedes decir algo amable, no digas nada», porque nunca decían nada, por lo menos el uno al otro. El matrimonio de ellos no tenía vida. Cuando un cónyuge está emocionalmente distante o no se comunica, fuerza al otro a tener que soportar todas las luchas solo. Cuando no existe la compatibilidad, no hay nadie con quien compartir la vida. Y cuando algunas personas se dan cuenta de que no pueden confiar en su cónyuge para amistad y apoyo emocional, se les hace muy fácil volverse a otra persona que los proveerá. Si no puedes ser amable, no pueden ser amigos, tu matrimonio será una prueba de resistencia.

A los amigos les gusta estar juntos. No actúan como si fueran extraños. No dicen palabras que menosprecian o destruyen la esperanza y el gozo. Si tú y tu esposo (esposa) no han sido buenos amigos, pídele a Dios que te ayude a cambiar tus caminos. Si siempre han sido amigos, pídele a Dios que te muestre la forma de ser mejores amigos de lo que han sido en el pasado.

Dios dice que nuestras palabras tienen poder. Si «en la lengua hay poder de vida y muerte» (Proverbios 18.21), entonces debemos escoger nuestras palabras cuidadosamente. Ora pidiéndole a Dios que te ayude a ti y a tu cónyuge a hablarse mutuamente palabras amables, amorosas, positivas, buenas, edificadoras, alentadoras y que dan vida. Pídele a Dios que esté a cargo de tu matrimonio, y dile que harás lo que sea necesario para ver que llegue a ser todo lo que Él quiso que fuera. Aun si significa ser amable cuando no sientes ganas de ser amable.

Ora pidiendo que siempre seas veraz y honesto

Un matrimonio debe siempre estar basado en la verdad. Si no se pueden tener confianza mutuamente, entonces, ¿en quién puedes confiar? Es por eso que mentirle a tu cónyuge es una de las peores cosas que puedes hacer para dañar la relación. La Biblia lo dice con toda claridad: «Dejen de mentirse unos a otros, ahora que se han quitado el ropaje de la vieja naturaleza con sus vicios» (Colosenses 3.9). Todas las mentiras tienen consecuencias peligrosas y de largo alcance. «El testigo falso no quedará sin castigo; el que esparce mentiras no saldrá bien librado» (Proverbios 19.5). La peor consecuencia es que mentir te separa de Dios. «Jamás prevalecerá en mi presencia nadie que hable con falsedad» (Salmo 101.7). Mentir también los distancia el uno del otro y detiene la corriente de cosas buenas que Dios tiene para ti personalmente.

En el matrimonio es importante ser *veraz* y *honesto*. Y hay una diferencia entre los dos. Cuando dices una mentira, no eres veraz, pero es posible decir la verdad y todavía no ser honesto. Esto sucede cuando no dices *toda* la verdad. Tal vez no dijiste una mentira, pero no has revelado todo lo que tienes que revelar. Bueno, tú no tienes que revelarle todas las cosas a cada persona que ves, porque entonces nadie querría estar cerca de ti. Pero sí necesitas ser honesto con tu cónyuge porque él (ella) estará contigo por el resto de tu vida.

Tú sabes si has dicho mentira o no, pero a veces inadvertidamente puedes ser menos que honesto acerca de tus sentimientos, porque no sabes cómo expresarlos completamente. Tú no eres totalmente honesto si no has expresado tus sentimientos y pensamientos. *Una persona que nunca se comunica con su cónyuge no puede ser completamente honesta porque la honestidad requiere buena comunicación.* Por supuesto que no es bueno expresar cada pensamiento que tienes cada momento ni siquiera a tu cónyuge, porque entonces él (ella) tampoco querrá estar cerca de ti. Pero Dios también te dará discernimiento en cuanto a eso, si se lo pides.

He aquí algunas cosas que debes recordar acerca de ser honesto:

1. Sé honesto en cuanto a cómo te sientes concerniente a las cosas que hace tu cónyuge. Debes expresar tus sentimientos cuando algo en realidad te molesta acerca de las acciones de tu cónyuge. Si no eres honesto con tu esposo (esposa) en cuanto a eso, nada cambiará. La amargura y el enojo aumentarán en tu corazón, y llevarán a resentimiento y a no perdonar. Tú no solo debes saber *qué* decir, sino *cuándo* decirlo. Y Dios siempre va a ser el mejor juez de eso. Así que cada vez que necesitas decirle algo importante a tu esposo (esposa) que puede ser difícil de escuchar, pídele a Dios que te muestre el tiempo indicado para decirlo. Pídele a Dios que prepare el corazón de tu cónyuge para recibirlo y que te dé las palabras perfectas para poder hablar «la verdad con amor» (Efesios 4.15). La Biblia dice que hay «un tiempo para callar, y un tiempo para hablar» (Eclesiastés 3.7). Pídele a Dios que te ayude a saber la diferencia entre los dos.

2. Sé honesto sobre la forma en que ves las cosas. Es importante que cada uno de ustedes comparta sus pensamientos, planes, temores, preocupaciones, esperanzas y sueños para el futuro. Tú tienes que sacar estas cosas de dentro de tu corazón y compartirlas. Job dijo: «Tengo que hablar y desahogarme» (Job 32.20). Y eso es exactamente lo que experimentarás tú también. Si tu esposo (esposa) es la clase de persona con quien es difícil comunicarse, pídele a Dios que destruya esa barrera en el corazón de él (ella). Aparte de ir a un consejero que será capaz de ayudarlos a los dos a abrirse y hablar, tú necesitas la obra del Espíritu Santo para hacer eso, así que ora pidiendo esa obra. Un esposo y esposa están constantemente ajustándose el uno al otro en su matrimonio porque dos personas no *son* iguales o *permanecen* iguales. (Aun cuando a veces parezca que nada cambia.) Pero nunca se pueden ajustar apropiadamente el uno al otro si no saben qué ajustes hacer. Si no eres honesto con tu cónyuge acerca de estas cosas, con mucha facilidad puedes hacer suposiciones erróneas y ajustes incorrectos.

3. Sé honesto acerca de tu pasado. Cuando por primera vez me di cuenta de que la relación entre Michael y yo se estaba poniendo seria, supe que no podía ir más adelante sin ser completamente abierta en cuanto a mi pasado. Pero antes de contarle a él todas las cosas, oré pidiéndole a Dios que preparara el corazón de él para recibir lo que le iba a decir, y que me diera las palabras correctas y el tiempo indicado para hablarle.

Él ya sabía en cuanto a mi madre, aunque no comprendió completamente la seriedad de la enfermedad mental de ella hasta después que nos casamos, y fuimos a visitar a mis padres por un fin de semana. Pero había otras cosas que tenía que decirle, y yo no sabía si él me rechazaría completamente debido a ellas. Pero él recibió bien lo que compartí con él y me dijo que eso no cambió su forma de pensar en cuanto a mí. Fue un gran alivio sacar a la luz todas esas cosas y se me quitó un peso de los hombros.

Conozco a algunas personas que tenían secretos de su pasado y no se los revelaron a su cónyuge hasta después de estar casadas, y esta revelación tardía conmovió el nivel de confianza que había sido establecido anteriormente. Ser totalmente honesto en cuanto a tu pasado te ayuda a vivir con más éxito en el presente. Te ayuda a avanzar mejor al futuro que Dios tiene para ti. Tú no quieres estar siempre mirando sobre el hombro para ver si algo está regresando para atormentarte. Cuanto antes hables, tanto mejor será.

4. Sé honesto sobre todo lo que estás haciendo. Conozco a un hombre que constantemente le miente a su esposa acerca de las cosas que hace. No tienen una relación íntima, y su deshonestidad muy bien podría llevar a un divorcio en el futuro. Cada mentira afecta la confianza. Y cuando un esposo o esposa pierde la confianza, el fundamento de su matrimonio se desmorona. Por supuesto que la confianza puede ser restaurada de nuevo cuando el que miente confiesa y verdaderamente se arrepiente. Si tú tienes que mentir sobre lo que estás haciendo, entonces tus prioridades están totalmente fuera de orden. No estás poniendo a Dios primero y a tu esposo (esposa) en segundo lugar sobre todo lo demás.

DIEZ COSAS QUE SON CIERTAS EN CUANTO A DECIR LA VERDAD

1. **Debes escoger pensar en la verdad.** «Por último, hermanos, consideren bien todo lo verdadero» (Filipenses 4.8).

2. **La verdad es una decisión que tomas en cuanto a las palabras que hablas.** «Mi boca expresará la verdad, pues mis labios detestan la mentira» (Proverbios 8.7).

3. **El camino que escoges es la verdad.** «He optado por el camino de la fidelidad, he escogido tus juicios» (Salmo 119.30).

4. **La verdad te libera.** «Conocerán la verdad, y la verdad los hará libres» (Juan 8.32).

5. **La verdad te protege.** «Manténganse firmes, ceñidos con el cinturón de la verdad, protegidos por la coraza de justicia» (Efesios 6.14).

6. **La verdad purifica tu alma.** «Ahora que se han purificado obedeciendo a la verdad y tienen un amor sincero por sus hermanos, ámense de todo corazón los unos a los otros» (1 Pedro 1.22).

7. **La verdad le agrada a Dios.** «Nada me produce más alegría que oír que mis hijos practican la verdad» (3 Juan 1.4).

8. **La verdad puede ser grabada en tu corazón.** «Que nunca te abandonen el amor y la verdad: llévalos siempre alrededor de tu cuello y escríbelos en el libro de tu corazón» (Proverbios 3.3).

9. **La verdad te trae a la luz de Dios.** «El que practica la verdad se acerca a la luz, para que se vea claramente que ha hecho sus obras en obediencia a Dios» (Juan 3.21).

10. **La verdad en tu corazón invita a sentir la presencia de Dios más profundamente cuando oras.** «El Señor está cerca de quienes lo invocan, de quienes lo invocan en verdad» (Salmo 145.18).

Ora para que el amor de Dios sea derramado en tu corazón

La mejor manera de tener buena comunicación con tu cónyuge es primero tener buena comunicación con Dios. Si es verdad que «de la abundancia del corazón habla la boca» (Mateo 12.34), entonces debes pedirle a Dios que todos los días llene tu corazón abundantemente con su amor para que las palabras que hablas sean llenas de amor. La Biblia dice que «nadie puede domar la lengua. Es un mal irrefrenable, lleno de veneno mortal» (Santiago 3.8). Por nosotros mismos, en forma natural decimos palabras hirientes y destructivas. La Biblia también dice: «Del hombre son las disposiciones del corazón; mas de Jehová es la respuesta de la lengua» (Proverbios 16.1, RVR 1960). Podemos preparar nuestros corazones estando en la presencia de Dios en oración, en alabanza y leyendo su Palabra.

Cuando la verdad es difícil de escuchar en un matrimonio, pídele a Dios por una porción más grande de su amor para comunicarte. Cada vez que hablas impulsado por una mala actitud o un corazón sin amor, interrumpes la habilidad de tu cónyuge para escuchar lo que estás diciendo. Pídele a Dios que te dé sabiduría para decir las cosas correctas de la forma correcta. «El sabio de corazón controla su boca; con sus labios promueve el saber» (Proverbios 16.23). Da buen resultado cuando haces un esfuerzo para hablar palabras que comunican amor. Le agrada a Dios, y siempre hay una gran recompensa en eso.

No permitas que la animosidad crezca y se convierta en un diluvio que se derrama sobre tu relación. Detiene los argumentos con una comunicación honesta y con palabras amorosas. «Iniciar una pelea es romper una represa; vale más retirarse que comenzarla» (Proverbios 17.14). Pídele a Dios que llene tu corazón tanto con su amor que tus palabras sean como aguas sanadoras de aliento y restauración, en lugar de abrir las puertas de una represa que produce daños serios.

Ora para poder entender las señales

Tenemos un pequeño perrito chihuaha de pelo largo y blanco. En realidad es el perro de mi hija, pero ella no se lo pudo llevar cuando se mudó debido a su trabajo y sus viajes. Creo que eso lo hace nuestro perro-nieto. Se llama Wrigley, pero Michael y yo lo llamamos «El gran todo lo quiero». Eso es porque cuando no está durmiendo, Wrigley siempre quiere algo. Él nos comunica sus deseos sentándose sobre sus patas traseras y poniendo sus patas delanteras como si estuviera orando, y las mueve de arriba abajo acompañando esto con quejidos que no cesan. Él se puede mantener balanceado en esa posición por más tiempo del que puedes imaginar posible. Tú puedes pasar por alto el que se siente así y las patitas en posición de oración, pero no hay forma de que ignores los quejidos. Te hacen enloquecer. La única forma de conseguir que pare de hacer eso es formularle preguntas simples sobre todas las cosas que por lo general quiere y ver cuantas veces sus patas se mueven de arriba hacia abajo. Debido a que siempre quiere *todo*, sus patas van a moverse una o dos veces por cada cosa que le dices. Hay palabras que tenemos que decirle como «¿Afuera?», «¿Comida?», «¿Brazos?» «¿Dormir?» «¿Frazada?», «¿Hueso?», «¿Bizcocho? «¿Juguete?» «¿Caminar?» «¿Auto?» Él entiende todo esto a la perfección.

¿Quieres ir *afuera*? ¿Quieres *comer*? ¿Quieres que te tome en *brazos*? ¿Quieres un *bizcocho*? ¿Quieres un *hueso*? ¿Quieres salir a pasear en el *automóvil*? En realidad, hemos aprendido a no decir la palabra «automóvil» a menos que estemos dispuestos a llevarlo con nosotros. Porque no importa lo tanto que necesite ir «afuera» o lo hambriento que esté para «comer», salir a pasear en «automóvil» toma precedente sobre todo lo demás. Y si has pronunciado esa palabra y no cumples con lo dicho, no para de dar chillidos.

Cuando le formulas estas preguntas a Wrigley, tienes que tener mucho discernimiento para ver cuántas veces sus patas, en actitud de oración, se mueven de arriba para abajo. Una vez para «hueso», dos veces para «comida», dos veces para «tomarte en brazos». Y así a través de todo el ciclo porque lo que él quiere es relativo. La palabra que lleva la cantidad mayor de subidas y bajadas de patas indica que es lo que quiere más. La única palabra a la que no responde es «baño», yo traté de decirle esa palabra un par de veces, y Wrigley se queda quieto, en silencio, con una mirada que dice *No me veas. No me veas.* Una vez, cuando tenía que ir afuera con urgencia, movió sus patas unas seis veces en dos segundos, y nosotros supimos que era una emergencia.

Lo notable es que la expresión en la cara de Wrigley nunca cambia cuando mueve sus patas en actitud de oración, así que mirándole la cara no puedes saber qué quiere. Y sus chillidos todos tienen la misma intensidad. Son las señales sutiles en su lenguaje corporal las que debes tomar en consideración para discernir lo que quiere obtener.

Lo que quiero destacar es que a veces debes mirar muy cuidadosamente el lenguaje corporal de tu cónyuge para darte cuenta de lo que él (ella) quiere, y lo que está sucediendo por dentro de él (ella). Tenemos que formular las preguntas correctas para poder discernir su reacción a ellas. Debemos leer entre líneas. Pídele a Dios que te capacite para reconocer las señales en tu esposo (esposa). Pídele a Dios que *te* ayude a comunicarte con claridad para que tu esposo (esposa) no tenga que buscar señales de ayuda en tu lenguaje corporal.

Ora pidiendo que disfrutes haciendo cosas juntos

¿Qué es lo que tú y tu esposo (esposa) disfrutan juntos? Si puedes pensar en algo, es muy bueno. Pero si estás luchando para pensar en siquiera una sola cosa, entonces esto es un problema en tu relación. Para tener buena comunicación, debe haber cosas que disfruten hacer juntos, aun si es algo tan simple como sentarse juntos a mirar una puesta de sol o leer libros, o salir a caminar, o salir a comer. Si trabajan juntos, todavía necesitan algo que hacer juntos aparte del trabajo.

Mi esposo y yo tratamos de jugar al golf juntos por un corto tiempo. También tratamos de jugar al tenis. Pero la meta de mi esposo era ganar a toda costa, y la mía era divertirme. A mí no me gustaba arriesgar la vida para tratar de divertirme. Así que no seguimos con esas actividades.

A esta altura en nuestra vida, debido a una respuesta milagrosa a las oraciones de mi esposo, a los dos nos gusta el fútbol americano.

(Mirarlo, no jugarlo). Él me compró un libro titulado *Football for Dummies*, me llevó a algunos partidos, y estuvo dispuesto a explicarme las cosas una y otra vez hasta que las entendí. No fue algo fácil de hacer para una persona impaciente como yo, tipo A, pero eso era importante para él y perseveró. Y dio buen resultado, porque me encanta ese deporte. Ahora miramos juntos partidos de fútbol por televisión, y vamos a verlos en persona cuando nuestro equipo juega en la ciudad. Si supieras que antes yo pensaba que esto era la pérdida de tiempo más grande, te darías cuenta de lo milagroso que es. Tanto Michael como yo habíamos estado orando para encontrar algo que nos gustara hacer juntos. Y *él* ganó. Pero yo todavía tengo que ir de compras sola.

Ora pidiendo que se acerquen más con cada etapa nueva de la vida

Hay muchas etapas en la vida y en el matrimonio, y debes orar tú y tu cónyuge para que se acerquen cada vez más en lugar de separarse. No te quieres despertar un día y encontrar que estás en la cama con un extraño, y darte cuenta de que es la persona con la cual te casaste. A veces las situaciones cambian. Tal vez antes tu cónyuge era el que ganaba más dinero en el hogar. O que cuando llegaron los hijos, el esposo perfecto no resultó ser el padre perfecto. O lo que había sido la esposa perfecta, de pronto, y *en cambio*, se convierte en la madre perfecta. O los hijos se van del hogar. O *regresan al hogar* después de haberse ido del hogar. O hay cambios de trabajo, cambios en la salud o cambios en las finanzas. Todas estas cosas pueden afectar la comunicación o causar serios impedimentos a la comunicación.

La prueba de amor por tu cónyuge es la disposición de hacer cambios a medida que sus vidas progresan juntos. Pídele a Dios que en cada etapa de la vida, los capacite a los dos a ser sensibles a lo que está sucediendo en el otro, y que los ayude a hacer los ajustes necesarios en la forma en que se comunican. De esa forma continuarán creciendo juntos.

Ora para que se honren el uno al otro

¿No detestas cuando estás con otra pareja y uno de los dos dice algo crítico, degradante o le falta el respeto al otro? Nada causa que la gente se sienta más incómoda que estar en la presencia de un esposo y esposa que se hacen comentarios crueles en frente de ellos. Y *te* puede forzar a una posición incómoda de tener que tomar lados en el asunto, lo cual en realidad no puedes hacer porque nadie sabe los detalles íntimos del matrimonio de otras personas. A veces el que parece ser la persona encantadora y maravillosa en realidad es el ofensor, que es amable con todos menos con su cónyuge. Y el cónyuge que parece ser amargado y desagradable en realidad ha sido empujado hasta el límite que ella (él) puede aguantar.

En forma especial se les exhorta al esposo a rendirle honor a su esposa, y la consecuencia de no hacerlo es que sus oraciones no van a ser contestadas. «De igual manera, ustedes esposos, sean comprensivos en su vida conyugal, tratando cada uno a su esposa con respeto, ya que como mujer es más delicada, y ambos son herederos del grato don de la vida. *Así nada estorbará las oraciones de ustedes*» (1 Pedro 3.7, itálicas añadidas). Esta consecuencia es muy seria y no debería ser tomada a la ligera.

Al esposo también se le amonesta a *amar* a su esposa, y la esposa debe respetar a su esposo y *someterse* a él (Efesios 5.22-23). Para las esposas, la sumisión piadosa es algo que haces de buena voluntad. No es algo que tu esposo te fuerza a hacer. Eso sería esclavitud. La sumisión se comunica de una forma piadosa mostrándole respeto a tu esposo. Pero una esposa encuentra que someterse a su esposo es mucho más *fácil* si él está sometido a Dios, que es la forma en que Dios lo quiere. Para ella es mucho *más difícil* hacerlo si él no está sometido a Dios, o si él le ha faltado el respecto de alguna forma. Pídele a Dios que te ayude a ti y que ayude a tu esposo (esposa), a mostrar honor, respeto, aprecio y amor, de forma constante, el uno por el otro —*especialmente* frente a otras personas.

DIEZ COSAS QUE DEBES RECORDAR
SOBRE LAS PALABRAS QUE HABLAS

1. **Escoge tus palabras con mucho cuidado.** «Eviten toda conversación obscena. Por el contrario, que sus palabras contribuyan a la necesaria edificación y sean de bendición para quienes escuchan» (Efesios 4.29).

2. **Las palabras amables tienen más poder que las palabras duras.** «¡La lengua amable quebranta hasta los huesos!» (Proverbios 25.15).

3. **Debes pensar antes de hablar.** «El corazón del justo medita sus respuestas, pero la boca del malvado rebosa de maldad» (Proverbios 15.28).

4. **No hables demasiado.** «El que mucho habla, mucho yerra; el que es sabio refrena su lengua» (Proverbios 10.19).

5. **Tus palabras pueden causar que falles.** «Todos fallamos mucho. Si alguien nunca falla en lo que dice, es una persona perfecta, capaz también de controlar todo su cuerpo» (Santiago 3.2).

6. **Las palabras amables dan vida.** «Panal de miel son las palabras amables: endulzan la vida y dan salud al cuerpo» (Proverbios 16.24).

7. **Tus palabras pueden ocasionar gran destrucción.** «Así también la lengua es un miembro muy pequeño del cuerpo, pero hace alarde de grandes hazañas. ¡Imagínense qué gran bosque se incendia con tan pequeña chispa! (Santiago 3.5).

8. **Si quieres una vida buena, cuida lo que dices.** «En efecto, el que quiera amar la vida y gozar de días felices, que refrene su lengua de hablar el mal y sus labios de proferir engaños» (1 Pedro 3.10).

9. **Tus palabras pueden ser inspiradas por el enemigo.** «También la lengua es un fuego, un mundo de maldad. Siendo uno de nuestros órganos, contamina todo el cuerpo y, encendida por el infierno, prende a su vez fuego a todo el curso de la vida» (Santiago 3.6).

10. **Tus palabras poco amables te hieren más a ti de lo que hieren a tu cónyuge.** «Porque por tus palabras se te absolverá, y por tus palabras se te condenará» (Mateo 12.37).

Ora para que los dos tengan oídos para escuchar

Una gran parte de la comunicación es aprender a escuchar. Esto quiere decir que no debes ser el que siempre habla. Quiere decir pedirle a Dios que te dé oídos para escuchar y un corazón que esté dispuesto a recibir lo que te dice tu cónyuge. A menudo, podrán ayudarse «unos a otros a llevar sus cargas, y así cumplirán la ley de Cristo» (Gálatas 6.2), al simplemente *escuchar* a tu cónyuge hablar de sus propias cargas. Si estás casado con alguien que está demasiado abstraído en sí mismo como para escuchar, o se rehúsa a escuchar porque puede dar la apariencia de no estar en control, o no valora lo que tú dices, ora pidiendo que Dios le dé a él (ella) oídos para escuchar. Créeme, tiene mucho más impacto que Dios convenza a alguien de que no está escuchando que el que se produce cuando *tú* tratas de hacerlo.

A veces *pensamos* que sabemos lo que está diciendo la otra persona, pero Dios nos dice que no respondamos con demasiada prisa antes de haber escuchado cuidadosamente. «Es necio y vergonzoso responder antes de escuchar» (Proverbios 18.13). Escuchar quiere decir no hablar mientras otros hablan. ¿Cómo puedes alegrarte con los que se alegran, y llorar con los que lloran, si no estás escuchando bien para saber si se están alegrando o están llorando? (Romanos 12.15). Si parece que tu cónyuge nunca te escucha —o si tu esposo (esposa) siempre dice que *tú* no lo (la) escuchas—, pídele a Dios que les dé a ambos un corazón que escuche. A Dios le encanta responder a esa oración.

Ora pidiendo que los planes del enemigo de interrumpir la comunicación no tengan éxito

Ten siempre presente que el enemigo de tu alma es también el enemigo de tu matrimonio, y por lo tanto el enemigo de tu comunicación. ¿Has experimentado alguna vez que algo se interpone entre tú y tu cónyuge cuando todo parece estar marchando bien, y que rompe las líneas de comunicación, y de pronto ambos se encuentran que no se entienden? De pronto habrá confusión o una discusión o una distorsión de lo que ha sido dicho, y no puedes entender la razón de por qué sucedió. Interrumpir las líneas de comunicación entre un esposo y esposa es una de las tácticas más comunes del enemigo. Esto puede suceder aun en los mejores matrimonios, de maneras sutiles para que piensen que eres tú. Pídele a Dios que los mantenga a los dos conscientes de la mano del enemigo tratando de provocar luchas y malentendidos entre ustedes dos. No permitas que eso suceda. Si ves que ya ha sucedido, declara que debido a que *Dios está de tu lado*, nadie puede venir contra ti —ni siquiera contra los dos.

ORACIONES POR MI MATRIMONIO

Oración pidiendo protección

Señor, invito tu presencia para que more en nuestro matrimonio. Oro pidiendo protección sobre mi esposo (esposa) sobre cualquier falta de comunicación. Capacítanos para que podamos compartir nuestros pensamientos y sentimientos, y para que nos rehusemos a ser personas que no hablan. Enséñanos para que confiemos el uno en el otro lo suficiente como para compartir nuestras esperanzas, sueños y temores más profundos el uno con el otro. Ayúdanos a pasar tiempo comunicándonos *contigo* todos los días, para que nuestra comunicación el uno con el otro sea siempre buena. Enséñanos a siempre expresar abiertamente amor el uno por el otro, y líbranos de cualquier pereza o egoísmo que pudiera ocasionar que fuéramos negligentes en cuanto a eso. Ayúdanos a rehusarnos a hablar palabras que destruyen, y ayúdanos a hablar palabras que edifican (Efesios 4.29).

Líbranos de cualquier tentación de mentirnos el uno al otro o de tratarnos con falsedad (Levítico 19.11). Ayúdanos a ser completamente honestos y sinceros acerca de todas las cosas. Enséñanos a hablar con verdad, sabiduría, instrucción y comprensión. No queremos ser como los que «siempre están aprendiendo, pero nunca logran conocer la verdad» (2 Timoteo 3.7).

Enséñanos a escucharnos el uno al otro y a reconocer las señales en cada uno que nos den mayor entendimiento. Ayúdanos a encontrar cosas que disfrutemos haciendo juntos para que no nos apartemos, sino que nos acerquemos cada vez más. Capacítanos para comunicar amor, aprecio y honor el uno al otro en todo momento. Enséñanos para reconocer el plan del enemigo de robar, quitar y destruir nuestro matrimonio. Ayúdanos para entender sus métodos y ver sus intenciones de incitar luchar y mala comunicación entre nosotros. Ayúdanos a tomar autoridad instantánea sobre cualquier ataque que él traiga contra nosotros —especialmente en la esfera de la comunicación. Ayúdanos para arreglar todos los asuntos de desacuerdos de forma amorosa, estando dispuestos a ceder y a ser considerados. Capacítanos para siempre estar unidos a ti y el uno con el otro. Oro en el nombre de Jesús.

Oración pidiendo victoria en mí

SEÑOR, INVITO TU PRESENCIA a morar en mí y a cambiarme en las esferas en que necesito cambiar. No le he dicho las palabras correctas ni me he comunicado bien con mi esposo (esposa) y lo confieso como pecado, porque sé que estoy privado de tu gloria (Romanos 3.23). Enséñame para comunicarme abierta y honestamente, y hablar palabras justas, claras y verdaderas (Proverbios 8.6-9). Sé que no puedo vivir en tu presencia si de corazón no digo la verdad (Salmo 15.1-3). Quita de mi mente cualquier engaño o perversidad para que el mal esté lejos de mí (Proverbios 17.20).

Oro pidiendo que tu amor esté completamente en mi corazón que salga en cada cosa que digo. Dame las palabras correctas para cada situación. Ayúdame para mostrarle aprecio a mi esposo (esposa) por las cosas buenas que él (ella) hace. Abre los ojos si no las estoy viendo todas. Dame oídos para en realidad escuchar lo que mi esposo (esposa) dice para que yo pueda llevar algunas de las cargas de él (ella) simplemente escuchando. Hazme pronto para escuchar y tardo para hablar (Santiago 1.19). Dame la sabiduría para tener un buen sentido del tiempo.

Señor, tú eres más grande que cualquier cosa que enfrento, y más fuerte que de todo lo que está en contra de mí y de mi matrimonio. Gracias porque me has dado autoridad sobre el enemigo. Oro pidiendo que siempre reconozca su mano en nuestras vidas para no permitir que ninguna de sus malvadas intenciones nos perturbe. Te pido que «mi boca hablará con sabiduría; mi corazón se expresará con inteligencia» (Salmo 49.3). Te doy gracias por anticipado por las respuestas a mis oraciones. Oro en el nombre de Jesús.

Oración pidiendo victoria en mi esposo (esposa)

Señor, te doy gracias por mi esposo (esposa) y te pido que le abras el corazón para todo lo que tienes para él (ella) y para nuestro matrimonio. Ayuda a mi esposo (esposa) a conocerte mejor, a entender tus caminos y a ver las cosas desde tu perspectiva. Ayúdalo (ayúdala) para que nos vea a los dos como nos ves tú. Haz los cambios que necesitan ser hechos en su corazón para que nada le impida cumplir el propósito y destino que tú tienes para su vida y para nuestra vida juntos.

Señor, llena el corazón de mi esposo (esposa) con tu amor para que rebose en las palabras que habla. Ayúdalo (ayúdala) a entender las consecuencias que tienen las palabras descuidadas o hirientes. Ayúdanos a los dos a tener más discernimiento sobre lo que hiere el corazón del otro. Habla a través de nosotros para que las palabras que nos decimos el uno al otro sean *tus* palabras. Ayúdanos a ser instrumentos de tu paz cada vez que nos hablamos el uno al otro. Dale convicción a mi esposo (esposa) cada vez que ha dicho palabras que me han herido y que no te glorifican. Capacítalo (capacítala) para hablar palabras de vida y no de muerte, palabras que edifican y que no destruyen. Aumenta su conocimiento de tus caminos para que él (ella) se rehúse a hablar en forma negativa. Ayuda a mi esposo (esposa) a comunicarse abiertamente, y a no permitir que un silencio frío exista entre nosotros.

Señor, ayuda a mi esposo (esposa) a ser honesto sobre todas las cosas. Dale convicción a su corazón acerca de alguna mentira que me haya dicho a mí o a cualquier otro, y rompe cualquier pensamiento en él (ella) de que mentir es aceptable, o de que hay diferentes versiones de la verdad. Fortalece a mi esposo (esposa) para resistir al padre de toda mentira y a que se rehúse a caer en la tentación de mentir (Juan 8.44). Ayúdalo (ayúdala) a que abandone todo engaño (1 Pedro 2.1). Que se rehúse a ser enredado en sus propias palabras (Proverbios 6.2). Que no haya división entre nosotros, porque tenemos el mismo pensamiento y el mismo propósito (1 Corintios 1.10). En las esferas en que él (ella) no se ha comunicado bien el pasado, ayúdalo (ayúdala) a comunicarse bien ahora. Te doy gracias porque tú eres *nuestra roca y nuestro Redentor*, y porque puedes redimir todas las cosas (Salmo 78.35). Oro en el nombre de Jesús.

VERDADES PARA AFIRMAR

Sean, pues, aceptables ante ti mis palabras y mis pensamientos,
oh SEÑOR, roca mía y redentor mío.

SALMO 19.14

Si hablo en lenguas humanas y angelicales, pero no tengo amor,
no soy más que un metal que resuena o un platillo que hace ruido.

1 CORINTIOS 13.1

Todos fallamos mucho. Si alguien nunca falla en lo que dice, es una
persona perfecta, capaz también de controlar todo su cuerpo.

SANTIAGO 3.2

Así mismo el esposo debe amar a su esposa como a su propio
cuerpo. El que ama a su esposa se ama a sí mismo...
y que la esposa respete a su esposo.

EFESIOS 5.28, 33

Esposas, sométanse a sus propios esposos como al Señor...
Esposos, amen a sus esposas, así como Cristo amó a la iglesia
y se entregó por ella.

EFESIOS 5.22, 25

2

Cuando EL ENOJO, LA RUDEZA *o el* ABUSO ENVENENAN TU RELACIÓN

Las discusiones suceden en todos los matrimonios. Cada uno de nosotros se puede enojar alguna vez. Pero es posible discutir sin expresar enojo el uno al otro. Es posible expresar enojo de forma educada y piadosa, y no atacar a tu esposo o a tus hijos. Si con frecuencia ves que el enojo se manifiesta en ti o en tu cónyuge, es una señal de que habrá problemas. El enojo siempre corta la comunicación, así que si uno o los dos no pueden controlar su enojo, entonces la distancia entre los dos va a aumentar. La manera más rápida de interrumpir toda comunicación significativa y constructiva en tu matrimonio es dirigir tu enojo hacia tu cónyuge. Si lo haces con suficiente frecuencia, no solo herirá el alma de tu cónyuge, sino también *tu* propia alma.

El enojo sobre el cual estoy hablando en este capítulo no es el que se expresa en una infrecuente discusión acalorada, o en un raro desacuerdo vehemente. Es algo que se encuentra en lo profundo de una persona y que parece tener una voluntad propia. Se encona y da vueltas, y siempre está listo para surgir y atacar en cualquier momento y por cualquier razón. Y el grado en que se manifiesta el enojo está completamente fuera de proporción a la ofensa. Alguna cosa pequeña puede activarlo, y de pronto la ira se hará presente cuando menos se espera, sobre lo que parece ser una nimiedad. El enojo busca una razón y una manera de atacar y herir, y parece haber gran satisfacción en él, porque esta es la razón de que el enojo exista. Parece que la persona que se enoja no reconoce lo que su enojo le hace a quien está dirigido. En la mente de la persona enojada, el enojo siempre está justificado porque él (ella) merece estar enojado por cualquiera que sea la razón.

El enojo frecuente de una persona puede ser explicado, pero nunca justificado. No estoy hablando de un incidente que sucede y que haría enojar a cualquiera. Estoy hablando de alguien que tiene un espíritu enojado dentro de sí que permiten que exista, porque le da la oportunidad de estar en control y salirse con las suyas. Hace que su cónyuge y sus hijos caminen con mucho cuidado, porque siempre tienen miedo de que la persona explote otra vez. Esta no es forma de vivir —especialmente en un matrimonio, donde no hay lugar para escapar.

Una de las quejas más comunes que escucho de mujeres que tienen problemas en el matrimonio es con el enojo de su esposo. Ocasionalmente escucho de hombres que se quejan de su esposa, pero parece que son más las mujeres que sufren debido al enojo de su esposo. Nunca he visto que salga nada bueno de que un cónyuge ventile su enojo en el otro, pero he visto mucha devastación. Es por eso que Dios tiene mucho que decir en su Palabra acerca del enojo.

El que hereda el viento

La Biblia dice que «el que perturba su casa no hereda más que el viento» (Proverbios 11.29). Eso quiere decir que una persona que siempre causa disturbios en su propia familia nunca encontrará todo el éxito y las bendiciones que el Señor tiene para él o ella. Quiere decir que aun cuando esa persona obtiene algo, va a volar entre sus dedos como el viento, y no podrá aferrarse a eso.

Cualquier cosa que hagas para disgustar a tu cónyuge o a tus hijos perturba tu hogar. Usar el enojo para controlar a tu cónyuge perturba tu hogar. Ser rudo o abusivo trae problemas a tu hogar. Mientras que el enojo hiere a la persona a la cual es dirigido, hay serias consecuencias también para la persona que se enoja.

El enojo del cual hablo puede llevar a una persona a ir más allá de lo que es comportamiento aceptable. Esa clase de enojo dirigido a tu cónyuge siempre es egoísta, y causará profundo resentimiento. Nadie quiere ser gobernado por el enojo de otra persona —especialmente no de un cónyuge. Todos los arranques de enojo que se dirigen a un miembro de la familia matan algo en esa persona. Finalmente matará el amor, corroerá la esperanza y destruirá la relación.

Podemos estar enojados por algo que ha pasado. El enojo es bueno cuando se produce en respuesta a una violación de derechos humanos, injusticia social o irreverencia por las cosas de Dios. No es bueno cuanto te comunicas con tu esposo (esposa). Podemos sentir enojo temporal hacia alguien que pensamos que nos ha ofendido, pero no podemos pecar en el proceso. La Biblia dice: «Si se enojan, no pequen. No dejen que el sol se ponga estando aún enojados, ni den cabida al diablo» (Efesios 4.26-27). Eso quiere decir que no debemos atacar o herir.

Cuando las palabras y acciones de enojo hieren el alma de un familiar, aun si no se toca su cuerpo, destruyen el sentido de ser para el cual Dios los hizo. Los hiere de maneras que producen mucho dolor y quita el amor de sus corazones. La Biblia dice: «Pero ahora abandonen también todo esto: enojo, ira, malicia, calumnia y lenguaje obsceno» (Colosenses 3.8). Ora pidiendo que ni tú ni tu cónyuge le produzcan dolor a tu familia por el enojo.

Cuando tu amor fracasa, el amor de Dios sigue igual

El primer mandamiento dice que la *cosa más importante que puedes hacer es amar a Dios*. El segundo mandamiento dice que la siguiente cosa más importante es *amar a tus semejantes*, tanto como te amas a ti mismo (Mateo 22.37-39). Y la *persona más importante* para amar sobre todas las demás es tu cónyuge.

Un esposo debe amar a su esposa (Efesios 5.25), y una esposa debe amar a su esposo (Tito 2.4). Una de las formas en que sirves al Señor es amando a tu cónyuge. Dios quiere que como matrimonio, ustedes se amen el uno al otro de la manera en que Él los ama. ¿Pero quién puede amar de la forma en que Jesús *nos* ama? Él dio su vida por nosotros. ¿Quién puede amar así todos los días? Cuando te levantas de mañana, cuando se ven después de un día difícil, cuando uno o ambos no se están comportando lo mejor que pueden. *La única manera en que verdaderamente se pueden amar el uno al otro como Dios quiere, y como lo demostró Jesús es ser llenos de nuevo con el Espíritu Santo todos los días*. El amor puro, que es un fruto del Espíritu Santo, viene cuando el Espíritu de amor se derrama en ti.

Cristo demostró su amor por la iglesia sacrificándose a sí mismo por ella. (La «iglesia» en la Biblia se refiere a todos nosotros que somos creyentes en Jesús, no a un edificio.) Jesús no se enojó y le gritó a la iglesia, o fue rudo con la iglesia o la criticó y la menospreció. Él la amó y se dio a sí mismo por ella. Esa es la clase de amor que Dios quiere que tú tengas por tu cónyuge. Pero esta clase de amor no se puede producir en la carne. Requiere la ayuda del Espíritu Santo y que llene tu corazón con su amor.

Sin tener en cuenta lo que suceda en tu vida o en tu matrimonio, si se lo pides, el Espíritu Santo siempre te llenará el corazón de nuevo con el amor de Dios. O si pasas tiempo en la presencia de Dios en oración, alabanza y adoración, y en su Palabra, serás lleno de su amor. Cuando amas porque Jesús te mandó que lo hagas, y el Espíritu Santo ha llenado tu corazón con el amor de Dios, es muy diferente que tratar de hacer aparecer un sentimiento de amor en la carne cuando no lo sientes. Pero al ser lleno del amor de Dios —que es mucho mejor que el amor humano— tendrás la capacidad de amar a tu esposo (esposa) de la forma que Dios quiere que lo hagas, sin importar lo que está sucediendo.

Los sentimientos de amor en un matrimonio se pueden elevar y bajar, ir y venir. El amor humano, al igual que una corriente, sube y baja. Cambia debido a las emociones, las circunstancias y las etapas. El amor que Dios quiere que tengamos por nuestro cónyuge es algo que permanece firme. Es una corriente constante que se derrama del cielo en el alma humana y llega a todos los que nos rodean. Pero no podemos amar de esa forma sin *su* ayuda. Es por eso que debemos estar conectados al Señor y buscar ese amor todos los días, pasando tiempo con *Él*. La única forma que siempre puedes ser paciente, bondadoso, amoroso y no *enojarte con facilidad* es si estás conectado a Dios. La única forma en que el amor de Dios puede fluir de ti constantemente hacia tu cónyuge es ser lleno de dicho amor hasta que rebose de ti.

El amor de Dios es la fuente de la cual fluye un buen matrimonio. *Después de amar a Dios, amar a tu esposo (esposa) es la cosa más importante que puedes hacer, porque debes llegar a ser como Dios para lograrlo.* El amor de Dios evitará que seas egoísta, demandante, crítico, enojado, rudo o abusivo. Cuando el amor de Dios está en tu corazón, querrás ser paciente y amable, y no querrás insistir en que todo salga a tu manera. Sin dificultad podrás decir «lo siento», y no te preocuparás de llevar la cuenta de las veces que te han hecho algo malo. Esto no es posible en la carne, pero con Dios sí es posible.

Si quieres permanecer enamorado de tu cónyuge, permanece enamorado de Dios. Esa corriente de amor que se encuentra en Cristo puede tocarte en cualquier lugar que estés, y crear una atmósfera de amor, paciencia y armonía dentro de ti que rebosará en tu relación con tu esposo (esposa).

A Dios le importa la forma en que tratas a tu cónyuge

Para Dios es importante la forma en que tratas a tu cónyuge, y vas a tener que dar cuentas de ello. Con este conocimiento, todos nosotros deberíamos vigilar lo que decimos o hacemos, y también nos debería ayudar a ser más prestos para perdonar.

La forma en que yo reaccionaba al enojo de mi esposo era apartarme de él. Pero eso quería decir que mientras que Michael se sacaba todo el enojo de su sistema, todavía ese enojo estaba dentro de *mí*. Finalmente, cuando pude ver las consecuencias finales de no tratar al cónyuge con amor y con amabilidad, comencé a sentir más lástima por él de la que sentía por mí misma. Vi que si me arrepentía por no haberlo perdonado, sería libre. Habría consecuencias solo en la vida de *él*, no en *mi* vida. Oré para que él viera la verdad en cuanto a su enojo —la forma en que le desagradaba a Dios—, y cómo él cargaría con las consecuencias. Aun cuando me hería cada vez que se enojaba, yo lo amaba tanto como para no querer verlo sufrir debido a dicho enojo.

Si estás casado con alguien que con frecuencia se enoja y se desquita su enojo contigo, ten presente que esta clase de comportamiento lo hiere a él (ella) más de lo que te hiere a ti. Te puede doler a ti ahora, pero lo va a herir a él (ella) por toda la vida si no cambia. Va a impedir las bendiciones que Dios quiere derramar en la vida de él (ella). Él (ella) va a retrasar su destino debido al enojo. «No permitas que tu boca te haga pecar, ni digas luego ante el mensajero de Dios que lo hiciste sin querer. ¿Por qué ha de enojarse Dios por lo que dices, y destruir el fruto de tu trabajo?» (Eclesiastés 5.6). Ora para que tu esposo (esposa) sea liberado del enojo.

El enojo es una obra de la carne

No se trata de que nunca te puedas enojar con alguien. Pero si eso sucede de una forma que hiere, debe haber arrepentimiento verdadero de parte de la persona enojada —eso quiere decir tener la intención de que no vuelva a suceder— y debe haber perdón total del cónyuge a quien ha sido dirigido el enojo. Si esas dos cosas no suceden, el daño producido por ese enojo será como si se hubiera hecho un hueco en la fibra de tu relación. Si hay muchos huecos como ese, tu relación estará tan débil que solo un milagro de Dios puede impedir que se rompa completamente. Solo podemos escapar las consecuencias de nuestro enojo —que es pecado— por medio del perdón de Dios y el poder del Espíritu Santo.

Una persona enojada puede *ser liberada* de su enojo porque Dios envió a su Hijo Jesús a salvarnos de las consecuencias de nuestros pecados (Romanos 8.2). Cuando recibimos a Jesús, el Espíritu Santo nos capacita para no vivir «según la naturaleza pecaminosa sino según el Espíritu» (Romanos 8.4). En otras palabras, debido al Espíritu Santo en nosotros, tenemos el poder de rechazar todas las obras de la carne. Pero debemos *querer* hacerlo, porque si no lo hacemos, estamos queriendo que nuestros deseos sean gratificados constantemente en la carne.

Nunca el enojo dirigido a tu cónyuge va a agradar a Dios. Siempre será algo de la carne, y Dios lo odia. «La mentalidad pecaminosa es muerte, mientras que la mentalidad que proviene del Espíritu es vida y paz. La mentalidad pecaminosa es enemiga de Dios, pues no se somete a la ley de Dios, ni es capaz de hacerlo. Los que viven según la naturaleza pecaminosa no pueden agradar a Dios» (Romanos 8.6-8). Nadie que tenga convicción de quién es Dios quiere estar en la posición de no agradarle.

Cuando le das lugar a un *pecado*, invitas al espíritu asociado con ese pecado a que tenga un *lugar* en tu *vida*. Por ejemplo, si mientes, invitas al espíritu de mentira a que opere en tu vida. Entonces comienzas a mentir cuando no tienes razón alguna para hacerlo, y mentir se convierte en un hábito que no puedes romper. De la misma manera, si permites en forma frecuente que en tu vida tengan lugar sentimientos de enojo hacia tu cónyuge o tus hijos, terminarás con un espíritu de enojo que puede surgir y atacar en cualquier momento. Cuando no controlas el enojo, el enojo te controla a *ti*. Solo el poder del Espíritu Santo te puede liberar de algo que ni siquiera reconoces que has invitado a tu vida.

Todos nos enojamos a veces. Alguna gente se enoja *siempre*. Estas personas tienen un espíritu de enojo. No pueden controlar su enojo. Una persona que tiene un espíritu de enojo lo tiene siempre burbujeando debajo de la superficie, esperando por alguna imperfección que se perciba en alguien o en alguna situación para hacerlo salir. Puede explotar en un instante de debilidad en aquellos que lo rodean. Para poder comunicarse sin enojo, la persona debe poder controlar su propio espíritu y no ser controlada por la carne. Debe ser una persona misericordiosa en lugar de ser una persona iracunda. «El que es bondadoso se beneficia a sí mismo; el que es cruel, a sí mismo se perjudica» (Proverbios 11.17).

Si vivimos de acuerdo a la carne —es decir, dándole a la carne lo que quiere y cuando lo quiere— vamos a cosechar muerte. La muerte de nuestras relaciones y la muerte del futuro que Dios quiere para nosotros. Si queremos ver que nuestro matrimonio viva, debemos hacer que muera el deseo constante de gratificar la carne. Y eso es lo que le da lugar al enojo. Si queremos ver logrado nuestro propósito y nuestro futuro, debemos vivir de acuerdo al Espíritu y no de acuerdo a la carne. «Porque si ustedes viven conforme a ella [la carne], morirán; pero si por medio del Espíritu dan muerte a los malos hábitos del cuerpo, vivirán. Porque todos los que son guiados por el Espíritu de Dios son hijos de Dios» (Romanos 8.13-14). No debemos ser esclavos de la carne dándole lugar al enojo. Cuando somos guiados por el Espíritu de Dios, en verdad somos hijos de Dios, y heredaremos las bendiciones que Dios tiene para nosotros.

SIETE COSAS QUE SON CIERTAS EN CUANTO AL ENOJO

1. ***Puedes dejar de enojarte.*** «Refrena tu enojo, abandona la ira; no te irrites, pues esto conduce al mal» (Salmo 37.8).

2. **El enojo incita las luchas y causa que peques.** «El hombre iracundo provoca peleas; el hombre violento multiplica sus crímenes» (Proverbios 29.22).

3. **Te fortaleces cuando tomas control sobre el enojo.** «Más vale ser paciente que valiente; más vale dominarse a sí mismo que conquistar ciudades» (Proverbios 16.32).

4. **Te beneficia dejar pasar por alto algunas cosas en lugar de enojarte.** «El buen juicio hace al hombre paciente; su gloria es pasar por alto la ofensa» (Proverbios 19.11).

5. **Solo los necios son prestos para la ira.** «No te dejes llevar por el enojo que sólo abriga el corazón del necio» (Eclesiastés 7.9).

6. **Nunca es bueno estar cerca de las personas que se enojan.** «No te hagas amigo de gente violenta, ni te juntes con los iracundos» (Proverbios 22.24).

7. **Las palabras dichas con enojo inspiran más enojo.** «La respuesta amable calma el enojo, pero la agresiva echa leña al fuego» (Proverbios 15.1).

Si tú eres la persona que tiene un problema con el enojo

Hoy en día hay una epidemia de enojo en los matrimonios. Si el enojo se expresa con frecuencia, y no hay arrepentimiento ni perdón, corroe todo lo que ha estado estableciendo la relación, y construye una pared entre el esposo y la esposa que finalmente llegará a ser infranqueable. El enojo tiene consecuencias, y estas no son nunca más aparentes que en un matrimonio.

Si tú eres quien experimenta el enojo, puedes tomar una decisión inteligente y no dejarte dominar por él. El dolor que infliges en el alma de la persona que Dios te ha dado para que ames traerá consecuencias que no quieres experimentar. Deja de dirigir tu enojo a tu cónyuge, y comienza a dirigirlo al enemigo de tu alma y de tu matrimonio. No importa lo que suceda en tu vida, no respondas a ello con enojo. Primero llévalo a Dios. Fíjate de dónde viene, y pregúntale a Dios si desplegar tu enojo lo va a glorificar.

Al igual que con todas las emociones negativas, el enojo comienza en la mente. Lo que dices proviene de lo que tiene raíces en tu mente. Así que llénate la mente de cosas buenas.

> Por último, hermanos, consideren bien todo lo verdadero, todo lo respetable, todo lo justo, todo lo puro, todo lo amable, todo lo digno de admiración, en fin, todo lo que sea excelente o merezca elogio. Pongan en práctica lo que de mí han aprendido, recibido y oído, y lo que han visto en mí, y el Dios de paz estará con ustedes (Filipenses 4.8-9).

No dejes que el enojo te controle; en cambio, contrólalo tú a *él*. Cuando dejas que el enojo te controle, en forma constante culpas a tu cónyuge por las cosas que te disgustan a ti. El enojo te ciega a los sentimientos de otras personas. Causa que hieras a las personas que amas. Cuando estás enojado, no puedes ver nada excepto tus propios sentimientos. Es por eso que la mayoría de las personas enojadas no tienen ni una pista de lo que hiere su enojo, y de lo que les está haciendo a su cónyuge y a sus hijos.

Si tu esposo (esposa) te hace enojar, pídele a Dios que te revele si eso es algo por lo cual Él quiere que te enojes. Si no, pídele que te lo quite. Pídele que te dé un espíritu calmo, las palabras correctas y el tiempo indicado para confrontar a tu cónyuge de manera piadosa acerca de lo que te ha hecho enojar. Entonces, con la guía del Espíritu Santo, y calma expresa tus sentimientos sin atacar a tu esposo (esposa). Primero, escribe tus sentimientos, para que puedas borrar las palabras de las cuales más tarde tal vez te arrepientas.

Trata de recordar que los dos están del mismo lado y que tienen un enemigo común, así que enójate con el enemigo. Nunca te vengues, solo te enfermará. Deja que *Dios* castigue al ofensor si es necesario.

Dios dice: «Mía es la venganza», y Él quiere decir exactamente eso (Deuteronomio 32.35). Hablarle de mal modo a tu cónyuge con el deseo de herir, solo te castigará a ti.

Si tu cónyuge es el que tiene problema con el enojo

En un matrimonio se requiere ser cortés. ¿Por qué una persona va a ser cortés, considerada y amable con todo el mundo, y ruda, desconsiderada y grosera con la familia que se supone que ame? Si tu cónyuge trata a un extraño con más cortesía de la que él (ella) te trata a ti, entonces él (ella) está cometiendo un pecado que va a entristecer al Espíritu Santo. Este no es buen lugar para estar. Si tú eres quien está siendo tratado así, ten presente que Dios no quiere que tú bregues con el espíritu de enojo de tu cónyuge. Si has sido lastimado y herido profundamente como resultado del enojo de tu cónyuge, vuélvete a Dios para que te salve, te sane, te libere y te dé paz.

La mayoría de las personas con un problema de enojo no se ven a sí mismas de esa forma; se ven como que tienen razón. Se sienten completamente justificadas en lo que dicen y hacen porque sienten que tienen derecho a estar enojadas. Y cuanto más egoístas son, tanto más se apoyan en su propio enojo.

Si tu cónyuge tiene un problema con el enojo, llévaselo a Dios inmediatamente. Pídele que te dé su perspectiva sobre eso. Si es un incidente menor y que ocurre raramente, y si simplemente lo deberías pasar por alto, Dios te puede ayudar a hacerlo. Si es un problema, pídele a Dios que te muestre la forma de confrontarlo. Dejar que los problemas queden sin resolver es peligroso —y esto es especialmente cierto en cuanto al enojo. Ora por tu esposo (esposa) para que sea totalmente liberado de eso. Una de las cosas más importantes que puedes hacer por tu cónyuge es comprometerte a orar por él (ella). Tus oraciones son un don que lo ayudará a controlar el enojo. «El regalo secreto apacigua el enojo» (Proverbios 21.14).

Cuando el enojo se convierte en maltrato

Si una persona le da lugar al enojo y va adonde lo lleva el enojo, y si parece que hace lo que siente que es bueno en el momento y desata ese enojo en su cónyuge, es maltrato. Hay una diferencia entre simplemente enojarse por algo a veces, y en dejar que el enojo se convierta en un arma que destroza el corazón de la persona, agobia su espíritu o lastima su cuerpo. Alguien que permite que su enojo llegue tan lejos tiene un desorden mental y emocional, y necesita ayuda profesional. Para estar libre de esa clase de problema con el enojo, y del abuso que viene como resultado de él, también necesitan el poder del Espíritu Santo para que limpie su corazón y los libere de esta obra egoísta de la carne.

La gente que maltrata ama su enojo a tal punto que buscan maneras de estar enojados. El enojo les hace sentir poder y echa leña al fuego que les encanta encender. Les da lo que perciben como control. Pero en realidad, el enojo ilustra su total falta de control. Es pecado hablarle de mal modo y gritarle a alguien que Dios te ha dado para que ames. Maltratar es un pecado.

Cualquier palabra que se diga en forma explosiva estando enojado puede ser maltrato. Una voz alta y palabras que se escogen sin cuidado pueden cortar como un cuchillo el alma de una persona. Las explosiones de enojo no demuestran amor y están llenas de deseos de herir. El que maltrata verbalmente no trata de ver la situación desde la perspectiva de la persona que está maltratando. No le importa saber lo mal que su enojo hace sentir al que lo recibe, porque todo lo que le importa es *cómo* se sienten *él (ella)*. Si ha habido tiempos en que las explosiones de enojo de tu cónyuge han matado algo dentro de ti, eso es maltrato. O si ha habido tiempos cuando tus propias palabras enojadas han destruido algo en tu cónyuge o en tus hijos, eso es maltrato, y el maltrato destruye vidas.

Tú estás en una lucha por tu matrimonio, pero la lucha no es contra tu cónyuge. Si él (ella) es quien te está atacando a ti, y tú estás siendo forzado a protegerte, dale a la situación *tus* mejores esfuerzos en oración. Pídele a Dios que libere a tu esposo (esposa) de los espíritus malos que lo están perturbando (1 Samuel 16.14-23). Pídele a Dios que te dé la capacidad de permanecer en calma en medio de la batalla. Pídele que te ayude a no devolver golpe por golpe.

Teniendo todo esto en consideración, no te estoy diciendo que dejes de defenderte o de protegerte si estás en una situación peligrosa. *No le estoy diciendo a ninguna mujer que se quede en el matrimonio si su salud mental o física corre peligro, y especialmente no si su vida está siendo amenazada de cualquier forma que sea.* El maltrato de cualquier clase va contra lo que Dios es y de todo lo que Él tiene para ti. A nadie se le pide que lo soporte. Si tienes temor de lo que tu cónyuge puede hacer para dañarte a ti o a tus hijos, haz planes para liberarte. Encuentra un lugar al cual ir y a personas que te ayuden a mudarte a otro lugar. Conozco a muchas personas que han esperado demasiado tiempo y que han sufrido consecuencias devastadoras. Que tú no seas una de esas estadísticas.

Si tu esposo te maltrata físicamente, llama a un teléfono que atiende asuntos de violencia doméstica. Por lo general se encuentran bajo «Servicios de la comunidad» o «Servicios de emergencia», en las primeras páginas de la guía telefónica. Ellos entienden la situación y te pueden ayudar a tomar las decisiones correctas en cuanto a qué hacer. Si necesitas irte del hogar por tu propia seguridad o la seguridad de tus hijos, te ayudarán a hacerlo. Aun si no te vas del hogar, es bueno tener un plan. Necesitas un lugar seguro al cual ir, una forma de llegar allí, alguien que te ayude, tener acceso a dinero, y los papeles legales y las posesiones que debes llevar contigo.

El maltrato físico no se va solo. Solo se vuelve peor. Si tú no quieres ayudarte a ti misma, entonces piensa en ayudar a tu esposo dejándolo, y no regresando al hogar hasta que él haya conseguido ayuda y esté sano. Ser destrozada por alguien que tiene un desorden emocional tal como el enojo incontrolable, no es la clase de autosacrificio o martirio que busca Dios. No ayudes a tu esposo para que no sufra las consecuencias de su pecado de maltrato. Ayúdalo para que consiga la sanidad que necesita y que se restaure.

No hay excusa alguna para el maltrato. Un hombre que maltrata física o emocionalmente a su esposa tiene una enfermedad emocional, y es un problema serio. De todos los desórdenes emocionales, el enojo puede ser el más destructivo. Es más destructivo que la depresión, la ansiedad o el temor porque por lo general está dirigido a su esposa de alguna manera abusiva o destructiva. No lo tomes a la ligera; es demasiado peligroso. Ese hombre necesita ayuda profesional y la necesita de inmediato. Un hombre que golpea a su esposa e hijos debería ser sacado de alrededor de ellos de inmediato. Aun si el maltrato es solo verbal, todavía es muy peligroso. Las cicatrices son internas tanto como externas. El enojo y el maltrato son un problema de la persona que lo tiene, y no de la que está siendo maltratada. No hay acciones o palabras que tu pudieras decir que merezcan violencia o explosiones de enojo. No te culpes a ti misma.

Tú no eres salva por tu esposo (esposa) o por tu matrimonio. Eres salva por Jesucristo. Mientras que no estoy promoviendo el divorcio, debes saber que no perderás la salvación si te divorcias. En una situación de maltrato, tal vez pierdas la vida si no lo haces.

Busca buen asesoramiento cristiano

Si tú o tu cónyuge tienen un problema con el enojo, aun si han llegado al maltrato, busquen asesoramiento juntos lo antes posible. Si nada más, tal vez necesites un mediador. Si tu cónyuge se rehúsa a ir, ve tu solo. No pases por alto las señales que indican que hay algo mal que debe ser arreglado. Busca a un buen consejero cristiano que no cree que «la persona maltratada lo pedía», o «que tú tienes que permanecer en la relación en la cual te maltratan porque Dios dice que te debes someter a tu esposo». Ambas posiciones no solo están increíblemente fuera de foco con la realidad, sino que son crueles, malas e impías. Busca a un consejero que verdaderamente conoce los caminos de Dios y que valora sus vidas individuales como lo hace Dios.

SIETE COSAS QUE SON CIERTAS
EN CUANTO A SER NECIO

1. *Un necio cree que siempre tiene razón.* «Al necio le parece bien lo que emprende, pero el sabio atiende al consejo» (Proverbios 12.15).
2. *Un necio solo se preocupa por sí mismo.* «Al necio no le complace el discernimiento; tan sólo hace alarde de su propia opinión» (Proverbios 18.2).
3. *Para un necio es muy fácil pelear.* «Honroso es al hombre evitar la contienda, pero no hay necio que no inicie un pleito» (Proverbios 20.3).
4. *Un necio confía completamente en sí mismo.* «Necio es el que confía en sí mismo; el que actúa con sabiduría se pone a salvo» (Proverbios 28.26).
5. *Un necio da rienda suelta a sus sentimientos.* «El necio da rienda suelta a su ira, pero el sabio sabe dominarla» (Proverbios 29.11).
6. *Las palabras de un necio le producirán daño.* «Las palabras del sabio son placenteras, pero los labios del necio son su ruina» (Eclesiastés 10.12).
7. *Un necio se destruye a sí mismo.* «La boca del necio es su perdición; sus labios son para él una trampa mortal» (Proverbios 18.7).

Si amas tu llamamiento, entonces ama a tu cónyuge

Si tú y tu esposo (esposa) han sido llamados a estar juntos, entonces ninguno de los dos va a lograr el gran propósito que Dios tiene para ustedes sin el otro. Dios hizo al hombre y a la mujer a su imagen. La imagen de Dios está expresada en *ambos*, el hombre y la mujer, y cuando los dos se hacen uno espiritualmente, comienzas a experimentar una medida de la imagen de Dios en ti que no experimentarías tan completamente sin tu compañero.

El hecho de que han sido diseñados para servir a Dios juntos no quiere decir que tienen que estar unidos en la cadera. Ustedes no tienen que ir a todos lados juntos y hacer todo juntos. De hecho, pueden estar separados, como estar en lugares opuestos del mundo, y todavía se complementan el uno al otro. Todavía son individuos con dones y talentos únicos, pero Dios va a combinar esos talentos para sacar lo mejor de cada uno, y cada uno será una parte importante en el llamado del otro. Dios los diseñó a los dos para que se complementen. Pero sus diferencias de personalidad —especialmente si son personalidades opuestas— serán la bendición más grande de sus vidas, o la mayor batalla de sus vidas, dependiendo si viven en el Espíritu o en la carne. Si te das cuenta de que han sido llamados juntos, ayudará si aprecian los dones, talentos, habilidades y puntos fuertes el uno del otro, y sabrás que dirigir tu enojo a tu cónyuge es inapropiado.

ORACIONES POR MI MATRIMONIO

Oración pidiendo protección

QUERIDO SEÑOR, AYÚDAME A MÍ Y AYUDA A MI ESPOSO (ESPOSA) a «servir a la justicia» para que siempre hagamos lo correcto y no permitamos que el enojo controle nuestras vidas de ninguna manera (Romanos 6.19). Ayúdanos para nunca usar el enojo como un arma para herirnos el uno al otro y que haga una brecha entre nosotros. Llena nuestros corazones hasta que rebosen de tu amor, para que no haya lugar para el enojo. Enséñanos a orar sobre todas las cosas, y a hacer conocidas todas nuestras peticiones a ti, sabiendo que cuando lo hacemos, tú has prometido en tu Palabra darnos tu paz (Filipenses 4.6-7).

Señor, capacítanos para siempre ver lo mejor el uno en el otro, y nunca lo peor. Enséñanos a encontrar cosas para alabarnos mutuamente y no para quejarnos, para que podamos estar en armonía contigo y el uno con el otro en nuestro matrimonio (Filipenses 4.8-9). Ayúdanos a siempre esforzarnos «por promover todo lo que conduzca a la paz y a la mutua edificación» (Romanos 14.19). Capacítanos para exhibir el fruto del Espíritu —«amor, alegría, paz, paciencia, amabilidad, bondad, fidelidad, humildad y dominio propio—, para que no cosechemos según la carne (Gálatas 5.22-23). Quita todo enojo de nosotros y enséñanos a amarnos con un corazón puro y una buena conciencia (1 Timoteo 1.5-6). Oro en el nombre de Jesús.

Oración pidiendo victoria en mí

SEÑOR, AYÚDAME A PENSAR SIEMPRE en las cosas buenas y positivas en mi vida y en mi esposo (esposa). Sé que tú eres el que «escudriña lo más recóndito del ser» (Proverbios 20.27). Escudriña lo más profundo de mi corazón y expone todo lo que no sea de ti, para poder ser liberado de eso.

Señor, en las ocasiones en que he dirigido mi enojo hacia mi esposo (esposa) o lo he guardado dentro de mí, lo confieso como pecado y te pido que me perdones y que quites ese enojo de mí. Sana las heridas que le he causado a él (ella) con mis palabras. Ayúdame a hablar palabras buenas que traen sanidad a mi esposo (esposa), porque sé que eso te agrada (Proverbios 15.23). Señor, cuando he mostrado enojo hacia cualquier otro miembro de mi familia, te lo confieso como pecado. Trae tu restauración a todas las situaciones en que es necesaria.

Gracias, Señor, porque redimirás mi alma en paz de la batalla que se libra contra mí (Salmo 55.18). Creo que tú, «el Dios de paz aplastará a Satanás» bajo mis pies dentro de poco tiempo (Romanos 16.20). Ayúdame a vivir rectamente porque sé que hay una conexión entre obedecer tus caminos y vivir en paz (Salmo 85.10). Ayúdame a apartarme del mal y hacer el bien; a que busque la paz y la siga (Salmo 34.14). Gracias porque quitarás todo el enojo que hay en mí y me mantendrás en perfecta paz, porque en ti confío (Isaías 26.3). Oro en el nombre de Jesús.

Oración pidiendo victoria en mi esposo (esposa)

SEÑOR, NO QUIERO SENTIR nunca que «¡Ya es mucho el tiempo que he acampado entre los que aborrecen la paz!» (Salmo 120.6). Líbrame del enojo de mi esposo (esposa). Tu Palabra dice que «la lengua que brinda consuelo es árbol de vida; la lengua insidiosa deprime el espíritu» (Proverbios 15.4). Señor, las veces que he sentido que un espíritu de enojo en mi esposo (esposa) me ha dañado o herido mi espíritu, te pido que sanes esas heridas y que quites cualquier falta de perdón de mi parte debido a ellas.

Te pido que liberes a mi esposo (esposa) del enojo. Te pido que lo (la) ayudes a reconocer cuando un espíritu de enojo se está levantando en él (ella) para que lo rechace por completo.

Fortalece a mi esposo (esposa) para que pueda controlar su mente y sus emociones, y ayúdalo (ayúdala) para que recuerde que «nuestra lucha no es contra seres humanos, sino contra poderes, contra autoridades, contra potestades que dominan este mundo de tinieblas, contra fuerzas espirituales malignas en las regiones celestiales» (Efesios 6.12). Enséñales a él (ella) que sea lento para la ira como lo eres tú (Santiago 1.19). Ayuda a mi esposo (esposa) para que entienda que el enojo nunca produce fruto espiritual (Santiago 1.20). Oro que todo enojo en él (ella) se evapore por el poder del Espíritu Santo, y que tenga un deseo fuerte de rechazar su lado carnal para tener una mente espiritual. Que no haya razón alguna para tenerle miedo a su enojo o a lo que pudiera hacer. Ayúdame a confiar que «en paz me acuesto y me duermo, porque sólo tú, Señor, me haces vivir confiado» (Salmo 4.8).

Oro que tú, Señor, el Dios de toda esperanza, llene a mi esposo (esposa) de fe y esperanza por el poder del Espíritu Santo (Romanos 15.13). Te pido que hagas brillar tu rostro sobre él (ella) y que le des paz (Números 6.25-26). Te pido que dirijas su corazón «a amar como Dios ama, y a perseverar como Cristo perseveró» (2 Tesalonicenses 3.5). Ayuda a mi esposo (esposa) para que se aparte del enojo y persiga la justicia, la piedad, la fe, el amor, la constancia y la humildad (1 Timoteo 6.11). Oro en el nombre de Jesús.

VERDADES PARA AFIRMAR

Si se enojan, no pequen; en la quietud del descanso nocturno
examínense el corazón.

SALMO 4.4

Mis queridos hermanos, tengan presente esto: Todos deben estar
listos para escuchar, y ser lentos para hablar y para enojarse; pues la
ira humana no produce la vida justa que Dios quiere.

SANTIAGO 1.19-20

Queridos hermanos, amémonos los unos a los otros, porque el amor
viene de Dios, y todo el que ama ha nacido de él y lo conoce…
En esto consiste el amor: no en que nosotros hayamos amado a
Dios, sino en que él nos amó y envió a su Hijo para que fuera ofre-
cido como sacrificio por el perdón de nuestros pecados. Queridos
hermanos, ya que Dios nos ha amado así, también nosotros
debemos amarnos los unos a los otros.

1 JUAN 4.7, 10-11

Sobre todo, ámense los unos a los otros profundamente, porque el
amor cubre multitud de pecados.

1 PEDRO 4.8

Si permanecen en mí y mis palabras permanecen en ustedes, pidan
lo que quieran, y se les concederá.

JUAN 15.7

3

Cuando NO ES FÁCIL PERDONAR

Tú conoces el sentimiento. Ya le has dicho a tu cónyuge: «Te perdono». Has confesado tu falta de perdón al Señor y le has pedido que te limpie el corazón y que te ponga en libertad. Pero todavía tienes ese sentimiento, ese sentimiento de no poder dejar el asunto por completo. Estás tratando de perdonar, pero parece que no lo puedes lograr totalmente. Todavía hay falta de perdón en ti.

Esto sucede cuando tienes que perdonar a tu cónyuge por las mismas cosas una y otra vez, y a medida que el tiempo pasa se hace más difícil en vez de más fácil. Se han acumulado capas de ofensas y por lo tanto se necesitan capas de perdón. Tenemos que darnos cuenta de que en nuestra vida —y especialmente en nuestro matrimonio—, perdonar es algo que se repite, y a veces a diario. Siempre debemos tener en nuestro corazón la *disposición* de perdonar. Y solo un corazón humilde, que ha sido perdonado por Dios, tiene la capacidad de perdonar completamente una y otra vez.

Tú tienes que perdonar a tu cónyuge de la forma que Jesús te perdonó a ti (Efesios 4.32). Jesús te perdonó completamente. Ni mira hacia atrás ni se acuerda. Esto quiere decir que no debes llevar una lista de las formas en que te han ofendido. Quiere decir que te vas a rehusar a tener amargura o resentimiento sobre esas cosas. Significa que no te vas a permitir ser un recolector injusto que tiene un pie en el pasado, siempre pensando en lo que sucedió. Quiere decir que vivirás todos los días libre de los malos recuerdos, y que mirarás hacia el futuro con esperanza. El verdadero perdón quiere decir que vas a soltar la ofensa y que te rehúsas a contarla contra el ofensor. Esa clase de perdón es imposible sin el Señor. Necesitamos la ayuda de Dios para perdonar todos los días.

Al principio de tu relación es fácil perdonar a tu cónyuge. Pero cuando tienes que estar perdonando una y otra vez, te preguntas si tal vez estás alentando a tu esposo (esposa) *al parecer* que apruebas sus acciones. A veces tal vez vacilas en perdonar porque temes de que si lo haces te estás poniendo en la posición de que eso suceda de nuevo. Pero hay una línea clara entre posibilitar que alguien haga algo y perdonar. En otras palabras, todavía puedes confrontar a tu cónyuge en cuanto a cambiar sus caminos, y oras para que eso suceda, pero si él (ella) no cambia, tú te rehúsas a que te carcoma y te amargue. Perdonar no quiere decir que le das al que te ofende un pase libre para cometer la ofensa una y otra vez. No quiere decir que estás abriendo la puerta al maltrato, o dándole a la persona el derecho a que te pisotee o a que continúe hiriéndote. No hace de ti un felpudo. *El perdón no hace que la otra persona tenga razón; el perdón te libera a ti.*

Pídele revelación a Dios

El perdón es una decisión que tomamos, y *sabemos* si la hemos hecho o no. No perdonamos a alguien en forma accidental sin darnos cuenta de ello. Pero es posible *no perdonar* sin darse cuenta de ello. Pensamos que hemos soltado un asunto cuando no lo hemos hecho.

Mary Anne —la consejera cristiana que yo había consultado— hizo que yo confesara mi falta de perdón hacia mi madre. Meses más tarde, ella me llamó para que fuera a su oficina porque me dijo que sentía que yo tenía falta de perdón también hacia mi padre. Yo no creía que eso era así, pero ella me dijo que de todas formas se lo preguntara a Dios.

De regreso a mi hogar después de consultarla, dije: «Señor, ¿hay falta de perdón en mí hacia mi papá?»

Yo esperaba con toda confianza de que Dios me dijera: «Definitivamente no, mi buena y fiel sierva». Pero en forma instantánea sentí una punzada en el corazón con la verdad. Sentí que Dios me decía que yo no había perdonado verdaderamente a mi padre.

¿Mi padre?, pensé. *¿Por qué necesito perdonarlo a él?*

En ese instante vi toda la falta de perdón que había abrigado contra mi papá por todos esos años en que no me había protegido de mi madre. Y él era el único que podría haberlo hecho. Él nunca me había maltratado, así que no pensé que había razón alguna para perdonarlo. Pero cuando mis ojos se abrieron a la verdad, vi que mi padre nunca me había rescatado de la demencia de mi madre, y yo tenía esto contra él sin darme cuenta.

Me quebranté y lloré tan fuerte que tuve que estacionar el automóvil en el costado de la carretera. Confesé mi falta de perdón hacia mi papá y le pedí a Dios que me perdonara. Cuando lo hice, sentí una libertad en el espíritu que nunca había sentido antes. Mirando hacia atrás ahora, creo que si no le hubiera *pedido* a Dios que me revelara si había falta de perdón en mi corazón, dudo que lo hubiera podido ver por mí misma. No siempre podemos ver si tenemos actitudes de falta de perdón, pero Dios nos las mostrará si se lo pedimos.

Tú tienes que tomar la decisión

Perdonar es una elección que tienes que hacer todos los días. Tú eliges *vivir* perdonando, y eso nunca es más cierto que cuando estás casado. Además de amar a tu esposo (esposa), la siguiente cosa más importante que puedes hacer en tu matrimonio es *perdonarlo (perdonarla)*.

Aun en el mejor de los matrimonios es necesario perdonar. Para que dos seres humanos completamente diferentes vivan juntos en armonía, va a haber desilusiones, malentendidos y heridas. Tenemos que cumplir lo siguiente: «De modo que se toleren unos a otros y se perdonen si alguno tiene queja contra otro (Colosenses 3.13). No podemos esperar hasta que nuestro cónyuge lo merezca o nos pida perdón. No perdonar es algo que mata. Mata tu relación, tu salud y tu gozo. También perjudica tu caminar íntimo con Dios.

Cuando los discípulos le preguntaron a Jesús si debíamos perdonar *siete veces*, Él les dijo que *setenta veces siete* era lo que debían perdonar (Mateo 18.21-22). Yo saqué la cuenta, y es 490 veces. Lo que quiere decir es que debemos perdonar todas las veces que sea necesario. Tal vez tú no vivas con alguien que debes perdonar 490 veces por día, pero todavía tienes que perdonar tantas veces como sea necesario para que tu corazón esté libre.

En la oración que Jesús nos enseñó a orar, él nos dice que le *pidamos* a Dios que nos perdone, igual que nosotros *perdonamos* a otros. «Perdónanos nuestras deudas, como también nosotros hemos perdonado a nuestros deudores» (Mateo 6.12). Eso quiere decir que si le pedimos a Dios perdón por las cosas que hemos hecho, y al mismo tiempo nos negamos a perdonar a nuestro cónyuge, entonces no vamos a disfrutar completamente los beneficios del perdón de Dios. En otras palabras, si no ponemos en libertad a otros al perdonarlos, nosotros no vamos a encontrar la libertad que necesitamos para avanzar en la vida. El no perdonar siempre nos va retener. Estaremos ligados a ataduras invisibles de falta de perdón, y aunque tratemos mucho, no vamos a poder salir del lugar donde estamos y avanzar adonde se supone que estemos.

Cuando has sido devastado emocionalmente por algo que tu cónyuge ha hecho o dicho —o algo que él (ella) *no* ha dicho o hecho—, a veces el dolor es tan intenso que sientes que no lo puedes superar lo suficiente como para perdonar. La falta de perdón y la amargura se pueden arraigar tan completamente que se requiere una obra grande de Dios para que tú siquiera *quieras* perdonar. Cuando eso sucede, pídele a Dios que te ayude. Ora: «Dios, ayúdame a querer perdonar a mi esposo (esposa). Ayúdame a perdonarlo (perdonarla) completamente». Tienes que hacerlo para asegurarte de que «ninguna raíz amarga brote y cause dificultades y corrompa a muchos» (Hebreos 12.15). Es difícil librarse de la amargura, y el daño mayor te lo hace a *ti*.

No solo es importante que perdones a tu cónyuge, sino que también es importante para tu matrimonio que perdones a otras personas en tu vida. Si no has perdonado a un familiar, vecino, amigo, conocido o compañero de trabajo, esto te va a perjudicar personalmente. Causará que te amargues, se verá en tu rostro y se revelará en tu voz cuando hables. Se presentará en tu cuerpo en la forma de enfermedad, dolencia o alguna clase de discapacidad. Nuestro cuerpo, mente y alma no fueron diseñados para vivir sin perdonar. Es algo que nos destruye desde adentro hacia fuera. Es un veneno para el cual no hay otro antídoto que el total perdón. Y va a afectar tu matrimonio ya sea que te des cuenta de eso o no, porque la falta de perdón se muestra en tu personalidad y la gente la percibe, aun si no saben lo que es.

Decide por adelantado

Yo he aprendido que la mejor manera de vivir es decir *por adelantado* ser una persona que perdona. Te quita presión, porque no tienes que tratar de tomar la decisión cada vez que algo malo pasa y estás sufriendo por la desilusión, la herida o tu propio enojo.

Una vez que estuve convencida de que no perdonar te destruye y que perdonar te libera, decidí que sería una persona que perdona siempre. Cuando tomé esa decisión, por supuesto que fui puesta a prueba. La siguiente vez que mi esposo se enojó, en lugar de reaccionar con mi forma negativa usual, me di cuenta y recordé que había tomado la decisión de perdonarlo aun por las próximas veces que él se comportara de esa forma. Yo ya sabía que no había hecho nada conscientemente para merecer su enojo, así que en lugar de retraerme por el dolor de la forma en que lo hacía usualmente, le insté para que me dijera por qué estaba enojado y disgustado. Y resultó que había sido por algo que sucedió en el trabajo. Cuando me lo contó, pude entender completamente por qué se sentía así. Yo también me hubiera sentido herida y disgustada. Lo que no entendía era por qué él sentía que estaba bien desquitarse conmigo. Más tarde reconoció que estaba mal, y me pidió perdón.

Después de que hube perdonado completamente a mi madre por el maltrato que recibí de ella, yo quería ir al tiempo en el que ella era una niña de once años y perdió a su madre y fue privada de la presencia de su padre. Yo hubiera querido poderla consolar y quitarle algo del dolor. Aun cuando yo sabía que ella ahora estaba con el Señor, lloré por las terribles tragedias que sufrió.

Le pregunté al Señor: «¿Qué bien me hacen estas lágrimas ahora que ella no está y no se puede hacer nada?» Sentí que Dios quería que yo usara este dolor para ayudar a la gente a entender que cada persona tiene una historia que contar en su pasado que la hecho lo que es. Y solo Dios sabe la historia completa. Todas las personas que son crueles y están enojadas han sufrido alguna clase de maltrato, dolor y tragedia en el pasado —a veces un dolor tan profundo que no lo pueden expresar ni entender— y a veces hacen cosas terribles a las personas que se suponen que amen, debido a ese dolor. La necesidad de expresarlo supera su sentido de decencia y compasión. Es como si un espíritu de venganza se apodera de ellos, y ventilan su dolor y frustración a través de su enojo, sin considerar siquiera lo que le hace al corazón y al alma de la persona que lo recibe. Sin importar lo mala y cruel que haya sido una persona contigo, liberarla por medio de tu perdón, te libera a *ti*. Te libera a ti para que puedas avanzar sin esos malos recuerdos que te mantienen detenido en el pasado.

Después de que fui verdaderamente liberada de los poderosos efectos del enojo de mi esposo, decidiendo *de antemano* que cada vez que ocurriera yo lo iba a perdonar, me sentí triste por Michael cada vez que se enojaba. Yo sabía que él estaba impidiendo lo que Dios quería traer a su vida y que él sería el que salía perdiendo por eso. Sentí lástima por el niñito que habían hecho sentir como un fracasado por algo que no entendía ni podía evitar. Lamenté no haber sido sanada, restaurada y lo suficientemente madura antes para no haber tomado su enojo tan personalmente. Aunque estaba dirigido a mí, tenía una historia que databa desde antes de que yo lo conociera. Yo pude ver todo eso solo después de que Dios hubo hecho su obra de perdón completo en mi corazón.

Te están siguiendo

Debido a que Dios es un Dios de misericordia y sus misericordias son para siempre, puedes confiar en que Él tendrá misericordia de ti (1 Crónicas 17.13, RVR 1960). Por lo tanto, tú puedes mostrarle misericordia a tu cónyuge por medio de tu perdón cada vez que él (ella) dice o hace algo que te hiere o disturba.

David dijo: «Ciertamente el bien y la misericordia me seguirán todos los días de mi vida, y en la casa de Jehová moraré por largos días» (Salmo 23.6, RVR 1960). Eso quiere decir que si el bien y la misericordia te siguen, te están protegiendo. Cuando ves al bien y a la misericordia en tu espejo retrovisor, hace que te sea más fácil mostrarle el bien y la misericordia a tu cónyuge. Jesús dijo: «Bienaventurados los misericordiosos, porque ellos alcanzarán misericordia» (Mateo 5.7, RVR 1960). Si tú quieres continuar recibiendo la misericordia de Dios, tienes que dársela a otros. La forma en que muestras misericordia hacia tu cónyuge es perdonándolo (perdonándola) siempre.

La misericordia de Dios es de largo alcance. «Tan grande es su amor por los que le temen como alto es el cielo sobre la tierra. Tan lejos de nosotros echó nuestras transgresiones como lejos del oriente está el occidente» (Salmo 103.11-12). Esto es tan grande como puede ser. Nosotros siempre vamos a tener problemas extendiendo tanta misericordia sin que Dios nos capacite. En otras palabras, si por nosotros mismos no podemos encontrar la misericordia para perdonar completamente, Dios nos ayudará si se lo pedimos. Hay veces cuando algo dentro de nosotros quiere castigar, vengarse o herir en lugar de ser misericordiosos y perdonar. Pero cuando no perdonamos, nos encerramos por dentro, como si estuviéramos en una prisión física. El perdón es la única llave que abre la puerta y nos deja en libertad. Y comienza con un corazón misericordioso.

SIETE COSAS QUE SON CIERTAS EN CUANTO A LA MISERICORDIA DE DIOS

1. *La misericordia de Dios es muy grande.* «Porque grande es tu amor [misericordia] por mí: me has librado de caer en el sepulcro (Salmo 86.13).

2. *Cuando tienes misericordia de la manera en que Dios la tiene, encuentras vida.* «El que va tras la justicia y el amor halla vida, prosperidad y honra (Proverbios 21.21).

3. *La misericordia de Dios es muy grande para ti.* «El SEÑOR es clemente y compasivo, lento para la ira y grande en amor (Salmo 103.8).

4. *Perdonar es un acto de misericordia.* «Lo que pido de ustedes es amor y no sacrificios, conocimiento de Dios y no holocaustos (Oseas 6.6).

5. *La misericordia de Dios abarca todas tus preocupaciones.* «El SEÑOR cumplirá en mí su propósito. Tu gran amor, SEÑOR, perdura para siempre; ¡no abandones la obra de tus manos! (Salmo 138.8).

6. *Si no tienes misericordia, no se te mostrará misericordia.* «Porque habrá un juicio sin compasión para el que actúe sin compasión. ¡La compasión triunfa en el juicio! (Santiago 2.13).

7. *La misericordia de Dios no tiene fin.* «Porque el SEÑOR es bueno y su gran amor es eterno; su fidelidad permanece para siempre (Salmo 100.5).

Porque Dios es misericordioso, Él no se acuerda de tus pecados una vez que los ha perdonado. «Yo soy el que por amor a mí mismo borra tus transgresiones y no se acuerda más de tus pecados (Isaías

43.25). Si tienes problemas para perdonar a tu esposo (esposa), sé honesto con Dios acerca de eso. En su dolor, Job clamó a Dios con honestidad, diciéndole: «Por lo que a mí toca, no guardaré silencio; la angustia de mi alma me lleva a hablar, la amargura en que vivo me obliga a protestar (Job 7.11). Tenemos un Dios que entiende nuestro dolor cuando lo compartimos con Él.

Si sientes que no puedes perdonar, pídele a Dios que penetre tu falta de perdón con su amor. Cuando tenemos que hacer lo imposible, Dios dice que la forma en que sucede es así: «No será por la fuerza ni por ningún poder, sino por mi Espíritu» (Zacarías 4.6). Esto quiere decir que ciertas cosas no van a suceder por la fuerza humana, sino solo por el poder de Dios. El Espíritu Santo nos capacitará para perdonar aun lo imperdonable.

Lo primero, primero

Lo primero que hicieron los discípulos después de haber recibido el Espíritu Santo fue perdonar a otros (Juan 20.21-23). También es lo primero que debemos hacer cuando venimos a Dios todos los días. Di: «Señor, muéstrame las esferas en las cuales no he perdonado, y te confesaré eso a ti como pecado para que pueda ser libre de ello». Si sabes ya que tienes falta de perdón en tu corazón, ora: «Señor, quita de mis hombros la carga de no perdonar, y ayúdame para que la deje ir por completo para poder caminar en libertad».

Lo que aun es más difícil es que Dios nos pide que bendigamos a los que nos hieren (Mateo 5.43-44). A veces se siente como que no matarlos debería ser suficiente. Pero Dios quiere más que la recapacitación. Él quiere que le mostremos misericordia a los que creemos que no la merecen, de la misma forma que Él nos mostró misericordia a *nosotros* cuando no la merecíamos. Ten presente que perdonar a tu cónyuge no depende de que él (ella) te pida perdón o que muestre arrepentimiento. Si esperamos eso, podríamos esperar toda una vida por algo que tal vez nunca suceda.

Tal vez nos sorprenda, pero José perdonó todas las cosas terribles que le hicieron. Sus celosos hermanos lo vendieron como esclavo, pero él todavía encontró favor en el lugar adonde fue. Lo acusaron falsamente y fue encarcelado, pero finalmente fue nombrado segundo en autoridad después de Faraón. A través de todo esto, José sabía que todo lo que otros tuvieron la intención de que obrara para mal, Dios lo estaba usando para bien. Y finalmente les dijo eso a sus hermanos que lo habían traicionado (Génesis 50.20). Cuando otorgamos esa sorprendente clase de perdón, Dios usará nuestro acto de perdonar para cambiar las cosas en nuestro matrimonio. Él puede aun restaurar a un matrimonio que está muriendo si las personas que lo forman se perdonan completamente.

SIETE COSAS QUE SON CIERTAS EN CUANTO AL PERDÓN

1. *Cuando perdonas, recibes bendición.* «En fin, vivan en armonía los unos con los otros; compartan penas y alegrías, practiquen el amor fraternal, sean compasivos y humildes. No devuelvan mal por mal ni insulto por insulto; más bien, bendigan, porque para esto fueron llamados, para heredar una bendición» (1 Pedro 3.8-9).

2. *Perdonar a otros prepara el camino para que tú seas perdonado.* «No juzguen, y no se les juzgará. No condenen, y no se les condenará. Perdonen, y se les perdonará» (Lucas 6.37).

3. *Perdonar permite que olvides y que avances.* «Hermanos, no pienso que yo mismo lo haya logrado ya. Más bien, una cosa hago: olvidando lo que queda atrás y esforzándome por alcanzar lo que está delante, sigo avanzando hacia la meta para ganar el premio que Dios ofrece mediante su llamamiento celestial en Cristo Jesús» (Filipenses 3.13-14).

4. **Perdonar te libera para adorar a Dios de todo corazón.** «Por lo tanto, si estás presentando tu ofrenda en el altar y allí recuerdas que tu hermano tiene algo contra ti, deja tu ofrenda allí delante del altar. Ve primero y reconcíliate con tu hermano; luego vuelve y presenta tu ofrenda» (Mateo 5.23-24).

5. **Cuando perdonas estás probando que eres amable y compasivo.** «Más bien, sean bondadosos y compasivos unos con otros, y perdónense mutuamente, así como Dios los perdonó a ustedes en Cristo» (Efesios 4.32).

6. **Perdonar te hace ser como Cristo.** «como el Señor los perdonó, perdonen también ustedes» (Colosenses 3.13).

7. **Perdonar es la forma en que buscas la paz y evitas amargarte.** «Busquen la paz con todos, y la santidad, sin la cual nadie verá al Señor. Asegúrense de que nadie deje de alcanzar la gracia de Dios; de que ninguna raíz amarga brote y cause dificultades y corrompa a muchos» (Hebreos 12.14-15).

Cuando necesitas perdonar a Dios

Culpar a Dios por algo no es la mejor posición que podemos adoptar. Recuerda, que Él es el que tiene la luz. Lo mejor que puedes hacer es hablar con Él y honestamente decirle cómo te sientes. Ora: «Señor, te confieso que estoy enojado (enojada) contigo por requerir que siga casado (casada) con alguien que me hiere tanto». O: «Señor, no entiendo por qué a él (ella) no tiene que cambiar, y yo *sí*». O: «Señor, ¿por qué mi cónyuge no tiene sabiduría financiera y yo tengo que sufrir por eso?» O: «Señor, ¿por qué permitiste que me casara con una persona que tiene problemas con el alcohol, igual que mi papá? ¿No he sufrido lo suficiente?» O: «Señor, ¿por qué tengo que tener toda la responsabilidad y él (ella) simplemente vive la vida como si fuera un niño (niña)?» Dios entiende esos sentimientos y recibe tu honestidad. No le estás diciendo nada que no sepa. Simplemente Él está esperando que lo compartas con Él para poder liberarte.

La mejor manera de romper esa falta de perdón hacia Dios es confesarla y darle gracias por su perdón para ti. En realidad, cada vez que sientas la falta de perdón hacia alguien está tomando posesión de tu corazón como una pinza, eleva alabanzas a Dios hasta que sientas que eso se rompe en tu alma. Transformará tu corazón.

¿Qué sucede cuando no perdonas?

No perdonar interfiere con tu vida de oración (Marcos 11.25). Eso quiere decir que tus oraciones no son contestadas. Significa que no puedes experimentar el beneficio completo del perdón de Dios si tú no perdonas a otros —especialmente a tu cónyuge. Quiere decir que pones tus bendiciones en compás de espera hasta que resuelvas esos asuntos pendientes.

El no perdonar evapora tu gozo. Cuando no perdonas, eso trae una barrera entre Dios y tú. Nadie es realmente feliz si no ha perdonado de corazón.

El no perdonar te debilita el cuerpo. Te carcome, y finalmente te domina y destruye tu vida desde el interior. Te enferma físicamente y te hace un desvalido espiritual. Cuando perdonas, entregas la situación en las manos de Dios y te llega la sanidad al cuerpo como así también al alma.

El no perdonar le abre la puerta al enemigo para que trabaje en tu vida. Tenemos que perdonar «para que Satanás no se aproveche de nosotros, pues no ignoramos sus artimañas» (2 Corintios 2.11). Si le damos lugar a la falta de perdón estamos invitando a que el enemigo entre a nuestra vida. Y cuando tú tratas a tu cónyuge como si él (ella) fuera el enemigo —o tu cónyuge actúa como si tú lo fueras—, se alinean con su verdadero enemigo y con sus planes para su futuro.

El no perdonar contamina el alma. La Biblia dice: «¿Puede acaso brotar de una misma fuente agua dulce y agua salada?» (Santiago 3.11). Si no perdonas, el agua en tu alma se volverá amarga.

SIETE COSAS MÁS PARA RECORDAR EN CUANTO A NO PERDONAR

1. *No perdonar te va a torturar.* «¿No debías tú también haberte compadecido de tu compañero, así como yo me compadecí de ti? Y enojado, su señor lo entregó a los carceleros para que lo torturaran hasta que pagara todo lo que debía. Así también mi Padre celestial los tratará a ustedes, a menos que cada uno perdone de corazón a su hermano» (Mateo 18.33-35).

2. *No perdonar hace que tengas pensamientos de venganza.* «No digas: Le haré lo mismo que me hizo; le pagaré con la misma moneda» (Proverbios 24.29).

3. *No perdonar significa que Dios no te perdonará.* «Pero si no perdonan a otros sus ofensas, tampoco su Padre les perdonará a ustedes las suyas» (Mateo 6.15).

4. *No perdonar demora las respuestas a tus oraciones.* «Y cuando estén orando, si tienen algo contra alguien, perdónenlo, para que también su Padre que está en el cielo les perdone a ustedes sus pecados» (Marcos 11.25).

5. *No perdonar significa que ves los fracasos en otros pero no en ti mismo.* «¿Por qué te fijas en la astilla que tiene tu hermano en el ojo, y no le das importancia a la viga que está en el tuyo? ¿Cómo puedes decirle a tu hermano: ‹Déjame sacarte la astilla del ojo›, cuando ahí tienes una viga en el tuyo? ¡Hipócrita!, saca primero la viga de tu propio ojo, y entonces verás con claridad para sacar la astilla del ojo de tu hermano» (Mateo 7.3-5).

6. *No perdonar quiere decir que estás caminando en tinieblas.* «Pero el que odia a su hermano está en la oscuridad y en ella vive, y no sabe a dónde va porque la oscuridad no lo deja ver» (1 Juan 2.11).

> **7. No perdonar significa que no estás tratando de obtener lo que es mejor para tu matrimonio.** «Asegúrense de que nadie pague mal por mal; más bien, esfuércense siempre por hacer el bien, no sólo entre ustedes sino a todos» (1 Tesalonicenses 5.15).

Al fin de cuentas

Al fin de cuentas, perdonar tiene que ver con el *arrepentimiento* y el *amor*. Tú tienes que *amar* a tu cónyuge lo suficiente como para *perdonarlo (perdonarla) y no aferrarte al problema*. Y tienes que confesar tu actitud de no perdonar como un pecado contra Dios y *arrepentirte* de él. Tienes que estar profundamente arrepentido (arrepentida) porque sabes que no has agradado al *Señor*. Tienes que escoger arrepentirte porque quieres vivir según los caminos de Dios, porque es lo correcto, y porque es lo mejor para ti. Cuando no perdonas, te sientes separado (separada) de Dios y no puedes avanzar hacia la vida que Dios tiene para ti. La verdad es que *tú* no puedes ser cambiado (cambiada), *tu esposo (esposa)* no puede ser cambiado, y tu *matrimonio* no puede ser cambiado mientras le des lugar a la falta de perdón en tu corazón.

Sé que lo último que quisieras hacer es orar por tu cónyuge si te ha herido, pero eso es lo que Dios quiere que hagas. En el proceso, Él sanará tu dolor porque Él es el Dios que «restaura a los abatidos y cubre con vendas sus heridas» (Salmo 147.3). Dios te ayudará a perdonar tan completamente que no pensarás más en esas cosas que te han herido. A medida que oras, Dios te dará su corazón de amor. *Siempre llegas a amar a la persona por la cual oras*. Prueba, y lo verás. Lo que Dios quiere es que «No devuelvan mal por mal ni insulto por insulto; más bien, bendigan, porque para esto fueron llamados, para heredar una bendición» (1 Pedro 3.9). Dios no te está llamando a que perdones para que Él te pueda recordar una y otra vez lo que te ha ofendido o herido. Él te pide que perdones, porque cuando lo haces, vas a heredar todo lo que Él tiene para ti.

Dios no viola la voluntad de una persona que está determinada a tener un corazón rebelde, que se rehúsa a recibir consejos, buscar consejos o ser abierta a la obra de Dios en su vida. Pero tus oraciones por tu cónyuge van a ser siempre recompensadas con sanidad, liberación, fortaleza, paz y bendición para *ti* cuando oras por él (ella), aun si él (ella) no está respondiendo en ese momento. El Dios que *te* ama los animará y *te* fortalecerá el corazón, para que tanto en palabra como en obra *hagas* todo lo que sea bueno (2 Tesalonicenses 2.17).

Perdonar no es una opción en nuestra vida; es un mandamiento. Es la voluntad de Dios para nosotros todos los días. No depende de si la persona que debemos perdonar se ha *arrepentido*, o *merece* ser perdonada. Depende totalmente de *nosotros*. Es entre *nosotros* y *Dios*. Últimamente, lo hacemos por el Señor. No dejes de perdonar porque crees que es algo que lo vas a tener que hacer una y otra vez. Perdona porque es lo que Dios quiere, y porque muchas cosas buenas van a salir de eso. David dijo: «Pero de una cosa estoy seguro: he de ver la bondad del Señor en esta tierra de los vivientes» (Salmo 27.13). Él quería tanto la presencia del Señor en su vida que estaba dispuesto a hacer lo que se le requería. Yo creo que tú también quieres eso. El mejor lugar para comenzar es perdonar a tu esposo (esposa).

ORACIONES POR MI MATRIMONIO

Oración pidiendo protección

SEÑOR, TE PIDO QUE NOS AYUDES a mí y a mi esposo (esposa) a siempre estar completamente dispuestos a perdonarnos el uno al otro. Ayúdanos a ser lo suficientemente humildes como para pedir perdón cuando debemos hacerlo. Y danos un corazón dispuesto a perdonar de buena voluntad —ya sea que el otro lo pida o no. Ayúdanos a los dos a crecer «en la gracia y en el conocimiento de nuestro Señor y Salvador Jesucristo» (2 Pedro 3.18), para que lleguemos a perdonar como perdonas tú. Ayúdanos a perdonar para ser perdonados (Lucas 6.37).

Protégenos de nosotros mismos, Señor, para no dejar que la carne dicte si debemos aferrarnos a las ofensas o dejarlas de lado. Ayúdanos a amarnos el uno al otro de la manera que tú nos amas, para que dejar las ofensas pueda ser fácil. Ayúdanos a ser misericordiosos el uno con el otro, porque tu misericordia y tu bondad nos siguen, como has prometido en tu Palabra (Salmo 23.6). Gracias porque cuando nos amamos el uno al otro como tú quieres que nos amemos, tú nos bendecirás y nos mostrarás tu favor rodeándonos como un escudo protector (Salmo 5.12).

Señor, sé que tu Palabra dice que «si afirmamos que no tenemos pecado, nos engañamos a nosotros mismos y no tenemos la verdad» (1 Juan 1.8). Ayúdanos a no ser engañados en cuanto a nuestros propios pecados. Ayúdanos a vivir en la verdad y a no ser tan arrogantes que pensemos que no hay pecado en nosotros. Ayúdanos a ser prestos para confesarte nuestro pecado a ti, y para confesarlo el uno al otro. Oro en el nombre de Jesús.

Oración pidiendo victoria en mí

SEÑOR, GRACIAS PORQUE TODO LO PUEDO en Cristo que me fortalece, y por lo tanto tengo la fortaleza para perdonar a mi esposo (esposa) por cualquier cosa que me haya herido o desilusionado. Gracias porque tú eres el Dios que perdona. Gracias por tu misericordia y gracia para conmigo. Gracias porque me has librado de la atadura de no perdonar. Quita de mí todos los sentimientos que causan que piense que tengo que pagar herida con herida. «En todo esto procuro conservar siempre limpia mi conciencia delante de Dios y de los hombres [mi esposo/esposa] (Hechos 24.16). En las esferas en que necesito perdón, ayúdame a pedir perdón y a recibir el perdón de mi esposo (esposa).

Te pido que me reveles las esferas en que guardo rencor, y que ni siquiera estoy consciente de ellas, para poder confesártelas a ti. Sé que «Tú, Señor, eres bueno y perdonador; grande es tu amor por todos los que te invocan» (Salmo 86.5). Clamo a ti hoy y te pido que me perdones por cualquier rencor que pueda abrigar hacia alguien, especialmente mi esposo (esposa). Sé que tú, Señor, eres el único que sabe la historia completa, así que me rehúso a ser juez de todo lo que pasa en mi esposo (esposa). Tú eres el que «sacará a la luz lo que está oculto en la oscuridad y pondrá al descubierto las intenciones de cada corazón» (1 Corintios 4.5). Por el poder de tu Espíritu Santo, quita toda falta de perdón que haya en mí. Ayúdame a amar como tú amas, para poder soltar toda falta de perdón y ser limpio de toda iniquidad. Oro en el nombre de Jesús.

Oración pidiendo victoria en mi esposo (esposa)

SEÑOR, TRAIGO A MI ESPOSO (ESPOSA) delante de ti y te pido que lo (la) ayudes a dejar cualquier rencor que pueda estar abrigando. No quiero que él (ella) se aferre a eso y limite lo que tú quieres hacer en su vida. Ayúdalo (ayúdala) a perdonarme por cualquier cosa que yo haya hecho —o *no* hecho—, que no le agradó. Oro que tú, «el Dios que infunde aliento y perseverancia» le conceda a mi esposo (esposa) la habilidad de «vivir juntos en armonía», para que «con un solo corazón y a una sola voz» te podamos glorificar» (Romanos 15.5-6). Dale a él (ella) un corazón de misericordia hacia mí para que él (ella) en verdad no se aferre a nada que yo he dicho o hecho que lo (la) ha herido.

Señor, tú has dicho que si *no* perdonamos a las personas los pecados que cometen contra nosotros, tú *no* nos vas a perdonar a nosotros *nuestros* pecados (Mateo 6.14-15). Ayuda a mi esposo (esposa) para que esté consciente de cualquier persona que él (ella) deba perdonar y capacítalo (capacítala) para que perdone a esa persona completamente, para que él (ella) pueda avanzar hacia la sanidad y restauración que tú tienes para él (ella). Quita cualquier pensamiento de venganza o de ajustar las cuentas, y haz que él (ella) sea una persona que perdona. Oro en el nombre de Jesús.

VERDADES PARA AFIRMAR

Y cuando estén orando, si tienen algo contra alguien,
perdónenlo, para que también su Padre que está en el cielo
les perdone a ustedes sus pecados.

MARCOS 11.25

Por eso, confiésense unos a otros sus pecados, y oren unos por otros,
para que sean sanados. La oración del justo es poderosa y eficaz.

SANTIAGO 5.16

Tú, entonces, ¿por qué juzgas a tu hermano?
O tú, ¿por qué lo menosprecias?
¡Todos tendremos que comparecer ante el tribunal de Dios!

ROMANOS 14.10

Por tanto, si sienten algún estímulo en su unión con Cristo,
algún consuelo en su amor, algún compañerismo en el Espíritu,
algún afecto entrañable, llénenme de alegría teniendo un mismo
parecer, un mismo amor, unidos en alma y pensamiento.

FILIPENSES 2.1-2

Así mismo, jóvenes, sométanse a los ancianos.
Revístanse todos de humildad en su trato mutuo, porque
Dios se opone a los orgullosos, pero da gracia a los humildes.

1 PEDRO 5.5

4

Cuando la DEPRESIÓN o las EMOCIONES NEGATIVAS ARRUINAN la ATMÓSFERA

Yo creo que mi depresión comenzó en el clóset. Ese pequeño lugar debajo de la escalera en la casita tipo rancho de mis padres, que no tenía agua corriente, ni baño, ni electricidad, ni calefacción en los crudos inviernos de Wyoming, excepto el calor que nos llegaba de una estufa de carbón en la cocina, y una pequeña chimenea de piedras en la sala. En el segundo piso, los dos pequeños dormitorios estaban siempre helados, y llevaba mucho tiempo para que las sábanas se calentaran. Semillas de ansiedad, tristeza, soledad y rechazo se plantaron allí como malezas que crecerían muy profundas y sin control cada día de los primeros años de mi vida, hasta que finalmente sofocaron toda esperanza dentro de mí.

Tanto como puedo recordar, siempre tuve ese sentimiento de depresión. En aquel tiempo yo no sabía que estaba experimentando depresión; pensé que era algo que me pasaba a mí. *Esta es la forma que soy,* pensaba en mis años de crecimiento. *Soy una persona asustada, sin esperanza, solitaria, herida, ansiosa y deprimida, y no hay nada que pueda hacer en cuanto a eso. Nadie me puede ayudar, tampoco nadie me quiere ayudar, ni nunca nadie querrá hacerlo, o aun ser capaz de hacerlo.*

No estoy hablando aquí de un desequilibrio químico, aunque es posible que yo lo tuviera. El miedo, el terror, la tristeza y el estrés tienen una forma de agotarte la mente, el cuerpo y el alma hasta que no solo tienes un desequilibrio físico, sino también uno emocional y espiritual. Y eso es suficiente para causarle depresión a cualquiera. Yo había ido a doctores y probado diferentes medicamentos, pero nada me había dado resultado. Esta era una herida profunda del alma para la cual no hay cura aparte del poder de Dios.

No fue sino hasta que recibí al Señor y comencé a aprender de la restauración que Él tiene para cada uno de nosotros que me di cuenta de que Él no nos había creado para tener depresión, ansiedad y miedo. La depresión, el miedo y la ansiedad no eran su voluntad para mi vida. Su promesa para mí era paz —si yo oraba fervientemente y le daba gracias y lo adoraba. «No se inquieten por nada; más bien, en toda ocasión, con oración y ruego, presenten sus peticiones a Dios y denle gracias. Y la paz de Dios, que sobrepasa todo entendimiento, cuidará sus corazones y sus pensamientos en Cristo Jesús» (Filipenses 4.6-7). Esto quiere decir que debido a Jesús, yo tenía una salida para la ansiedad, la depresión y el temor si aprendía a orar por todas las cosas. Todas las situaciones, condiciones y relaciones en mi vida responderían a la oración. Debido al poder de Dios que obra a través de la oración, finalmente encontré liberación y sanidad de todas las emociones negativas que me habían agobiado. Algunas veces solo mis oraciones no fueron suficientes, pero a menudo las oraciones llenas de fe de otras personas, que oraban *conmigo* y por *mí*, pavimentaron el camino para los milagros.

En mi caso, siguiendo la sugerencia de mi esposo, fui a nuestra iglesia buscando ayuda. Habíamos estado casados unos pocos meses y yo todavía no podía salir de la atadura de la depresión, el temor y la ansiedad que sufría. La primera vez que fui a ver a Mary Anne, la esposa de un pastor y consejera que mencioné antes, noté que tenía ojos muy bellos que brillaban como el océano cuando el sol baila sobre las olas. Yo había escuchado que ella tenía un don muy especial de conocimiento en la Palabra de Dios y que entendía el poder de la oración, así que cuando me pidió que ayunara y orara durante tres días —lo que no fue algo fácil para alguien como yo, que de niña muchas veces me había acostado con hambre—, estuve dispuesta a hacerlo.

Regresé a la misma oficina de asesoramiento la semana siguiente, después de no haber comido o bebido nada sino agua por tres días, llevando una lista que Mary Anne me había pedido que hiciera de todos los pecados que recordaba haber cometido en mi vida. Yo estuve muy agradecida cuando ella no la quiso leer, sino que me pidió que le presentara la lista a Dios y que confesara todo eso de inmediato. También tuve que confesar mi falta de perdón hacia mi madre y renunciar a todo el envolvimiento que había tenido con el ocultismo. Aun cuando yo había dejado las prácticas o el envolvimiento con el ocultismo cuando recibí al Señor, nunca me había presentado delante del Señor y había renunciado a esas prácticas.

Una vez que hube confesado y renunciado a todo eso, Mary Anne y una esposa de pastor oraron por mí, y literalmente sentí la depresión salir de mi vida. No estoy exagerando. En realidad, lo estoy diciendo en forma moderada para que no sea tan difícil que lo creas. Pero sentí que la depresión salía de mí como si fuera una frazada mojada, pesada y oscura. Y lo mejor en cuanto a esta historia es que la depresión nunca volvió. No estoy diciendo que nunca más sentí depresión. Hay muchas cosas que deprimen en la vida. Pero yo nunca fui atada o controlada por la depresión de nuevo. Siempre podía ir a Dios en oración y Él me la quitaba.

Esto no quiere decir que si estás tomando medicamentos recetados por un doctor para la depresión o la ansiedad que de pronto debes dejar de tomarlos. Por el contrario, eso podría ser peligroso. Pero eso tampoco necesariamente te sentencia a una vida de tomar medicamentos. Yo creo que tú puedes encontrar restauración sin medicamentos. Pero no es un pecado tomar medicamentos prescriptos si los necesitas. Tomar medicamentos no te hace menos santa que otra persona que no los toma. En un mundo que cada vez está más agitado, con presiones mayores y los rigores de la vida que son más monumentales cada día, no es de sorprenderse que estemos desajustados. Todas las *personas* son diferentes. Todas las *mentes*, y las *almas* son diferentes. El pasado de cada persona es diferente, y la *reacción* a su pasado también es diferente. Algunos de nosotros ya nacemos agotados; otros desarrollamos un desequilibrio más tarde. Eso no importa. Lo que importa es que mires a Dios como tu sanador y que ores pidiendo sanidad. Dios te sanará a su manera y en su tiempo, y tú puedes continuar tomando tus medicamentos hasta que eso suceda. Tú sabrás cuándo es tiempo de parar, y un doctor te puede ayudar a ir dejando, si eso es lo que debes hacer. Si no, sigue tomando tus medicamentos y alaba a Dios porque Él está obrando.

Ya sea que tomes medicamentos o no, es entre tú, Dios y tu doctor. Pero quiero decirte que los medicamentos solos nunca van a ser suficientes. La única cura total para la depresión que yo he encontrado es el amor de Dios y su poder que puede obrar para romper la opresión en una vida. Y el amor de Dios nos da esperanza. «Y esta esperanza no nos defrauda, porque Dios ha derramado su amor en nuestro corazón por el Espíritu Santo que nos ha dado» (Romanos 5.5).

Cuando el problema es la depresión

De vez en cuando es normal sentir depresión acerca de las cosas que suceden en la vida. La pérdida del trabajo, de un ser querido, las finanzas o las posesiones. La experiencia de fracaso, desilusión, enfermedades o accidentes. Pero cuando permaneces deprimido, entonces llega a ser un problema. Tú no fuiste creado para vivir en depresión. La depresión diaria no es la voluntad de Dios para tu vida. Cuando todos los días te parecen oscuros y grises, y sin gozo o luz, entonces se convierte en una atadura del infierno en tu vida, y debe ser rota.

Cuando recibí al Señor, finalmente comencé a ver una luz al final del largo y oscuro túnel de mi vida, pero todavía estaba deprimida. Yo había nacido de nuevo en el reino de Dios porque había recibido a Jesús, y sé que algo me sucedió aquel día, pero todavía estaba deprimida. Sentí esperanza por primera vez en mi vida, pero todavía vivía debajo de una pesada carga de depresión. No todo el mundo es liberado instantáneamente de todas las ataduras en el minuto en que recibe al Señor. No tengo dudas de que pueden serlo, y no tengo dudas de que algunos lo son, pero esta no es la experiencia de la mayoría de la gente. Hay demasiados creyentes deprimidos para que eso fuera verdad. Hay personas que creen con firmeza que si eres un creyente verdadero nunca tendrás depresión. ¿Me permiten sugerir con cortesía que las personas que dicen esto son personas que nunca han estado deprimidas? Han sido cegadas por su propia manera de pensar y legalismo hacia la lucha de otros.

También he escuchado, a la luz de los siguientes versículos, de que si en realidad estamos caminando en la luz, entonces no tenemos que ir a través de la oscuridad de la depresión. «Dios es luz y en él no hay ninguna oscuridad. Si afirmamos que tenemos comunión con él, pero vivimos en la oscuridad, mentimos y no ponemos en práctica la verdad» (1 Juan 1.5-6). Dicen que estos versículos cuestionan nuestra condición de nacidos de nuevo. ¿Podemos en realidad ser salvos si tenemos depresión? Como alguien que ha estado deprimida mientras era una creyente nacida de nuevo, esta actitud me hace enojar. Déjame aclarar algo en el caso en que alguien te haya sugerido eso a ti. *¡Sí, puedes ser nacido de nuevo y estar deprimido al mismo tiempo!*

Los versículos anteriores tienen que ver con la *decisión* de caminar en comunión con las tinieblas. Estar deprimido no quiere decir que estás *escogiendo* caminar en depresión. La depresión es algo que puedes tener *sobre* ti cuando eres creyente, pero no es algo *en* ti. No te puede poseer. No es tu dueño. El Espíritu Santo está en ti, no la depresión. Tú no eres la depresión. Tal vez pueda estar en ti como una opresión del enemigo designada a quitarte el gozo y robarte parte de tu vida, pero tú no eres tu depresión. Todavía puedes tener la luz del

Señor *dentro* de ti y sin embargo tener la oscuridad de la depresión que se asienta *sobre* ti e invade tu vida, como un enemigo que rodea el territorio de tu ser.

Cómo se siente la depresión

En el caso en que nunca hayas sentido depresión, permíteme describirla. Te podría ayudar a entender mejor a tu cónyuge si él (ella) alguna vez se deprime. Job describió lo que parecería depresión como el «país de la más profunda de las noches, al país de las sombras y del caos, donde aun la luz se asemeja a las tinieblas» (Job 10.22). Cuando te sientes deprimido, ni aun puedes disfrutar las cosas buenas, porque estás afectado por esa opresión oscura. Él dijo: «Cuando esperaba lo bueno, vino lo malo; cuando buscaba la luz, vinieron las sombras» (Job 30.26). En otras palabras, parece que no importa lo que hagas, nunca parece mejorar.

Tal vez nadie nunca ha luchado con la depresión más abiertamente o ha escrito más claramente que el rey David. Él sabía bien lo que era la depresión. Escucha lo que dijo acerca de la forma en que se sentía, y observa si esto te suena como depresión a ti: «La vida se me va en angustias, y los años en lamentos; la tristeza está acabando con mis fuerzas, y mis huesos se van debilitando» (Salmo 31.10). «Vuelve a mí tu rostro y tenme compasión, pues me encuentro solo y afligido. Crecen las angustias de mi corazón; líbrame de mis tribulaciones. Fíjate en mi aflicción y en mis penurias, y borra todos mis pecados» (Salmo 25.16-18). «Señor y Dios mío, mírame y respóndeme; ilumina mis ojos. Así no caeré en el sueño de la muerte» (Salmo 13.3). «¿Por qué voy a inquietarme? ¿Por qué me voy a angustiar? En Dios pondré mi esperanza y todavía lo alabaré. ¡Él es mi Salvador y mi Dios!» (Salmo 42.5). En especial me gusta la palabra «inquietarme» que se refiere a una pesada carga del alma. Eso es exactamente la forma en que se siente —has caído en un pozo lejos de la esperanza.

La solución de David a todo esto fue elevar sus ojos y poner su esperanza en Dios. A veces podemos sentirnos como que Dios nos ha abandonado cuando caemos en depresión y nuestras oraciones no son contestadas. Como resultado, nos sentimos separados de Dios. Pero Dios *no* nos ha abandonado. Él nos consolará cuando nos volvemos a Él. Pablo dijo: «Pero Dios, que consuela a los abatidos, nos consoló» (2 Corintios 7.6).

David dijo: «En mi confusión llegué a decir: ¡He sido arrojado de tu presencia!», pero él también dijo: «*Pero tú oíste mi voz suplicante cuando te pedí que me ayudaras*» (Salmo 31.22, itálicas añadidas). David conocía la desesperación profunda y la depresión, pero también sabía que su esperanza estaba en Dios.

David dijo: «Los lazos de la muerte me envolvieron; los torrentes destructores me abrumaron. Me enredaron los lazos del sepulcro, y me encontré ante las trampas de la muerte» (Salmo 18.4-5). Pero *también* dijo: «*Tú me has librado de la muerte, has enjugado mis lágrimas, no me has dejado tropezar*» (Salmo 116.8, itálicas añadidas).

En medio de su dolor, David dijo: «*Aun si voy por valles tenebrosos, no temo peligro alguno porque tú estás a mi lado; tu vara de pastor me reconforta*» (Salmo 23.4, itálicas añadidas). «*Ni las tinieblas serían oscuras para ti, y aun la noche sería clara como el día. ¡Lo mismo son para ti las tinieblas que la luz!*» (Salmo 139.12, itálicas añadidas). Dios puede ver perfectamente en la oscuridad que está sobre ti. Él ve la verdad acerca de ti y de tu situación, y Él quiere que tú también la veas. Eso quiere decir que «No hay lugares oscuros ni sombras profundas que puedan esconder a los malhechores» (Job 34.22). Eso es porque tenemos autoridad sobre todo el poder del enemigo.

Cuando te sientes como se sintió David: «Ya no me queda aliento; dentro de mí siento paralizado el corazón» (Salmo 143.4), entonces di como dijo David: «*Responde a mi clamor, Dios mío y defensor mío. Dame alivio cuando esté angustiado, apiádate de mí y escucha mi oración*» (Salmo 4.1, itálicas añadidas).

Así es como siento yo la depresión. Te sientes distante de otras personas como si estuvieras en otra esfera cuando estás cerca de ellas. No estás en el mismo plano que ellas. Pueden estar en el mismo cuarto, pero sientes como que hubiera una pared que los separa, así que en realidad no haces contacto. Se siente como que están desapareciendo de tu vista, como si la oscuridad que *te* rodea los estuviera tragando a *ellos* también. Cuando hablas es casi como una experiencia extracorpórea, es como si estuvieras fuera de tu cuerpo escuchándote a ti misma hablar, pero en realidad no te estás conectando con la otra persona. Hay una barrera a que se conecte contigo, y esa barrera es tu propia depresión. Se describe en los Salmos con estas palabras: «Me has quitado amigos y seres queridos; ahora sólo tengo amistad con las tinieblas» (Salmo 88.18).

Cuando estás deprimido, es muy difícil hacer las cosas, aun las necesidades básicas de la vida. Toma toda tu energía el simplemente estar deprimido. Estás cansado todo el tiempo porque luchar con la ansiedad, el temor y la depresión es extenuante. Pierdes interés en actividades y cosas que por lo general haces. Eres pesimista en cuanto a la mayoría de las cosas y te sientes sin esperanza acerca de todo lo demás. Te sientes desesperanzado porque no parece haber un camino que te saque de tu aprieto. Cuando no crees que tu situación desdichada va a cambiar, no hay razón para vivir. Te preguntas: *¿Por qué tratar?* En su estado peor, la depresión te puede hacer sentir con tendencias suicidas, lo cual quiere decir que ves a la muerte como la única salida.

Te sientes como que no puedes hacer nada que se relacione al futuro, aun tan cercano como el día siguiente, así que vives momento a momento. No puedes pensar en el futuro y prepararte de antemano. No puedes pensar en las cosas con claridad, y te cuesta mucho hacer lo que tienes que hacer, así que es extremadamente difícil mantener limpia tu casa y tu clóset organizado. Tienes muchas dificultades para hacer planes, porque nunca te sientes bien en cuanto a lo que estás planeando. No ves sentido para ello. La depresión puede eclipsar tu habilidad de tomar decisiones racionales y buenas. Tal vez la gente te diga que reacciones, pero no tienes la fortaleza dentro de ti para hacerlo. Es por eso que decirle a tu cónyuge «supéralo» solo hará que se sienta más desesperanzado.

También nos podemos sentir deprimidos por abarcar demasiado, por estar extenuados, malnutridos o enfermos. No hay nada que deprima más que estar enfermo o sentir dolores. Y también cualquier clase de pérdida también nos puede hacer sentir deprimidos, tales como la pérdida del trabajo, de una persona, de una relación, de una capacidad o de una parte del cuerpo. El ejemplo supremo de sufrir pérdidas es Job. Él perdió todo lo que tenía y dijo: «No cesa la agitación que me invade; me enfrento a días de sufrimiento» (Job 30.27). Los patrones de pensamiento nos pueden mantener deprimidos porque siempre nos estamos enfocando en el lado negativo de algo o de alguien. Nos deprime enfrentar una amenaza o trauma cuando nos sentimos incapaces de hacer algo.

Cuando estás deprimido, tienes una fuerte necesidad del toque físico y de la afirmación verbal, pero este es el momento en el cual encuentras más difícil comunicar esa necesidad. Es difícil comunicar tu necesidad de amor cuando sientes que no te pueden querer, que no eres digno, que eres incapaz de responder, pero el amor es lo que más necesitas.

Jamás sientas que sufrir de depresión te ha separado de Dios, porque no lo ha hecho. El enemigo quiere que creas que Dios está lejos de ti y que es por eso que tienes que vivir en la oscuridad de la depresión. Pero Dios se refiere a los tesoros de las tinieblas con estas palabras: «Te daré los tesoros de las tinieblas, y las riquezas guardadas en lugares secretos, para que sepas que yo soy el Señor, el Dios de Israel, que te llama por tu nombre» (Isaías 45.3). Cuando pasas por los tiempos oscuros de la depresión, te ves forzado a caminar más cerca de Dios. Y eso es bueno. Yo he pasado por eso, y siempre he encontrado que el tesoro que encontramos en la oscuridad es *Dios*. Es la promesa de la presencia de Dios en medio de la oscuridad. Eso quiere decir que no tenemos que temerle a la oscuridad. Su luz vendrá a la oscuridad y Él se nos va a revelar.

DIEZ COSAS QUE DEBES SABER
ACERCA DE LA DEPRESIÓN

1. **Dios está contigo.** «Así que no temas, porque yo estoy contigo; no te angusties, porque yo soy tu Dios. Te fortaleceré y te ayudaré; te sostendré con mi diestra victoriosa» (Isaías 41.10).

2. **Aunque estás en una batalla, no serás destruido.** «Nos vemos atribulados en todo, pero no abatidos; perplejos, pero no desesperados» (2 Corintios 4.8).

3. **Dios te escucha cuando clamas a Él en cuanto a esto.** «En mi angustia invoqué al SEÑOR; clamé a mi Dios, y él me escuchó desde su templo; ¡mi clamor llegó a sus oídos!» (Salmo 18.6).

4. **El Señor será una luz para ti en todo momento.** «El pueblo que andaba en la oscuridad ha visto una gran luz; sobre los que vivían en densas tinieblas la luz ha resplandecido» (Isaías 9.2).

5. **Dios te sacará de las tinieblas.** «Tú, SEÑOR, eres mi lámpara; tú, SEÑOR, iluminas mis tinieblas» (2 Samuel 22.29).

6. **Dios quiere que confíes en Él cuando pasas por esto.** «¿Quién entre ustedes teme al SEÑOR y obedece la voz de su siervo? Aunque camine en la oscuridad, y sin un rayo de luz, que confíe en el nombre del SEÑOR y dependa de su Dios» (Isaías 50.10).

7. **Jesús entiende tu sufrimiento.** Jesús fue «despreciado y rechazado por los hombres, varón de dolores, hecho para el sufrimiento» (Isaías 53.3).

8. **La presencia de Dios te salvará.** «De todas sus angustias. Él mismo los salvó; no envió un emisario ni un ángel. En su amor y misericordia los rescató; los levantó y los llevó en sus brazos como en los tiempos de antaño» (Isaías 63.9).

9. **Debes continuar orando acerca de eso.** «Atiende a mi clamor, porque me siento muy débil; líbrame de mis perseguidores, porque son más fuertes que yo» (Salmo 142.6).

10. **Jesús tiene más para ti que vivir con depresión.** «El ladrón no viene más que a robar, matar y destruir; yo he venido para que tengan vida, y la tengan en abundancia» (Juan 10.10).

El rechazo, la ansiedad, la soledad y otras emociones negativas

Los sentimientos de rechazo a menudo son causados por algo traumático que ha sucedido en el pasado, especialmente en la niñez. Aquellos de nosotros que hemos pasado por cosas difíciles en la niñez a menudo tenemos problemas para compartir esas experiencias porque te hacen diferente. Y tú no quieres ser diferente en nada cuando eres joven. Si has tenido dificultades aceptándote a ti mismo o sintiéndote aceptado, no quieres abrir la puerta para la posibilidad de que otras personas también te rechacen. Tienes una vida en curso dentro de ti que no quieres compartir con otros porque no quieres parecer estúpido, inferior o como un candidato al rechazo.

Yo sufrí de profundos sentimientos de rechazo porque mi madre me dijo desde que era muy joven que no tenía valor y que no servía para nada, y que nunca llegaría a ser algo. Debido a que le creí, el sentimiento constante de no valer nada —nunca sintiéndome amada o de valor— me hizo un imán para todas las emociones negativas que existen.

La ansiedad es un sentimiento de intensa preocupación o temor de que algo malo está a punto de suceder. Tienes una inquietud constante que te tortura acerca del resultado de casi todos los eventos o situaciones. En su manifestación más extrema, te sientes ansioso cuando ni siquiera sabes por qué. En su peor manifestación, la ansiedad lleva a ataques de pánico, los cuales te pueden afectar con tanta intensidad que sientes como que te va a dar un ataque al corazón, que no vas a poder respirar y que te vas a morir.

Cuando yo trabajaba en la televisión como cantante, bailarina y actriz, cuando tenía poco más de veinte años, yo tenía ataques de pánico tan intensos que iba al baño de las mujeres y me encerraba en uno de los compartimientos y me apoyaba contra la puerta con desesperación. Si no había nadie allí, lloraba. Si había alguien allí, trataba de contener la respiración, de controlarme y luego me obligaba a respirar profundamente. Aunque en ese tiempo todavía no tenía una relación con Dios, decía: «Dios, ayúdame». En la mente, en realidad yo no le estaba pidiendo a ese ser lejano que me quitara la ansiedad porque pensaba que la merecía por ser un fracaso tan grande. Y constantemente temía que la gente se pudiera dar cuenta de lo fracasada que era. Todo lo que le estaba pidiendo a Dios es que no me dejara morir. En aquel tiempo realmente pensaba que eso era todo lo que Dios podía hacer. Yo pensaba que estar deprimida, ansiosa, temerosa, con tendencias suicidas y sin esperanza era simplemente mi forma de ser, y no creía que Él me podía hacer algo que yo no era. ¿Qué otra cosa podía hacer Dios sino mantenerme viva?

Una ansiedad como esta por lo general es injustificada o muy excesiva sobre lo que sucede. Cuando en forma crónica te sientes inquieta porque piensas que algo malo va a suceder, no tienes paz y no es agradable estar cerca de ti. Jesús dijo que no debemos estar ansiosos (Lucas 12.29). Proverbios 12.25 dice: «La angustia abate el corazón del hombre, pero una palabra amable lo alegra». *Lo bueno de esto es que Dios te dice que no estés ansioso por nada sobre lo cual puedas orar.*

El temor no viene de Dios. «Dios no nos ha dado un espíritu de timidez, sino de poder, de amor y de dominio propio» (2 Timoteo 1.7). Si afirmamos el *amor* que Dios tiene por nosotros, el *poder* que tiene para nosotros, y el *dominio propio* que tiene para nosotros, no habrá lugar para un espíritu de temor. No invitamos a un espíritu de temor cada vez que sentimos miedo, solo cuando el temor llega a ser un factor que nos controla la vida. Es bueno sentir miedo por el peligro cuando hay peligro. Es lo que evita que camines donde hay tránsito, o sola de noche en un lugar desierto. Pero no es bueno tener miedo como una forma de vida. La única clase de temor que Dios quiere que tengamos es temor de Él (1 Pedro 2.17). Eso no quiere decir que le tenemos miedo a Dios, sino que sentimos temor de lo que sería la vida *sin* Él. Y el temor del que Él habla es una profunda reverencia hacia Dios por quién Él es. No vivas en temor cuando Dios te dice que tiene amor, poder y dominio propio para ti. Reclama lo que Dios tiene para ti.

La soledad es dolorosa. Causa un dolor en tu corazón que puede ser insoportable. Pero no tienes que vivir con eso cuando Dios está esperando estar cerca de ti, si tú te acercas a Él. Yo solía vivir en el dolor de la soledad aun después de haber sido casada. Un día, en un tiempo especialmente difícil de soledad, Dios habló a mi corazón diciéndome que cada vez que me sintiera sola debía acudir a Él, y que Él quitaría ese sentimiento de mí. Lo hice en ese momento, y la soledad desapareció por completo. Ahora reconozco cualquier sentimiento de soledad —que son muy raros para mí ahora— como una señal de que debo estar con Dios. Tú también puedes reconocer esa clase de señal en tu vida. Jesús dijo: «Ciertamente les aseguro que mi Padre les dará todo lo que le pidan en mi nombre. Hasta ahora no han pedido nada en mi nombre. Pidan y recibirán, para que su alegría sea completa» (Juan 16.22-24). Pídele a Dios que te libere de la soledad y de todas las demás emociones negativas.

DOCE COSAS QUE RECORDAR CUANDO ENFRENTAS EMOCIONES NEGATIVAS

1. ***Dios sabe por lo que estás pasando.*** «SEÑOR, tú me examinas, tú me conoces. Sabes cuándo me siento y cuándo me levanto; aun a la distancia me lees el pensamiento. Mis trajines y descansos los conoces; todos mis caminos te son familiares. No me llega aún la palabra a la lengua cuando tú, SEÑOR, ya la sabes toda» (Salmo 139.1-4).

2. **Dios está listo para ayudarte en tu hora más oscura.** «Para los justos la luz brilla en las tinieblas. ¡Dios es clemente, compasivo y justo!» (Salmo 112.4).

3. **No tienes que vivir con las tinieblas de las emociones negativas.** «Yo soy la luz que ha venido al mundo, para que todo el que crea en mí no viva en tinieblas» (Juan 12.46).

4. **Dios te rescatará cuando clamas a Él.** «En su angustia clamaron al SEÑOR, y él los salvó de su aflicción» (Salmo 107.13).

5. **No tienes que sentir temor.** «El SEÑOR es mi luz y mi salvación; ¿a quién temeré? El SEÑOR es el baluarte de mi vida; ¿quién podrá amedrentarme?» (Salmo 27.1).

6. **Dios romperá todas las ataduras.** «Los sacó de las sombras tenebrosas y rompió en pedazos sus cadenas» (Salmo 107.14).

7. **Aun si caes, te vas a volver a levantar otra vez.** «Enemiga mía, no te alegres de mi mal. Caí, pero he de levantarme; vivo en tinieblas, pero el SEÑOR es mi luz» (Miqueas 7.8).

8. **Tú tienes el poder de derribar las tinieblas y de clamar pidiendo luz.** «La noche está muy avanzada y ya se acerca el día. Por eso, dejemos a un lado las obras de la oscuridad y pongámonos la armadura de la luz» (Romanos 13.12).

9. **Dios mantiene sus ojos en ti cuando tú mantienes tus ojos en Él.** «Pero el SEÑOR cuida de los que le temen, de los que esperan en su gran amor; él los libra de la muerte, y en épocas de hambre los mantiene con vida. Esperamos confiados en el SEÑOR; él es nuestro socorro y nuestro escudo. En él se regocija nuestro corazón, porque confiamos en su santo nombre. Que tu gran amor, SEÑOR, nos acompañe, tal como lo esperamos de ti» (Salmo 33.18-22).

10. **Dios te librará.** «Él nos libró del dominio de la oscuridad y nos trasladó al reino de su amado Hijo» (Colosenses 1.13).

> **11. El continuará librándote hasta que seas completamente libre.** «Nos sentíamos como sentenciados a muerte. Pero eso sucedió para que no confiáramos en nosotros mismos sino en Dios, que resucita a los muertos. Él nos libró y nos librará de tal peligro de muerte. En él tenemos puesta nuestra esperanza, y él seguirá librándonos» (2 Corintios 1.9-10).
>
> **12. Dios te consolará.** «Ustedes los cielos, ¡griten de alegría! Tierra, ¡regocíjate! Montañas, ¡prorrumpan en canciones! Porque el SEÑOR consuela a su pueblo y tiene compasión de sus pobres» (Isaías 49.13).

Si el problema es con tu cónyuge

Mientras que por cierto no es divertido estar deprimido, definitivamente tampoco es divertido estar cerca de alguien que siempre está deprimido. La vida es difícil para una persona sin tener que bregar con los problemas de alguien más. Pero cuando estás casado, los problemas de tu cónyuge también son tus problemas. En mi caso, mi esposo y yo, los dos sufríamos de depresión y ansiedad al principio. Sin embargo, yo encontré sanidad durante el primer año de casados, pero Michael luchó por más tiempo.

Un cónyuge que está controlado por la depresión, la ansiedad o el temor está muy centrado en sí mismo. Él (ella) es forzado a pensar en sí mismo (misma) la mayor parte del tiempo, y por lo tanto le quedan pocos recursos para dárselos a otros —especialmente a su cónyuge. Es por eso que la depresión de tu esposo (esposa) puede hacer que tu vida también sea muy desdichada. Y por cierto que afectará a tus hijos, porque ellos no entenderán qué es, y pensarán que hay algo malo en ellos.

A menudo, después de que una persona se casa, todas las debilidades, emociones negativas o desórdenes emocionales que tiene salen a la luz uno por uno. Esas cosas no se pueden mantener ocultas por mucho tiempo en la intimidad del matrimonio. Si ves que eso ocurre en tu cónyuge, no tengas miedo. Dios quiere librarlos a los dos de todo eso, y a menudo estas cosas no surgen hasta que estás en un lugar seguro. Un matrimonio es un lugar seguro —o por lo menos se supone que sea. Quiere decir que ahora estás con alguien que te ama lo suficiente como para hacer un compromiso contigo. Si hay algo malo en tu vida, Dios no va a dejar que te aferres a ello. Él no permitirá que continúes con la depresión, la ansiedad, el temor, la amargura, el enojo o la soledad. Eso será expresado, porque el matrimonio alumbra esa clase de cosas y no hay lugar donde esconderlas. Quien eres será revelado, y de todas formas, Dios no quiere que te ocultes. Él quiere que estés libre. Cuando las cosas salen a la luz en ti o en tu esposo (esposa), disponte a enfrentar sin temor lo que ha sido expuesto. No es el fin de los buenos tiempos; es el principio de tiempos mejores. Debes estar dispuesto a hacer lo que se requiere para liberarte y sanarte.

Cuando tu cónyuge está deprimido, tú no hablas de las cosas sobre las que los dos deben hablar. Tú evitas a la persona deprimida porque no sabes si lo que dices va a empeorar las cosas. La persona te parece débil porque no tiene la capacidad de hacer las cosas que debe hacer, lo cual te fuerza a ti a ser la persona fuerte que toma las decisiones. Tú no puedes ir a la persona como un lugar seguro en el cual puedes ser tú mismo, y compartir tus pensamientos, esperanzas, sueños y temores, porque en todo lo que te puedes enfocar es en vivir ese día. La ansiedad puede paralizarte, lo mismo que la depresión, porque si crees que el desastre está a un solo paso de ti, no querrás dar un paso en ninguna dirección. Se posponen los sueños del futuro. El futuro es solo mañana.

Te será mucho más fácil bregar con la depresión de tu cónyuge si no lo ves como una *persona deprimida* que parece no poder sobreponerse. En cambio, míralo como una *persona que Dios quiere sanar*. Si tu cónyuge toma medicamentos para la depresión, no le digas que deje de tomarlos. Esto podría tener consecuencias serias, y él (ella) podría sentirse como un fracaso si es necesario que vuelva a tomarlos. Como dije antes, no es un fracaso tener que tomar medicamentos recetados por un doctor. Algunas personas los toman toda la vida, y si son creyentes, estoy segura de que van a ir al cielo, y no están caminando en tinieblas. De hecho, una de las mejores cosas que puedes hacer por tu cónyuge es ayudarlo a encontrar el doctor apropiado quien le recetará los mejores medicamentos.

Tal vez sientas que no sabes qué hacer para ayudar a tu cónyuge que sufre depresión, pero una cosa que siempre puedes hacer es orar. Y siempre hará una gran diferencia. También le puedes demostrar tu amor y tu apoyo. Eso significa mucho para la persona deprimida. Asegúrale a tu esposo (esposa) que la depresión es temporal y que va a terminar. «Si por la noche hay llanto, por la mañana habrá gritos de alegría» (Salmo 30.5).

Cómo salir de la depresión y de otras emociones negativas

Sin importar cuál sea la emoción negativa, si la tienes y controla tu vida, debes hacer lo que sea necesario para romper la atadura que tiene en ti.

En primer lugar, lee la Palabra de Dios todos los días. Lee lo más que puedas. Repítela en voz alta. Busca un versículo apropiado, y repítelo una y otra vez hasta que esté grabado en tu corazón y lo creas. Di: «Tu palabra es una lámpara a mis pies; es una luz en mi sendero» (Salmo 119.105). «Gracias por el dominio propio que me has dado».

Determina tomar control de tu mente. Rehúsate a dejar que las emociones te gobiernen. No permitas que los pensamientos negativos dicten tu forma de actuar, lo que dices o no dices, o lo que haces o no haces. Piensa en las cosas buenas y positivas de tu vida.

Busca buen asesoramiento cristiano. Si las emociones negativas son un problema que te controla y no responden a la oración como te he sugerido aquí, hay buenos doctores, psiquiatras y psicólogos que te pueden ayudar. No trates de bregar con tu situación solo.

Ora sin cesar. En todo momento ten un diálogo con Dios, pero no seas tú el único que habla. También escucha. Dios dice que le debes dar toda la carga de tu alma a Él. Si oras en lugar de permitir que las emociones negativas te controlen, puedes tener en tu corazón la clase de paz que transciende todo entendimiento.

Alaba y adora a Dios. Esta es una de las cosas más poderosas que puedes hacer. En realidad, cada vez que comiences a sentir alguna emoción negativa, adora a Dios en el lugar en que estás, y sentirás que eso se va de ti. Las fuentes de la salvación son profundas. Hay tanto de lo que Jesús te ha protegido. Saca agua espiritual de esas fuentes todos los días y encontrarás gozo (Isaías 12.3).

SIETE COSAS QUE NO SON LAS EMOCIONES NEGATIVAS O LA DEPRESIÓN

1. No son inevitables.
2. No son una sentencia de muerte para ti.
3. No son una señal de fracaso.
4. No son el juicio de Dios en tu vida.
5. No son un permiso para que te retraigas de tu cónyuge.
6. No son una oportunidad para ser rudo o malo con tu cónyuge.
7. No son una herramienta que usas para controlar a tu cónyuge.

Creo que a veces Dios permite la depresión y otras emociones negativas aun en la vida de creyentes fuertes, porque fuerza a la persona a acercarse más a Él para poder pasar por la situación. Y Él es glorificado cuando nosotros somos liberados. Así que clama a Dios en tu necesidad de amor, paz, gozo y poder, sabiendo que Él anhela compartir de Sí mismo contigo. Di: «Gracias, Dios, porque «tu presencia [nos] ha llenado de alegría»» (Salmo 21.6).

Las emociones negativas no son algo con lo que tengamos que vivir. En realidad, debes hacer lo que sea necesario para librarte de ellas. No solo te hieren a ti, sino que también hieren a tu cónyuge y a tus hijos. Dios te ha dado una salida a través del poder de la oración, la alabanza, su Palabra, su presencia y su amor. Deléitate en eso hasta que seas libre, y no pierdas la esperanza. Ten fe en que «El que comenzó tan buena obra en ustedes la irá perfeccionando hasta el día de Cristo Jesús» (Filipenses 1.6). Dios no va a desistir en cuanto a ti, así que tú no desistas en cuanto ti mismo o a tu cónyuge.

ORACIONES POR MI MATRIMONIO

Oración pidiendo protección

Señor, te agradezco porque nos has mostrado las sendas de la vida y porque «me llenarás de alegría en tu presencia, y de dicha eterna a tu derecha» (Salmo 16.11). Gracias porque cuando nos deleitamos en ti, nos harás «cabalgar sobre las cumbres de la tierra» (Isaías 58.14). Te pido que guardes a mi esposo (esposa) y a mí de emociones negativas. Ayúdanos a ver que nunca tenemos que vivir con ninguna de ellas. Si hemos permitido cosas tales como la depresión, la ansiedad, el temor, el rechazo o la soledad que ejerzan influencia en nuestra vida, líbranos de todo eso y aléjalo de nuestra vida.

Te pido que aunque tal vez pasemos por tiempos de apuros en todos lados, que no seamos abatidos y que no estemos desesperados (2 Corintios 4.8). Nos regocijaremos en tu Palabra y en el consuelo de tu presencia. No olvidaremos que tú tienes el poder de liberarnos.

Tus mandamientos son justos y hacen alegrar nuestro corazón (Salmo 19.8). Una vez estábamos en la oscuridad, pero ahora estamos en tu luz. Ayúdanos para caminar siempre «como hijos de luz» (Efesios 5.8). Oro para que siempre pongamos nuestros ojos en ti, y que pongamos nuestra esperanza en ti (Salmo 62.5). Oro en el nombre de Jesús.

Oración pidiendo victoria en mí

«EXAMÍNAME, OH DIOS, y sondea mi corazón; ponme a prueba y sondea mis pensamientos» (Salmo 139.23). Señor, si he permitido en mi vida emociones negativas, te pido que me libres de ellas. Muéstrame las cosas en mi vida que han sido pasadas en mi familia —actitudes, temores, prejuicios y aun depresión—, y rompe esas ataduras por completo. Ayúdame a no caer en hábitos del corazón que son respuestas aprendidas a la vida. Te pido que me libres de cualquier depresión, ansiedad, temor, rechazo, soledad o emoción negativa que quisiera encontrar residencia permanente en mi corazón. Tú eres la lámpara de mi alma, y te doy gracias porque «iluminas mis tinieblas» (Salmo 18.28). Gracias porque me darás descanso de mi dolor y mi temor (Isaías 14.3).

Señor, quita de mí toda la tristeza o la desesperación. Sana el dolor de mi corazón. Dame una vestidura de alabanza en todo momento, y quita de mí el espíritu de sentir una carga demasiado pesada. Haz que sea como un árbol fuerte. Plántame y aliméntame de tu Palabra para que tu gloria sea revelada en mí. Reconstruye en mí los lugares que han sido dañados o arruinados en el pasado. Señor, te pido que envíes «tu luz y tu verdad; que ellas me guíen a tu monte santo, que me lleven al lugar donde tú habitas» (Salmo 43.3). Que tu luz en mí disipe completamente las nubes negras que me rodean, para que no puedan impedir que sienta tu presencia en mi vida. Oro en el nombre de Jesús.

Oración pidiendo victoria en mi esposo (esposa)

SEÑOR, ORO POR MI ESPOSO (ESPOSA) pidiéndote que lo (la) liberes de la depresión, la ansiedad, el temor, el rechazo, la soledad o cualquier otra emoción negativa que lo (la) ata. Gracias por tu promesa de sacar a tu pueblo, a tus «escogidos, en medio de gran alegría y de gritos jubilosos» (Salmo 105.43). Señor, gracias, porque debido a ti, Jesús, «la oscuridad se va desvaneciendo y ya brilla la luz verdadera» en la vida de él (ella) (1 Juan 2.8). Ayúdalo (ayúdala) a mantener sus ojos en ti y a buscar refugio en ti, sabiendo que no vas a desamparar su alma (Salmo 141.8). Ten compasión de él (ella) y sé su ayuda (Salmo 30.10). Úngelo (úngela) «con perfume de alegría» (Salmo 45.7). Restáurale el gozo de tu salvación y que «un espíritu obediente lo [la] sostenga» (Salmo 51.12). Ponlo (ponla) en libertad de cualquier cosa que lo (la) quiera poseer que no seas tú.

Le digo a mi esposo (esposa) ahora, lo mismo que tú le dijiste a tu pueblo en tu Palabra: «¡Sé fuerte y valiente! ¡No tengas miedo ni te desanimes! Porque el SEÑOR tu Dios te acompañará dondequiera que vayas» (Josué 1.9). El Señor te ama y te ha dado esperanza y gracia, y consolará tu corazón y te establecerá en todas las cosas (2 Tesalonicenses 2.16-17). Oro en el nombre de Jesús.

VERDADES PARA AFIRMAR

Porque nuestra lucha no es contra seres humanos,
sino contra poderes, contra autoridades,
contra potestades que dominan este mundo de tinieblas,
contra fuerzas espirituales malignas en las regiones celestiales.

EFESIOS 6.12

Él nos libró del dominio de la oscuridad y
nos trasladó al reino de su amado Hijo.

COLOSENSES 1.13

Me ha enviado a sanar los corazones heridos…
Me ha enviado a darles una corona en vez de cenizas,
aceite de alegría en vez de luto, traje de fiesta en vez de
espíritu de desaliento. Serán llamados robles de justicia,
plantío del SEÑOR, para mostrar su gloria.

ISAÍAS 61.1, 3

El amor perfecto echa fuera el temor.
El que teme espera el castigo, así que no ha sido
perfeccionado en el amor.

1 JUAN 4.18

Tú eres mi refugio; tú me protegerás del peligro
y me rodearás con cánticos de liberación.

SALMO 32.7

5

Cuando los HIJOS COMIENZAN *a* DOMINAR NUESTRA VIDA

Nada cambiará un matrimonio tan rápidamente y en forma más dramática que el nacimiento de un hijo. Cuando llegan los hijos, las demandas en ti son mucho más grandes que lo que nadie te puede anticipar. Ya no tienen tiempo para enfocarse completamente el uno en el otro, porque ahora te debes enfocar en tu hijo. Eso quiere decir que hay mucho menos tiempo para estar a solas. Uno de los dos no puede trabajar tantas horas, así que hay menos dinero. O si ambos tratan de continuar trabajando, se van a sentir extenuados. Te das cuenta de que vas a tener que sacrificar todos los placeres egoístas para dedicar tu tiempo a convertirte en un buen padre o madre. Y todo eso puede ser abrumador. Pero la buena noticia es que todo esto te fuerza a crecer, a establecer prioridades firmes, y a aprender a cuidarte a ti mismo porque no te puedes dar el lujo de enfermarte.

Cuando el tamaño de tu familia aumenta es importante no perder de vista el hecho de que un día de nuevo van a estar los dos solos. Sé que es difícil pensar tan lejos en el futuro cuando los niños te ocupan todo el tiempo y la atención ahora. En realidad, es fácil que los hijos dominen nuestra vida. Y puede suceder sin que siquiera te des cuenta de ello. Después de todo, en el principio tu hijo no puede hacer nada sin ti. Se supone que tu esposo (esposa) puede cuidar de sí mismo (misma). Tu cónyuge puede comer, se puede bañar y vestirse por sí mismo. Tu bebé no puede hacer nada sin tu ayuda. Así que desde el principio, por necesidad, los hijos se interponen entre ustedes dos debido a la cantidad de tiempo que necesitas dedicarles. Pero esto no tiene que ser algo malo. Si los dos comparten la carga, los va a unir más íntimamente. Algunos padres se enfocan tanto en criar a los hijos que no pueden pensar en ninguna otra cosa, ni siquiera en su cónyuge. Mientras que Dios quiere que amemos y cuidemos a nuestros hijos lo mejor que podamos, Él no quiere que hagamos ídolos de ellos. Hay una línea fina entre el cuidado amoroso que les da a tus hijos la mejor oportunidad en la vida, y el otro extremo de dejar que lleguen a ser una obsesión al punto que tu matrimonio está en peligro. Permitir que tu cónyuge se sienta descuidado, pasado por alto, no importante, innecesario o irrelevante no ayuda a que tu matrimonio permanezca fuerte. Y no ayuda a tus hijos que tu matrimonio se desmorone. Todos necesitamos sabiduría y la revelación de Dios para encontrar el equilibrio.

Muchos conflictos pueden surgir entre un esposo y una esposa sobre la crianza de los niños que pueden ser tan serios que llevan al divorcio. Tal vez estos conflictos no sucedan en la temprana infancia o cuando comienzan a caminar, sino más bien más tarde en los complicados años de la adolescencia, cuando hay más en juego. Yo he encontrado que la mejor manera de criar a los hijos y quitar la presión de uno mismo, es orar por ellos a cada paso del camino. En mi primer libro de la serie El poder de la oración, titulado *El poder de un padre que ora*, di 30 formas de orar por tu hijo. Cosas tales como que sean protegidos, que se sientan amados y aceptados, que mantengan buenas relaciones familiares, que tengan amistades y modelos que imitar piadosos, que tengan deseos de aprender, buen juicio, que no sean dominados por el temor, que no sean adictos a nada, que crezcan en la fe y que lleguen a ser la persona que Dios creó para que fueran. Cuando oras de esta forma por tus hijos quiere decir que tú no tienes que ser una Supermamá o un Superpapá, y eso quita la presión de tu matrimonio. Lo mejor es orar *juntos* por sus hijos, pero orar solo también tiene grandes beneficios. A continuación hay varias cosas por las cuales puedes orar referente a tu matrimonio y a la crianza de tus hijos.

Ora para que estén de acuerdo en la disciplina

La forma de disciplinar a tus hijos es un asunto muy importante que tienen que decidir juntos. No debería ser una decisión unilateral, con uno de ustedes estricto y el otro condescendiente. Si este es el caso contigo y con tu cónyuge, oren para encontrar un lugar donde puedan estar de acuerdo entre la indulgencia y ser permisivos.

Busca la sabiduría de Dios y la unidad acerca de cómo vas a disciplinar a tus hijos por cada problema. Si *tú* te rehúsas a disciplinar a tus hijos, haces que tu *esposo (esposa)* sea el «malo». Tu esposo (esposa) se cansará mucho de ser el que tiene que disciplinar mientras que tú te ves como el mejor amigo de tu hijo. Esto va a agrietar el cimiento de tu matrimonio hasta que se debilite o destruya. Ni por un instante pienses que este no es un asunto profundo. Yo he conocido demasiados matrimonios que se divorcian sobre esta seria situación.

De hecho, conozco a una pareja fantástica que han estados casados veinticinco años y que sus hijos ahora son adolescentes. Hace poco, el esposo y la esposa han tenido conflictos sobre qué permitirles hacer a sus hijos. La esposa siente que el esposo les permite demasiado, y el esposo cree que la esposa es demasiado estricta. Ella pensó que él había sido demasiado indulgente cuando descubrió que sus hijos habían estado experimentando con drogas. Ella ve su indulgencia como un peligro para sus hijos, posiblemente poniendo en peligro el futuro de ellos. Han comenzado los procedimientos de divorcio sobre este asunto. Ninguno de los dos es creyente, porque si lo fueran, podrían orar sobre esto y llegar a una buena solución. Podrían resolver este problema con tanta facilidad si en esta situación entraran en juego la humildad, la confianza en Dios, el poder de la oración y en verdad amar a tu cónyuge más de lo que te amas a ti mismo.

Yo entiendo muy bien la posición de ella, pero sería tanto mejor ir a un consejero cristiano que deshacer una familia. Cuando se divorcien, ella habrá perdido totalmente el control de lo que harán sus hijos cuando estén con su cónyuge permisivo.

Hay tiempos definidos cuando un hijo es puesto en peligro por las acciones o la falta de acción del padre o de la madre, pero si ambos son personas razonables y cuerdas, deberían poder resolver esto, en especial si oran. *Ponerse el uno al otro antes que los hijos de ninguna manera quiere decir descuidar a los hijos.* Pero cuando criar a tus hijos llega a ser un problema entre tú y tu cónyuge, ambos deben resolverlo de una forma aceptable para los dos. Y eso requiere oración.

Ora para estar de acuerdo en lo que es permitido

Tenemos *dos* perros chihuahua de pelo largo, y eso no fue elección nuestra. Nuestra hija adquirió nuestro segundo «perro nieto» justo antes de asistir a su segundo año universitario. Cuidar a estos dos cachorritos me ayudó mucho en aquel tiempo, porque tener custodia conjunta de esos dos magníficos ejemplos del sentido del humor de Dios hizo que para mí fuera más fácil cuando ella se fue. Era como tener una pequeña parte de ella después de que se fuera, solo que era una parte llena de pelos. Una cosa que aprendí sobre los perros chihuahua es que son criaturas de costumbre, a un extremo. Si les dejas hacer algo una vez, creen que lo tienen que hacer siempre. Los niños son un poco como los chihuahuas cuando son pequeños. Por ejemplo, creen que si pueden venir a tu cama para dormir *una* noche, podrían hacerlo *todas las noches.* Cuando nuestro primer hijo era bebé, Michael y yo decidimos que no queríamos que durmiera en nuestra cama de noche. No queríamos que se sintiera mal en cuanto a estar cerca de nosotros, o que pensara que lo estábamos rechazando, así que la política que adoptamos fue que, cuando el niño venía a un lado de la cama, la persona en ese lado lo llevaría en brazos o caminaría con el niño hasta su cama, y lo pondría en la cama, acostándose al lado del niño hasta que el niño se durmiera o se sintiera mejor en cuanto a estar solo en su dormitorio. Esto dio muy buen resultado con cada uno de los hijos porque solo lo tuvimos que hacer unas pocas veces hasta que el camino hasta nuestro dormitorio no les pareció valer la pena. Y entonces, cuando venían, sabíamos que era algo importante.

No se trata de que no amáramos a nuestros hijos o que no quisiéramos estar con ellos. Es que no podíamos dormir con ellos en nuestra cama. Nos levantaríamos cansados y de mal humor. Hace muchos años descubrimos que no dormir no era bueno para nuestro matrimonio. También sabíamos que el «síndrome chihuahua» en los niños significa que si lo hacen una vez, de inmediato se convierte en un hábito que es muy difícil de dejar.

A algunas personas les gusta que sus hijos duerman con ellos todas las noches. Conozco a algunas parejas que dejan que todos sus hijos y sus perros grandes duerman con ellos en su cama, y no les molesta. Personalmente, eso me suena como una pesadilla, pero si les da buen resultado a ellos, fantástico. El punto que quiero destacar es estar de acuerdo en cuanto al asunto. Los dos tienen que estar de acuerdo en cuanto a las reglas para sus hijos. Tienen que llegar a algunas conclusiones mutuas para que haya equilibrio en los límites.

Ora para que tú y tu cónyuge puedan hablar sobre estas cosas referentes a sus hijos. Cuando tienen un fuerte desacuerdo sobre algo, ora para que ambos puedan tener la mente de Dios en el asunto. A menudo no se trata de algo malo o bueno, sino de preferencia personal. Así que, si los dos no están de acuerdo, necesitan trabajar para llegar a un compromiso. Y si no puedes ver como un compromiso va a funcionar para ti, sabes que Dios puede cambiar los corazones de los dos para que hagan lo que es correcto.

Comunícales a tus hijos cuáles son las reglas y la razón de ellas.

Enséñales a tus hijos acerca de los caminos de Dios todos los días y ora con ellos sobre todas las cosas. Ayúdalos a ver que orar es una forma de vida, no algo que haces solo en una emergencia. Si les permites a tus hijos hacer cosas que tu cónyuge considera inaceptables, eso es poner a tus hijos antes que tu esposo (esposa). Lo que tiene más importancia es que tu matrimonio permanezca fuerte y que no se sacrifique la intimidad de ustedes en el altar de la obsesión por los hijos. Ustedes se deben poner primero el uno al otro, y luego llegar a alguna clase de acuerdo o compromiso. El divorcio tampoco es bueno para los hijos.

Ora para que los dos tengan tiempo a solas

Todo lo que haces afecta a tus hijos. Si vives de acuerdo a los caminos de Dios, ellos se van a beneficiar. «¡Ojalá su corazón esté siempre dispuesto a temerme y a cumplir todos mis mandamientos, para que a ellos y a sus hijos siempre les vaya bien!» (Deuteronomio 5.29). Cuando vivimos según los caminos de Dios, nuestros hijos serán librados de la mano del enemigo. De igual manera, si vivimos vidas de pecado, nuestros hijos sufrirán las consecuencias de nuestros pecados.

Una de las cosas buenas que puedes hacer es esforzarte para encontrar formas de mejorar tu matrimonio. Aun cuando la crianza de los hijos toma la mayor parte de tu tiempo, todavía *tienes* que encontrar tiempo para que los dos estén a solas lejos de los hijos, una vez por semana, aun si es solo por unas dos horas para ir a cenar. Ora pidiendo que encuentres a alguien de confianza para que cuide a tus hijos unas pocas horas por semana, para que ustedes dos puedan ir a algún lugar para disfrutar de la compañía mutua. O lleva a los niños a la casa de alguien mientras ustedes dos tienen un tiempo a solas en su propio hogar.

Michael y yo tenemos dos amigos íntimos, Bob y Sally, a quienes conocimos muy poco tiempo después de que el primer bebé de ellos y el nuestro nacieran. Sally y yo intercambiamos el cuidado de los bebés, lo que nos era muy conveniente porque nuestros hijos eran de la misma edad y teníamos todo lo que necesitábamos. Yo cuidaba a su hija tres horas por semana, y ella cuidaba a mi hijo durante la misma cantidad de tiempo. A veces era de mañana, otras veces de tarde, y algunas veces al atardecer, lo cual nos permitía salir juntos para una cita. Eso fue algo muy bueno para todos nosotros, porque ninguno tenía familiares que vivieran cerca como sucede con muchas familias. Y sabemos lo difícil que es encontrar gente de confianza que esté dispuesta y disponible para cuidar a nuestros hijos.

Pídele a Dios que te guíe a una o dos personas de confianza que pudieran cuidar a tu hijo unas pocas horas una vez por semana. Ora para que tengas más posibilidades de que te respondan afirmativamente. Solo Dios sabe la verdad en cuanto a posibles niñeras, así que siempre pídele su paz —o la falta de ella— en relación a quien cuida a tus hijos. Confía en lo que el Espíritu Santo te susurra en el alma. Es mejor tener una noche de cita en tu propio hogar, después de haber acostado a los hijos, que correr un riesgo con una niñera desconocida.

Ora pidiendo que estén de acuerdo en cuántos hijos tener (o en no tener hijos)

Es importante que lleguen a alguna clase de acuerdo sobre cuántos hijos tienen lugar en su corazón, al mismo tiempo que están siempre abiertos a los planes de Dios y a sus sorpresas. Ten presente que no tener hijos también puede traer presiones.

Cuando uno de los dos no quiere tener hijos, o los dos quieren hijos pero por alguna razón no pueden tener hijos, esto también puede traer mucha presión a un matrimonio. Conozco a una pareja que decidieron no tener hijos porque el esposo ya había criado a una familia con su primera esposa y no quería criar hijos de nuevo. La esposa en ese matrimonio tuvo que orar: «Señor, si es tu voluntad, quita mi deseo de tener hijos. Si no es tu voluntad, quita cualquier temor que tenga mi esposo que hace que no quiera niños». En este caso, la esposa pudo aceptar el hecho de que los hijos biológicos no estaban en su futuro.

Otra mujer que conozco en esa misma situación se dedicó a ser mentora de hijos espirituales en lugar de tener hijos propios. En otro caso, finalmente el esposo cambió de idea y ahora tienen un hijo. Cualquiera que sea tu situación, sin importar la razón, ora para que tú y tu cónyuge estén en unidad y en paz el uno con el otro en cuanto a este asunto tan importante.

Ora para que los dos tengan buena comunicación

Los hijos cambian el matrimonio y la vida. Al principio ambos tienen que aceptar que van a estar demasiado cansados como para sentarse a hablar sobre sus sentimientos y sus sueños. Tal vez al final del día vas a estar demasiado extenuado como para hablar sobre otra cosa que no sean las necesidades de tu hijo y cómo poder manejar las responsabilidades de suplir esas necesidades. Pídele a Dios que en medio de todo esto los ayude a *los dos* a tener buena comunicación y todavía ser buenos padres.

Todos cambiamos a través de las diferentes etapas de la vida, y si tú y tu esposo (esposa) no han tenido ninguna comunicación significativa durante años, entonces será sumamente difícil cuando el último hijo se va del hogar. Se sentirán como extraños, y la casa les parecerá vacía. Si han pasado años totalmente dedicados a sus carreras, a criar a los hijos, a pagar por la casa, y a las cosas relacionadas a tu propia vida, y no se han comunicado el uno con el otro, ten presente que nunca es demasiado tarde para que recuperen ese sentido de estar unidos. Tienen que dialogar, pasar tiempo juntos y volverse a reconectar.

Si tu cónyuge es caprichoso, está demasiado aferrado a su manera de hacer las cosas, se rehúsa a cambiar, y es incapaz de salirse de su rutina, entonces ora para que él (ella) puede ser liberado de eso. Para el propio bien de él (ella) y también para el tuyo, ora que sea librado de la terquedad. La felicidad de los dos depende de eso.

Ora pidiendo que ustedes dos y sus hijos honren a sus padres

El mandamiento de Dios de honrar a los padres viene con una promesa que dice que si lo haces, en todo te irá bien y tendrás larga vida (Efesios 6.1-3). No solo es importante que tú honres a *tus* propios padres, sino que también honres a los padres de tu *esposo (esposa)*, sin importar lo difícil que pueda parecer. El tratarlos con amabilidad traerá bendiciones a ti y a tus hijos, que llegan más allá de lo que te puedes imaginar. Ayuda a tu cónyuge para que honre a sus padres si él (ella) tiene dificultad en hacerlo. Yo he sido muy bendecida por tener un suegro y una suegra fantásticos, aunque tristemente no vivieron lo que hubiéramos querido. Pero he escuchado terribles historias de lo que ha pasado en la delicada esfera de la relación con los parientes políticos. Haz lo que sea necesario para hacer las paces con ellos. Si ya han fallecido, haz todo lo más posible para honrar la memoria de ellos ante tus hijos. Si tus hijos están casados, haz lo que sea necesario para amar a tu nuera o a tu yerno. Haz lo que sea necesario para que les resulte fácil honrarte a ti. Si hay esferas de incomodidad en tu relación con ellos, ora para que Dios traiga paz y amor mutuo a sus corazones.

Aun si tus padres han muerto, hónralos diciéndoles cosas positivas a tus hijos sobre ellos. Honrar a los padres tiene que ver con tener una actitud de aprecio hacia ellos. Aun si fueron los padres más terribles del mundo, por lo menos dales honra por el hecho de que te trajeron a este mundo.

Mientras que es cierto que te tienes que ganar el respeto de alguien, el honor no es algo que se gana cuando se trata de los padres. Es un mandamiento. Pídele a Dios que te ayude a perdonarlos, y que te sane todas las heridas del pasado. Honrar a tus padres no quiere decir permitirles comportarse de una forma que te disguste a ti, a tu cónyuge o a tus hijos. Honrarlos tal vez signifique establecer ciertos límites en tu vida que no pueden ser violados. Si pasas un legado a tus hijos de honrar a tus padres, será un legado del cual te beneficiarás cuando llegue el tiempo de que ellos te honren a ti.

Honrar a tus padres te dará una vida larga, buena, además de ayudarte a ser mejor padre (madre) para tus hijos.

Ora para que no se culpen el uno al otro si sucede algo malo

Job oraba en forma regular por sus hijos. «Una vez terminado el ciclo de los banquetes, Job se aseguraba de que *sus hijos* se purificaran. Muy de mañana ofrecía un holocausto por cada uno de ellos, pues pensaba: ‹Tal vez mis hijos hayan pecado y maldecido en su corazón a Dios› Para Job ésta era una costumbre cotidiana» (Job 1.5, itálicas añadidas).

Tal vez te digas: *Le hizo mucho bien a Job orar por sus hijos, porque los perdió a todos.* Cuando estaban juntos comiendo, «un gran viento» azotó la casa la cual se derrumbó y los mato a todos (Job 1.19). He aquí Job, orando por sus hijos y haciendo todo lo que se suponía que hiciera, y todavía algo malo sucede. Pero aun así Job no flaqueó ni culpó a Dios.

Si algo le sucede a un niño, demasiado a menudo le echamos la culpa a Dios. O nos culpamos a nosotros mismos porque sentimos que somos responsables de lo que ha pasado. Si un esposo y esposa se culpan el uno al otro pueden destrozar su matrimonio, porque nadie puede soportar la culpa de algo que les ocurre a sus hijos. Los hijos nos hacen sentir culpables, especialmente si algo anda mal. Un padre o una madre siempre se pregunta si ha hecho demasiado o no ha hecho lo suficiente. Y si algo sucede, tal como que los hijos saquen notas bajas, tengan problemas de disciplina en la escuela o tienen un accidente o se enferman, tú siempre te echas la culpa, ya sea por no haber estado allí o por permitirles estar en un lugar o posición en la cual eso pudo haber sucedido. Y si sobre todo esto, tu cónyuge te culpa a ti por eso, es algo que no se puede soportar. Cuando sientes el dolor más profundo de tu vida, y no solo tu cónyuge no te apoya sino que te culpa por lo sucedido, la relación no puede soportar el peso de la doble culpa.

Quiera Dios protegerte para que nada malo les suceda a tus hijos, pero si les sucede, no culpes a tu esposo (esposa). No le eches la culpa a Dios, échale la culpa al enemigo. Aun si tu cónyuge hizo algo que no es sabio, nadie con buen juicio hace nada deliberadamente para herir a sus propios hijos. Confía en Dios en la situación, y rehúsate a destrozar a tu cónyuge o a tu matrimonio agregándole la pesada carga de culparlo a él (ella). Acércate a Dios y Él se acercará a ti, y su presencia traerá sanidad a la situación.

Ora para que seas un padre (madre) de oración

Nos podemos volver orgullosos si nos dedicamos a ser padres perfectos. Todavía nos podemos volver *más* orgullosos si creemos la mentira de que hemos criados hijos perfectos. En realidad, este es un lugar muy peligroso en el que podemos estar porque Dios bendice a los humildes y resiste a los orgullosos (Santiago 4.6).

Si sientes que no sabes cómo puedes ser un buen padre (madre) por tus propios medios, entonces alégrate. Tendrás que depender de la ayuda de Dios para criar a tus hijos. Y Él siempre actuará en respuesta a tus oraciones porque tú tienes más autoridad sobre tus hijos en oración de lo que tal vez pienses.

Es mucho más saludable para tu matrimonio que aceptes el hecho de que no eres perfecto como padre (madre), pero Dios lo es. Él es el único que sabe lo que es mejor para tus hijos. Así que consúltalo todos los días y pídele que te ayude a ser el mejor (padre) madre que puedes ser. Esto es mucho mejor que tratar de hacer todas las cosas por ti mismo. Lo mejor que puedes hacer por tus hijos es orar *por* ellos y *con* ellos. *Enséñales* a orar. Haz que la oración sea una parte natural de sus vidas y será algo que los ayudará mientras vivan. Ser *un padre (madre) de oración* es ser la mejor clase de padre (madre) que hay, y quitará la presión de ti de tratar de ser *perfecto (perfecta)*.

Acude a Dios cuando te sientas desanimado mientras estás criando a tus hijos. Dios entiende nuestras debilidades y tentaciones de desistir. Él nos dice: «Dichosos los pobres en espíritu, porque el reino de los cielos les pertenece» (Mateo 5.3). Dios quiere que acudas a Él y que encuentres su gracia para ayudarte en todas tus necesidades. Cuanto más experimentes el amor y la gracia de Dios, tanto más podrás extender su amor y su gracia a otros —especialmente a tu esposo (esposa) y a tus hijos.

DIEZ COSAS IMPORTANTES QUE DEBES RECORDAR CUANDO CRÍAS A TUS HIJOS

1. *Comienza a adiestrarlos tan pronto como entiendan, y cuando sean mayores sabrán lo que hacer.* «Instruye al niño en el camino correcto, y aun en su vejez no lo abandonará» (Proverbios 22.6).

2. *Disciplínalos cuando lo necesiten.* «La necedad es parte del corazón juvenil, pero la vara de la disciplina la corrige» (Proverbios 22.15).

3. *Enséñales algo de la Palabra de Dios a tus hijos todos los días.* «Grábate en el corazón estas palabras que hoy te mando. Incúlcaselas continuamente a tus hijos. Háblales de ellas cuando estés en tu casa y cuando vayas por el camino, cuando te acuestes y cuando te levantes» (Deuteronomio 6.6-7).

4. *Confía en que tus hijos no están destinados para tener problemas.* «No trabajarán en vano, ni tendrán hijos para la desgracia; tanto ellos como su descendencia serán simiente bendecida del SEÑOR» (Isaías 65.23).

5. *Ora fervientemente noche y día por tus hijos.* «Levántate y clama por las noches, cuando empiece la vigilancia nocturna. Deja correr el llanto de tu corazón como ofrenda derramada ante el Señor. Eleva tus manos a Dios en oración por la vida de tus hijos, que desfallecen de hambre y quedan tendidos por las calles» (Lamentaciones 2.19).

6. **Dales adiestramiento piadoso, y no órdenes que destilan enojo.** «Y ustedes, padres, no hagan enojar a sus hijos, sino críenlos según la disciplina e instrucción del Señor» (Efesios 6.4).

7. **Cuando haces lo correcto, tus hijos serán bendecidos.** «Justo es quien lleva una vida sin tacha; ¡dichosos los hijos que sigan su ejemplo!» (Proverbios 20.7).

8. **Continúa orando cuando las cosas se ponen difíciles, y rehúsate a abandonar.** «Pero de una cosa estoy seguro: he de ver la bondad del Señor en esta tierra de los vivientes. Pon tu esperanza en el Señor; ten valor, cobra ánimo; ¡pon tu esperanza en el Señor! (Salmo 27.13-14).

9. **Recuerda que tus hijos son una recompensa para ti, sin importar cómo te sientas algunas veces.** «Los hijos son una herencia del Señor, los frutos del vientre son una recompensa» (Salmo 127.3).

10. **Confía en que el Señor escucha cada una de tus oraciones por tus hijos.** «Éste es el niño que yo le pedí al Señor, y él me lo concedió» (1 Samuel 1.27).

Ora para que puedas entregarles tus hijos a Dios

Es importante que pongas tus hijos en las manos de Dios para que tengas la paz al saber que están en buenas manos. En el siguiente párrafo del libro *El poder de un padre que ora*, describí lo que significa entregar a nuestros hijos en las manos de Dios.

No queremos limitar lo que Dios puede hacer en nuestros hijos al aferrarnos a ellos y tratar de criarlos solos. Si no estamos completamente confiados en que Dios está en control de las vidas de nuestros hijos, seremos gobernados por el temor. Y la única forma de estar seguros de que Dios *está* en control, es entregárselos a

Él y permitirle completo acceso a las vidas de ellos. La forma de hacerlo es vivir de acuerdo a su Palabra y a sus caminos, y orar a Dios por todas las cosas. Podemos confiar en que Dios puede cuidar a nuestros hijos mejor que nosotros. Cuando ponemos a nuestros hijos en las manos del Padre, y reconocemos que Él está en control de nuestras vidas y de las vidas de ellos, tanto nosotros como nuestros hijos tendremos más paz (pp. 35-36).

Determinen, tú y tu cónyuge que se van a unir a Dios para criar a sus hijos. Cuando pones a tus hijos en las manos de Dios, oras por ellos y pides la ayuda de Dios para criarlos, tendrás más paz. Eso quitará de tus hombros el sentimiento de carga y de peso. Tener más paz en cuanto a criar a tus hijos traerá más paz a tu matrimonio. Y eso es algo por lo que vale la pena orar.

ORACIONES POR MI MATRIMONIO

Oración pidiendo protección

SEÑOR, TE PIDO QUE PROTEJAS a mis hijos y que protejas nuestro matrimonio. Ayúdanos a orar por nuestros hijos para no dejar ningún aspecto de sus vidas sin protección. Tu Palabra dice que «si el SEÑOR no edifica la casa, en vano se esfuerzan los albañiles» (Salmo 127.1). Así que ahora mismo te invito para que edifiques y establezcas nuestro hogar, nuestra familia y nuestro matrimonio. Te pido que nunca estemos divididos o apartados. Dame a mí y a mi esposo (esposa) mucha sabiduría y revelación para criar a nuestros hijos. Ayúdanos para hablar sobre las cosas y para estar en completa unidad, especialmente en la esfera de la disciplina y los privilegios. Tu Palabra dice que cuando te honramos, tú nos revelarás lo que debemos ver (Salmo 25.14). Muéstranos lo que debemos ver sobre nosotros mismos y sobre cada uno de nuestros hijos.

Ayúdanos para ponernos primero el uno al otro en nuestras vidas y a hacer una prioridad de nuestro matrimonio a medida que nos ocupamos en atender a nuestros hijos. Muéstranos cada vez que nos sacrificamos el uno al otro a un punto que perjudica nuestra relación. Sé que estás con nosotros para salvarnos, y que tu amor dentro de nosotros traerá paz y gozo a nuestra familia (Sofonías 3.17). Enséñanos a orar por nuestros hijos y a recordar tu promesa de que todo lo que pidamos en tu nombre tú nos lo darás (Juan 16.23). Oro en el nombre de Jesús.

Oración pidiendo victoria en mí

SEÑOR, AYÚDAME A SER EQUILIBRADO en la forma en que crío a mis hijos. Ayúdame a no ser obsesivo en cuanto a mis hijos, y más bien ayúdame a entregar el control de sus vidas a ti. Ayúdame a encontrar el equilibrio entre enfocarme demasiado en mis hijos y descuidar a mi esposo (esposa), y el otro extremo de descuidar a mis hijos de alguna forma. Ayúdame a ponerte primero a ti, y a mi esposo (esposa) segundo en mi vida, para que mi enfoque en nuestros hijos no se interponga en esas dos relaciones. En las esferas en que hay desacuerdo entre mi esposo (esposa) y yo, en cuanto a cómo criar o disciplinar a nuestros hijos, ayúdanos para poder comunicarnos bien el uno con el otro, y a resolver cualquier conflicto que pudiéramos tener.

Dame sabiduría, revelación y discernimiento. Dame tu fortaleza, paciencia y amor. Enséñame a verdaderamente interceder por mis hijos sin tratar de imponer mi propia voluntad cuando oro. Enséñame a orar para poder dejar la carga de criar a mis hijos a tus pies, y asociarme contigo en adiestrarlos de la forma correcta. Auméntame la fe para creer en todas las cosas que tú pones en mi corazón para que ore por ellas. Señor, sé que no tengo la capacidad para ser el padre (madre) perfecto, pero *tú sí* la tienes. Te entrego mis hijos a tus manos, y oro que los protejas y los guíes. Ayúdame a no vivir en temor por los posibles peligros que podrían enfrentar mis hijos, sino a vivir en paz confiando en que tú estás en control. Oro en el nombre de Jesús.

Oración pidiendo victoria en mi esposo (esposa)

SEÑOR, TE PIDO QUE MI esposo (esposa) pueda encontrar el equilibrio perfecto entre estar demasiado enfocado en los hijos y el otro extremo de pasar demasiado tiempo con ellos. Ayuda a mi cónyuge a estar dispuesto a hablar conmigo en cuanto a la crianza y la disciplina de cada hijo para poder estar en unidad completa acerca de todas las cosas. Que ningún asunto sobre la crianza de los hijos cambie su corazón hacia mí o socave nuestra relación. Ayúdalo a él (ella) a ver la necesidad de que los dos pasemos tiempo solos para poder permanecer fuertes y unidos como matrimonio.

Señor, tú has dicho en tu Palabra que todo lo que pidamos lo recibiremos, porque guardamos tus mandamientos y hacemos todas las cosas que te agradan (1 Juan 3.22). Ayuda a mi esposo (esposa) a que te obedezca y a que haga todo lo que te agrada para que sus oraciones reciban respuesta —especialmente las oraciones por nuestros hijos. Dale sabiduría y revelación sobre todos los aspectos de la crianza de nuestros hijos, y ayúdalo (ayúdala) a ser un mejor padre (madre) para nuestros hijos. Oro en el nombre de Jesús.

VERDADES PARA AFIRMAR

Pero el amor del Señor es eterno y siempre está con
los que le temen; su justicia está con los hijos de sus hijos,
con los que cumplen su pacto y se acuerdan de sus
preceptos para ponerlos por obra.

Salmo 103.17-18

Pues si ustedes, aun siendo malos, saben dar cosas
buenas a sus hijos, ¡cuánto más su Padre que está
en el cielo dará cosas buenas a los que le pidan!

Mateo 7.11

Él refuerza los cerrojos de tus puertas y
bendice a los que en ti habitan.

Salmo 147.13

Te basta con mi gracia, pues mi poder se perfecciona
en la debilidad…. porque cuando soy débil,
entonces soy fuerte.

2 Corintios 12.9-10

El Señor mismo instruirá a todos tus hijos,
y grande será su bienestar.

Isaías 54.13

6

Cuando las FINANZAS ESTÁN FUERA *de* CONTROL

¿Puede haber una presión mayor en un matrimonio que tener problemas financieros? ¿Y qué otra crisis financiera puede ser peor que tener deudas muy grandes y no poder pagar las cuentas? El sentimiento de estar atrapado en un lugar sin salida que sientes en todo momento es terrible. No tener dinero suficiente para pagar la renta, la hipoteca, la cuenta de la luz o la comida da pánico. Los que han pasado por esto saben lo importante que es hacer lo que sea necesario para salir de las deudas, y vivir dentro de sus posibilidades. Sin embargo, para hacer eso en un matrimonio, tienes que orar pidiendo que tanto tú como tu cónyuge tengan la misma manera de pensar en cuanto a la forma de manejar el dinero.

Algunos expertos dicen que la causa número uno de divorcio hoy en día tiene que ver con los problemas financieros. Y veo por qué. El dinero es una fuente de vida. Sin dinero no podemos tener casa, comida, ropa, seguridad o bienestar. Así que estar casado con una persona irresponsable, necia, egoísta, estúpida o descuidada en lo referente al dinero puede causar que sientas como que tu vida está siendo desperdiciada. Te hace sentir que no importa lo mucho que trabajes, nunca tendrás nada que lo pruebe. Puede causar que una persona se sienta tan desesperada que haga lo que sea necesario para detener el sufrimiento —aun si significa divorciarse.

Si estás casado con alguien que no tiene sentido común en cuanto a las finanzas —alguien que no puede, sumar, restar o contar, y no tiene sentido de disciplina financiera o no es responsable en cuanto a manejar el dinero, entonces te sugiero que inviertas en rodilleras para usar durante tus frecuentes vigilias de oración.

En cualquier matrimonio en el cual una persona está trabajando duro para ganarse la vida y usar sus financias sabiamente, y la otra persona está gastando el dinero neciamente con más rapidez de la que entra, habrá problemas muy grandes. Si una persona prefiere ahorrar dinero para el futuro en lugar de gastar en cosas lujosas, y la otra quiere comprar todo lo que quiere en el instante, sin pensar en el futuro, habrá problemas. Si una persona miente y manipula para esconder sus gastos para que el otro no lo descubra, habrá problemas. Si a una persona no le importa lo que piensa la otra, habrá problemas. Si una persona es responsable y la otra no, habrá problemas. Los asuntos que mencionamos en este párrafo son suficientes como para arruinar cualquier matrimonio.

La tensión que causa gastar dinero neciamente, hacer malas inversiones y acumular deudas sin tener nunca el dinero suficiente para pagarlas va mucho más allá de lo que un matrimonio puede soportar. Si dos personas van a vivir juntas exitosamente, tienen que llegar a un acuerdo sobre cómo se gana, se gasta, se da y se invierte el dinero.

La Biblia dice: «El que labra su tierra tendrá abundante comida, pero el que sueña despierto es un imprudente» (Proverbios 12.11). El mismo versículo en otra traducción dice: «Los que trabajan su tierra tendrán suficiente comida, pero el que persigue sueños vacíos es necio». Perseguir caprichos, antojos y soñar despierto puede arruinar la vida de una persona. En lo que se refiere a las finanzas, algunas personas sueñan despiertas. No pueden atar cabos. Es por eso que la comunicación del esposo y la esposa sobre las finanzas es de suma importancia. Ustedes deben tener las mismas metas financieras, pensar igual en la forma en que manejan el dinero, y estar viviendo la misma realidad.

En un matrimonio tiene que haber honestidad en las finanzas. Tú y tu cónyuge tienen que ser sinceros el uno con el otro en cuanto a las entradas y a los gastos. Siempre debes considerar a tu cónyuge cuando compras algo. Si tu cónyuge está gastando dinero secretamente con más rapidez de lo que ustedes pueden ganar, entonces sientes como que él (ella) no tiene consideración por tu futuro y por lo que tú quieres. Pone una pared de separación y mata el amor entre los dos.

Si tú y tu cónyuge tienen el mal hábito de acumular deudas, pídele a Dios que les abra los ojos para que puedan ver la verdad con claridad. Ora pidiendo discernimiento sobre lo que en realidad no necesitan, y pídele a Dios que les dé fuerzas para resistir el impulso de comprarlo. Todos hemos comprado cosas en nuestra vida que han sido un desperdicio de dinero, y ahora quisiéramos tener ese dinero en lugar de esas cosas. Ora para que Dios te dé la sabiduría de tomar buenas decisiones financieras y que te ayude a ser sabio acerca de las cosas que compras. En primer lugar, pídele que te ayude para no meterte en deudas. Si ya tienes deudas, pídele que te muestre cómo puedes pagarlas en su totalidad.

DIEZ COSAS PARA PEDIRLE A DIOS
ACERCA DE TUS FINANZAS

1. Que te dé sabiduría acerca de tus finanzas.
2. Que te ayude a tomar buenas decisiones en cuanto a gastar dinero.
3. Que te capacite para pagar las deudas y para vivir sin deudas.

4. Que elimine cualquier antojo por posesiones materiales innecesarias.

5. Que te ayude a planear los gastos futuros de antemano.

6. Que te ayude a encontrar un buen trabajo que sea seguro.

7. Que bendiga a tu patrón para que tú también puedas ser bendecido.

8. Que te ayude a darle a Él de la forma que nos ha instruido que hagamos.

9. Que te muestre cómo darles a otros de acuerdo a su voluntad.

10. Que te ayude para confiar en que Él proveerá para todas tus necesidades.

Dándole a Dios

Una de las claves mejores para la libertad en las finanzas es dar. El primer lugar y el principal es comenzar a darle a Dios. Esta es una parte muy importante en cuanto a lograr que tus finanzas estén bajo control. He aquí cinco cosas para recordar en cuanto a *darle a Dios*:

1. Si le das a Dios diez por ciento de lo que ganas, Él derramará grandes bendiciones sobre ti. «Traigan íntegro el diezmo para los fondos del templo, y así habrá alimento en mi casa. Pruébenme en esto —dice el Señor Todopoderoso—, y vean si no abro las compuertas del cielo y derramo sobre ustedes bendición hasta que sobreabunde. Exterminaré a la langosta, para que no arruine sus cultivos y las vides en los campos no pierdan su fruto —dice el Señor Todopoderoso» (Malaquías 3.10-11). Dios no solo bendecirá tus finanzas, sino que no permitirá que el enemigo te robe nada. Dios prosperará tu trabajo.

Pero debes asegurarte que tú y tu cónyuge están unidos en esto. Si tu cónyuge es inconverso y pone objeciones a que diezmes, él (ella) tal vez no entienda este principio y no le hará sentido. En ese caso, pregúntale cuál es la cantidad con que él (ella) se sentiría cómodo (cómoda), y traten de llegar a un acuerdo sobre esto. No dejes que esto se convierta en un punto de lucha. Lograr que él (ella) llegue a conocer a Jesús es más importante que diezmar su dinero contra su voluntad. He visto luchas muy grandes en algunos matrimonios sobre esto, y no es lo correcto.

2. No trabajes para construir solo tu propia casa y no la casa de Dios, porque nunca parecerá que adelantas. «Ustedes siembran mucho, pero cosechan poco; comen, pero no quedan satisfechos; beben, pero no llegan a saciarse; se visten, pero no logran abrigarse; y al jornalero se le va su salario como por saco roto… Ustedes esperan mucho, pero cosechan poco; lo que almacenan en su casa, yo lo disipo de un soplo. ¿Por qué? ¡Porque mi casa está en ruinas, mientras ustedes sólo se ocupan de la suya! —afirma el Señor Todopoderoso» (Hageo 1.6, 9). Si parece que siempre trabajas duro pero no adelantas, o que el dinero parece colarse por entre tus dedos, pregúntale a Dios si lo que estás dando para el edificio de su iglesia y para edificar su reino es lo que Él quiere que des.

3. Tienes que ser fiel con lo que tienes antes que Dios te bendiga con más. Al responderle a un siervo que había invertido el dinero sabiamente, el Señor le dijo: «¡Hiciste bien, siervo bueno y fiel! En lo poco has sido fiel; te pondré a cargo de mucho más. ¡Ven a compartir la felicidad de tu señor!» (Mateo 21.21). Si eres fiel en cuanto a darle una parte de tu dinero a Dios, Él será fiel para confiarte más.

4. Si en realidad crees que todo lo que tienes le pertenece a Dios o que vino de Dios, querrás ser un buen mayordomo de las cosas que Él te ha dado. «Tuyos son, Señor, la grandeza y el poder, la gloria, la victoria y la majestad. Tuyo es todo cuanto hay en el cielo y en la tierra…. De ti proceden la riqueza y el honor; tú lo gobiernas todo…. En verdad, tú eres el dueño de todo, y lo que te hemos dado, de ti lo hemos recibido» (1 Crónicas 29.11-12, 14). Cuando crees que todo lo que tienes viene de Dios, causará que quieras darle de vuelta a Él.

5. Siempre recibirás de Dios mucho más de lo que le das. «Den, y se les dará: se les echará en el regazo una medida llena, apretada, sacudida y desbordante. Porque con la medida que midan a otros, se les medirá a ustedes» (Lucas 6.38). La ley de Dios dice que cosecharás una gran bendición por lo que le has dado a Él, y puedes poner a prueba a Dios sobre eso.

Dándoles a otros

Después de darle a Dios, es de suma importancia darle a los que no tienen nada, que no pueden hacer nada por sí mismos y que no tienen suficiente comida, ropa o una casa, y es crucial para tu propia libertad y paz financieras. No solo des a las causas de los ricos; dales a aquellos que no pueden hacer nada por ti o por sí mismos. Cuando tú les das a otros, Dios lo ve, y lo considera como que le das a Él mismo. Jesús dijo que cuando retornara invitaría a ciertas personas a compartir lo que había sido preparado para ellos desde antes de la fundación del mundo. Él dirá: «Porque tuve hambre, y ustedes me dieron de comer; tuve sed, y me dieron de beber; fui forastero, y me dieron alojamiento; necesité ropa, y me vistieron». Y nosotros, los creyentes le preguntaremos: «¿Cuándo hicimos eso?»

Y Jesús nos responderá: "Les aseguro que todo lo que hicieron por uno de mis hermanos, aun por el más pequeño, lo hicieron por mí" (Mateo 25.35-40). Cualquier cosa que hagamos por otros, la hemos hecho para el Señor, y seremos recompensados.

He aquí algunas cosas importantes que recordar en cuanto a darles a otras personas:

1. Pídele a Dios que te muestre una persona que tiene necesidad a quien puedes ayudar de alguna forma. Te sorprenderás de lo que te será revelado. Siempre hay personas a tu alrededor que tal vez ni siquiera te das cuenta que tienen grandes necesidades, y Dios está esperando mostrarte quiénes son. Está atento para ver donde Dios quiere que inviertas tu tiempo, tu esfuerzo y tu dinero.

2. Pídele a tu esposo (esposa) que tome parte en dar cuando tú

des, para que pueda compartir en la bendición. Dile a tu esposo (esposa) cómo te sientes en cuanto a quién es que quieres darle y por qué. Si él (ella) es reticente en cuanto a dar, no dejes que eso te detenga de ayudar a otros. Solo porque tu cónyuge no entiende cómo abrirse al flujo de bendiciones que Dios tiene para su vida por medio del dar, no quiere decir que tú tienes que limitar lo que Dios quiere hacer a través de ti. Hay cosas que puedes hacer o dar que no afectarán a tu cónyuge.

Por ejemplo, les puedes dar comida, ropa, muebles y artículos del hogar a personas que pueden usarlos. Tal vez todo lo que le tienes que dar a una persona en este momento es llevarla en tu automóvil adonde necesita ir, alguna ayuda o asistirla, o una palabra de aliento. No te puedes imaginar lo mucho que algo así bendice a otras personas. Hasta que no le ofrezcas algo a una persona, nunca sabrás lo que eso la puede bendecir.

3. Da de lo que tienes. Si no tienes mucho dinero para dar, tal vez tengas otras cosas que pueden ayudar a suplir las necesidades de los demás. ¿Tienes algún talento que puedes usar para bendecir a alguien? Pídele a Dios que te lo revele. Si tienes una habilidad que has estado usando durante 40 horas por semana, tal vez eso sea lo menos que quieras hacer cuando sales del trabajo, pero pídele a Dios que te muestre dónde hay una necesidad para tu habilidad o talento que pueda bendecir grandemente a alguien. «No se olviden de hacer el bien y de compartir con otros lo que tienen, porque ésos son los sacrificios que agradan a Dios» (Hebreos 13.16). *Dios no requiere que des dinero si no lo tienes.* Si tienes una deuda con alguien, y cuando te llega dinero se lo das a una persona en lugar de pagarle a la persona que le debes, no estás haciendo lo correcto. Pagar tus deudas es parte de ser un buen mayordomo. Una de las cosas mejores en cuanto a no tener deudas es que puedes darles dinero a otros según Dios te dirige.

4. Dale a Dios, no para impresionar a otras personas. Conozco a alguien que daba tanto, que prácticamente dio todo lo que tenía a expensas de su esposa e hijos. Pero lo que él daba no era tanto para Dios sino para impresionar a otros. Daba para ser admirado. «Cuídense de no hacer sus obras de justicia delante de la gente para llamar la atención. Si actúan así, su Padre que está en el cielo no les dará ninguna recompensa» (Mateo 6.1). Es bueno tener un espíritu generoso, pero cuando estás casado tienes que ser considerado con tu cónyuge y deben llegar a un acuerdo en cuanto a dar.

5. Tienes que dar para recibir. Si necesitas una bendición financiera, da algo de ti a otros hoy. A menudo, el simple hecho de dar romperá lo que sea que tiene una atadura en tus finanzas. Siempre tendrás lo que necesitas si le das a Dios y a otros. «Recuerden esto: El que siembra escasamente, escasamente cosechará, y el que siembra en abundancia, en abundancia cosechará. Cada uno debe dar según lo que haya decidido en su corazón, no de mala gana ni por obligación, porque Dios ama al que da con alegría» (2 Corintios 9.6-7). Da con generosidad, y recibirás de Dios con generosidad.

Consigue consejo de personas expertas

Si tú y tu cónyuge tienen necesidades financieras, busca el consejo de un experto o profesional. Hay muchos consejeros cristianos sobre finanzas, además de excelentes libros cristianos y seminarios sobre el tema. Si tú y tu esposo (esposa) pueden asistir a uno de esos seminarios juntos, los beneficiará grandemente. La mitad de la batalla estará ganada si pueden enfrentar todos los asuntos financieros juntos.

Una de las cosas que aconsejan los expertos financieros es no tener deudas de tarjetas de crédito si lo puedes evitar. En cambio, paga la cuenta completa de tus tarjetas de crédito todos los meses. Sé que hay veces cuando tienes que comprar algo grande que necesitas y que lo debes pagar en forma mensual, tal como un nuevo refrigerador, llantas para tu automóvil o reparaciones en tu casa. Y cuando sales de vacaciones necesitas cargar los gastos a tu tarjeta de crédito porque no es sabio viajar con grandes cantidades de dinero en efectivo. Pero aun así, asegúrate de que lo puedes pagar completamente en unos pocos meses. Pagar enormes intereses por deudas en tarjetas de crédito es como tirar tu dinero a la basura. Comprar cosas a crédito te puede poner bajo una gran cantidad de deudas de las que no puedes salir, eso no te hace sentir bien acerca de tu vida —o acerca de tu cónyuge si él (ella) es el que causa los problemas. Un profesional te puede ayudar a ver lo que no has hecho bien e indicarte la forma de cambiarlo.

SIETE COSAS PARA RECORDAR EN CUANTO AL DINERO

1. *Recuerda que todo lo que tienes viene de Dios.* «¿Quién te distingue de los demás? ¿Qué tienes que no hayas recibido? Y si lo recibiste, ¿por qué presumes como si no te lo hubieran dado?» (1 Corintios 4.7).

2. *Ora acerca de todos los aspectos de tus finanzas.* «Pidan, y se les dará; busquen, y encontrarán; llamen, y se les abrirá. Porque todo el que pide, recibe; el que busca, encuentra; y al que llama, se le abre» (Mateo 7.7-8).

3. *No te metas en deudas.* «No tengan deudas pendientes con nadie, a no ser la de amarse unos a otros. De hecho, quien ama al prójimo ha cumplido la ley» (Romanos 13.8).

4. *Sé fiel con lo que Dios te ha dado.* «El que es honrado en lo poco, también lo será en lo mucho; y el que no es íntegro en lo poco, tampoco lo será en lo mucho» (Lucas 16.10).

5. *Gasta sabiamente.* «¿Por qué gastan dinero en lo que no es pan, y su salario en lo que no satisface? Escúchenme bien, y comerán lo que es bueno, y se deleitarán con manjares deliciosos» (Isaías 55.2).

6. *Da y serás bendecido.* «Con mi ejemplo les he mostrado que es preciso trabajar duro para ayudar a los necesitados, recordando las palabras del Señor Jesús: Hay más dicha en dar que en recibir» (Hechos 20.35).

> **7. *Ama a Dios y no al dinero.*** «Porque el amor al dinero es
> la raíz de toda clase de males. Por codiciarlo, algunos se
> han desviado de la fe y se han causado muchísimos sinsa-
> bores» (1 Timoteo 6.10).

Aprende a simplificar

La tensión financiera siempre afecta mucho a un matrimonio, y tú
puedes o dejar que los separe o que los haga más fuertes. Una cosa que
la tensión financiera *puede* hacer es forzarte a acercarte más a Dios,
depender de Él para salir de la situación y cambiar las cosas. También
te alienta para trabajar en estrecha colaboración con tu cónyuge para
que ambos estén de acuerdo.

Otra cosa que hará el pasar por aprietos financieros es ayudarte a
simplificar la vida. El aprender a vivir en forma más simple le quitará
estrés a tu matrimonio y les quitará tensión financiera a los dos. Dios
te mostrará cómo puedes vivir sin ciertas cosas y a ser sabio acerca
de cada compra. Yo me crié en un hogar muy pobre. Y aun después
de haber estado viviendo por mi cuenta, he sido tan pobre que cada
centavo ha contado. A veces significaba tener comida para la cena,
poder lavar una tanda de ropa en la lavandería, o pagar la cuenta de
teléfono. Esta no es una forma buena de vivir, así que pídele a Dios
que te ayude para no vivir en esa clase de pobreza abyecta. Dios dice
que no quiere que sus hijos tengan que mendigar pan, y tampoco
quiere que nos matemos trabajando para conseguir posesiones
materiales (Proverbios 23.4). Tenemos que encontrar ese equilibrio
piadoso, y Dios dice que la manera de encontrarlo es entender que
no tenemos porque no pedimos. Él quiere que oremos por las cosas
que necesitamos.

Pídele a Dios que te dé la sabiduría para no comprar nada que no
necesitas. Pídele que te ayude a establecer una cuenta de ahorros para
emergencias. Pídele que te guíe *antes* de comprar algo para que no
cometas un error del cual te vas a arrepentir. Recuerda que cualquier

cosa que tú quieras comprar pero que tu cónyuge se opone, no va a valer la pena la forma en que afectará tu matrimonio. «Absténganse de toda avaricia; la vida de una persona no depende de la abundancia de sus bienes» (Lucas 12.15).

Tienes que poder disfrutar la vida, y a menos que hayas perdido todo el contacto con la realidad, es imposible disfrutar la vida si estás cargado con muchas deudas o estás luchando por sobrevivir. Tienes que tener el dinero suficiente para vivir y hacer algunas cosas que disfrutes, tales como tomarte un día libre y salir a cenar juntos. No compres nada que no necesites, para poder salirte de las deudas y nunca vuelvas a ser esclavo de ellas.

Mi esposo y yo constantemente tratamos de simplificar nuestras vidas. No siempre tenemos éxito, pero cuando podemos eliminar algo que no necesitamos —especialmente a medida que envejecemos— nuestras vidas se enriquecen por ello. «Procurar vivir en paz con todos, a ocuparse de sus propias responsabilidades y a trabajar con sus propias manos» (1 Tesalonicenses 4.11). Pídele a Dios que te muestre maneras de trabajar en lo que te gusta hacer, y de simplificar sus vidas.

Juegos de azar

Hay muchos malos hábitos que tienen que ver con las finanzas, pero ninguno es tan destructivo como el apostar en juegos de azar. Si una persona es frugal y ahorra, y se priva de algunas cosas para pagar las cuentas, y su esposo o esposa derrocha el dinero apostando, el resultado es un doloroso sentido de inutilidad. Y esto ahora tiene proporciones epidémicas en muchas familias hoy por el fácil acceso a apostar en la Internet, y los numerosos casinos que quedan a poca distancia de la mayoría de las ciudades.

Si tú apuestas, recuerda que estás apostando con el dinero del Señor. Es difícil pensar que Dios te quisiera bendecir con riquezas para que puedan ser dadas a los dueños de los casinos. En realidad, los casinos cuentan con que la gente pierda, y tienen éxito porque eso es lo que sucede. Los juegos de azar son uno de los planes del enemigo para tu vida, y un pozo que ha preparado para que tú caigas en él.

Algunas personas tratan de apostar unas pocas veces, y cuando ganan es como un elixir, que siempre los atrae a la experiencia de la emoción de ganar de nuevo. Pero la verdad es que están muy descontentos con lo que tienen, y no están dispuestos a buscar a Dios para que les provea lo que necesitan. Cuando Dios promete que nunca nos dejará ni nos abandonará, lo que quiere decir es que también proveerá para nosotros. «Conténtense con lo que tienen, porque Dios ha dicho: Nunca te dejaré; jamás te abandonaré» (Hebreos 13.5).

Apostar puede parecer la solución para un problema de deudas, pero nunca lo es. «Hay caminos que al hombre le parecen rectos, pero que acaban por ser caminos de muerte» (Proverbios 14.12). Aun si ganas, finalmente perderás de todas formas. El dinero no será bendecido, se te escapará de las manos y no tendrás nada que perdure. Nada bueno saldrá de eso.

El matrimonio consiste en edificar una vida juntos —un hogar, una familia y un futuro—, y eso no puede suceder sin seguridad financiera. Cuando un esposo o esposa está neciamente apostando el dinero de ellos, la confianza se pierde, y es muy difícil volverla a ganar. Si tú estás tratando de salir adelante, y el problema fuera de control de apostar de tu cónyuge está destrozando todo lo que tú has construido, te sientes como que no tienes futuro. Ningún matrimonio puede sobrevivir a eso.

Yo he visto esto en el caso de una querida amiga que comenzó a apostar para escapar del vacío en su matrimonio, y llegó a ser un problema terrible porque perdió grandes cantidades de dinero. Pero ahora ella ha entregado su vida completamente al Señor, y ha sido liberada de su adicción a los juegos de azar. Ella ha reincidido un par de veces en los últimos dos años, y se sintió muy desalentada ambas veces, pero yo le aseguré que lo mismo que con cualquier otra adicción, todos se salen del camino en algún momento. Es de esperarse que el enemigo no te va a dejar fácilmente. Ella tiene que recordar que *caer en* la trampa del diablo no es pecaminoso; pero *permanecer allí* lo es. La victoria se encuentra cuando te levantas y caminas por el sendero correcto.

Así que no te sientas desalentado si alguna vez has escogido el sendero de la libertad solo para encontrarte dando un traspié. *Hay una diferencia entre dar un tropezón en el camino que has escogido e ir cuesta abajo por el camino equivocado.* Declara la libertad en Cristo que te ha sido dada, y vuelve al sendero de la vida y la bendición.

Si tú o tu cónyuge tienen un problema con los juegos de azar, lee la Palabra de Dios, ayuna y ora hasta ser liberado. Jesús dijo: «Si se mantienen fieles a mis enseñanzas, serán realmente mis discípulos; y conocerán la verdad, y la verdad los hará libres» (Juan 8.31-32). Tú necesitas un milagro de Dios, y cuando dejas todo lo demás de lado y buscas a Dios para recibir ese milagro, Él obrará uno en tu vida. Determina que quieres más a Dios y todo lo que *Él* tiene, más de lo que quieres la emoción engañadora y pasajera de ganar una apuesta, y llegarás a conocer la emoción mucho más satisfactoria de ganar en tu vida y en tu matrimonio.

Conténtate y trabaja duro mientras esperas que cambien tus finanzas

Contentarse no quiere decir resignarse a pensar que esto es lo mejor que puede ser y que nada va a cambiar jamás. Quiere decir estar satisfecho con lo que Dios te ha dado a medida que oras por tus finanzas y esperas pacientemente sus bendiciones futuras. «Es cierto que con la verdadera religión se obtienen grandes ganancias.... Así que, si tenemos ropa y comida, contentémonos con eso» (1 Timoteo 6.6-8). Contentarse tampoco quiere decir no hacer nada. Una de las formas en que Dios nos bendice es por medio del trabajo duro.

Cuando trabajas duro para proveer para tu familia, esa no es una señal del amor al dinero. Pero si pones ganar dinero antes que tu familia, *sí lo es.*

SIETE COSAS PARA RECORDAR ACERCA DEL TRABAJO QUE HACES

1. **Comienza todo tu trabajo buscando al Señor.** «Todo lo que [Ezequías] emprendió para el servicio del templo de Dios, lo hizo de todo corazón, de acuerdo con la ley y el mandamiento de buscar a Dios, y tuvo éxito» (2 Crónicas 31.21).

2. **Entrégale tu trabajo al Señor.** «Hagan lo que hagan, trabajen de buena gana, como para el Señor y no como para nadie en este mundo» (Colosenses 3.23).

3. **Trabaja duro y tu trabajo será recompensado.** «Pero ustedes, ¡manténganse firmes y no bajen la guardia, porque sus obras serán recompensadas» (2 Crónicas 15.7).

4. **Ora pidiéndole a Dios que confirme tu trabajo.** «Que el favor del Señor nuestro Dios esté sobre nosotros. Confirma en nosotros la obra de nuestras manos; sí, confirma la obra de nuestras manos» (Salmo 90.17).

5. **Trabaja con diligencia y tus bienes aumentarán.** «Las manos ociosas conducen a la pobreza; las manos hábiles atraen riquezas» (Proverbios 10.4).

6. **Cada semana toma un día para descansar de tu trabajo.** «Trabaja seis días, y haz en ellos todo lo que tengas que hacer, pero el día séptimo será un día de reposo para honrar al SEÑOR tu Dios. No hagas en ese día ningún trabajo» (Éxodo 20.9-10).

7. **Pídele a Dios que te dé éxito en tu trabajo, y Él te lo dará.** «¿Has visto a alguien diligente en su trabajo? Se codeará con reyes, y nunca será un Don Nadie» (Proverbios 22.29).

La forma de superar la situación

Dios es el que provee para todas tus necesidades y el que te guarda de que tu vida sea perjudicada con un desastre tras otro. Siempre reconoce de dónde viene tu provisión. «Así que mi Dios les proveerá de todo lo que necesiten, conforme a las gloriosas riquezas que tiene en Cristo Jesús» (Filipenses 4.19).

En contraste, el devorador viene para robar y destruir todo lo que tienes. La lista que él tiene de formas de perjudicar tu vida no tiene fin. Te puede pasar un desastre tras otro, como cuando se te descompone el automóvil, tu casa necesita reparaciones, te enfermas y tienes que faltar al trabajo, y tienes gastos médicos inesperados. Pero cuando vives de acuerdo a los caminos de Dios en tus finanzas, Él te protege de estas cosas. No quiere decir que esas cosas nunca pasen, pero Él te bendice de formas en que tal vez ni te des cuenta. Él te oculta en la sombra de sus alas y evita que te sucedan desastres más de lo que te das cuenta (Salmo 91.1).

Jesús dijo: «No acumulen para sí tesoros en la tierra, donde la polilla y el óxido destruyen, y donde los ladrones se meten a robar. Más bien, acumulen para sí tesoros en el cielo, donde ni la polilla ni el óxido carcomen, ni los ladrones se meten a robar. Porque donde esté tu tesoro, allí estará también tu corazón» (Mateo 6.19-21). Él no está diciendo que nunca puedes tener nada, sino que tu corazón debe estar en Él y no en estas cosas.

Se dijo de uno de los reyes de Israel lo siguiente: «Mientras Uzías buscó a Dios, Dios le dio prosperidad» (2 Crónicas 26.5). Lo mismo es cierto en cuanto a ti y a tu cónyuge en el matrimonio de ustedes. Busca la guía de Dios cuando compras, gastas, ahorras e inviertes. «Aunque se multipliquen sus riquezas, no pongan el corazón en ellas» (Salmo 62.10). Pon tu corazón en Dios, mantente en su Palabra, vive según sus caminos y Él te prosperará. «Recita siempre el libro de la ley y medita en él de día y de noche; cumple con cuidado todo lo que en él está escrito. Así prosperarás y tendrás éxito» (Josué 1.8).

Ora para que tú y tu esposo (esposa) puedan pensar siempre *como*

Dios piensa acerca del dinero. Si tienes malos hábitos en cuanto a las finanzas, pídele a Dios que transforme tu corazón para poder vencer dichos hábitos. Pídale a Dios que te renueve la mente en cuanto a las finanzas para que tus finanzas puedan ser renovadas. No vivas como vive el mundo, siempre tratando de salirse de las deudas de *ayer*. Vive sabiamente *hoy*, y haz planes para tu *futuro*. Dale gracias a Dios porque Él promete suplir cada una de tus necesidades. Y al pasar el tiempo, cuando mires hacia atrás en tu vida, te darás cuenta de que Él lo ha hecho.

ORACIONES POR MI MATRIMONIO

Oración pidiendo protección

SEÑOR, AYÚDANOS A MÍ Y A MI ESPOSO (ESPOSA) a recordar que tú eres el que da la habilidad de producir riquezas (Deuteronomio 8.18). Que la tierra y todo lo que hay en ella te pertenece a ti (Salmo 24.1). Gracias, Señor, porque tú eres el dueño de todas las criaturas y del «ganado de los cerros» (Salmo 50.10-11). Toda la plata y el oro y todo lo de valor te pertenece a ti (Hageo 2.8). Y todo lo que tenemos proviene de ti, así que ayúdanos a ser buenos mayordomos de nuestras finanzas. Ayúdanos a estar en calma y ser sabios en el manejo del dinero para que prosperemos y no tomemos decisiones apuradas, precipitadas o impulsivas (Proverbios 21.5).

Ayúdanos a trabajar con diligencia, a estar contentos con lo que tenemos y a aprender a dar (Proverbios 21.25-26). Ayúdanos a discernir siempre entre el sueño de algo más o mejor que está de acuerdo a tu voluntad para nuestras vidas, y la codicia lujuriosa de querer posesiones materiales que no son tu voluntad. Ayúdanos para no meternos en deudas y para pagar rápidamente cualquier deuda que tengamos. Ayúdanos para no ser llevados a los caminos del mundo, sino a buscar aquello que en verdad satisface nuestra alma (Romanos 12.2).

Sé que tener buena salud, una familia amorosa y que nos apoya, un matrimonio sólido, buenos amigos, trabajo bueno y satisfactorio y un sentido de propósito por ayudar a otros es la vida más abundante de todas. Ayúdanos para siempre tener la vista en esas claras prioridades. Señor, te pido que nos bendigas con provisión y que siempre nos ayudes a ser sabios en las decisiones que tomamos en cuanto a gastar nuestro dinero. Danos la sabiduría y el valor para resistir los impulsos de gastar neciamente. Ayúdanos a diezmar y a darte ofrendas, y muéstranos la forma en que quieres que les demos a otros. Ayuda a mi esposo (esposa) y ayúdame a mí para estar totalmente de acuerdo en la forma en que gastamos y damos dinero. Oro en el nombre de Jesús.

Oración pidiendo victoria en mí

Señor, te pido que me des sabiduría en cuanto al dinero. Ayúdame a ganar dinero y a gastarlo sabiamente. Ayúdame para dar de acuerdo a tu voluntad y a tus caminos. Gracias porque cualquier donativo que hago en secreto, tú lo recompensarás en público (Mateo 6.1-4). Muéstrame cuando me siento tentado a comprar algo que no necesito, o que voy a lamentar más tarde. Muéstrame lo que es una pérdida de dinero y lo que no lo es. Ayúdame a evitar ciertos lugares que son trampas para mí, en los cuales seré tentado a gastar neciamente. Ayúdame para no ser atraído hacia cosas que no le agregarán nada a nuestras vidas.

Someto nuestras finanzas a ti y te pido que me reveles todo lo que debería saber o hacer. No quiero mirar hacia atrás lamentándome, sino mirar hacia delante a un futuro seguro. Revélame las cosas que necesito ver en mí mismo que son malos hábitos en relación a gastar dinero. Ayúdame a glorificarte con el dinero que gasto. Te reconozco como el Señor que nos da el poder de ganar riquezas, y te doy gracias porque no das carga con eso (Deuteronomio 8.18). Sé que no debo confiar en las riquezas inciertas sino en ti, porque tú eres el que «nos provee de todo en abundancia para que lo disfrutemos» (1 Timoteo 6.17). «Cuán grande es tu bondad, que atesoras para los que te temen, y que a la vista de la gente derramas sobre los que en ti se refugian» (Salmo 31.19). Oro en el nombre de Jesús.

Oración pidiendo victoria en mi esposo (esposa)

Jesús, te doy gracias porque tú eres el poder y la sabiduría de Dios (1 Corintios 1.24). Te pido que le des a mi esposo (esposa) sabiduría en cuanto a nuestras finanzas. Ayúdalo (ayúdala) a confiar en ti con todo su corazón y a no depender en su propio entendimiento (Proverbios 3.5). Ayuda a mi esposo (esposa) para no ser sabio en sus propios ojos, sino a temerte a ti y a apartarse del mal (Proverbios 3.7). Dale un buen sentido en cuanto a las finanzas y la habilidad de ser responsable con el dinero. Muéstrale a él (ella) tu verdad y dale el poder de resistir la tentación cuando se trata de gastar en forma innecesaria. Te pido que le reveles a él (ella) las veces que ha cometido errores con el dinero.

Si él (ella) está sintiendo tensiones financieras, te pido que le quites la carga. Ayúdalo (ayúdala) a liberarse de toda deuda y a entender cómo evitarla en el futuro. Ayuda a mi esposo (esposa) a entender que «para ti no hay nada imposible» (Jeremías 32.17). Aun cuando hay ocasiones en que él (ella) no ve el fruto deseado por su labor, ayúdalo (ayúdala) a regocijarse y decir: «El Señor omnipotente es mi fuerza; da a mis pies la ligereza de una gacela y me hace caminar por las alturas» (Habacuc 3.19). Ayúdalo (ayúdala) para que no sienta ansiedad por nada y a orar por todas las cosas y a dar gracias (Filipenses 4.9). Enséñale a él (ella) a confiar en ti y en tu promesa de proveer para todos los que te aman y te buscan para todo.

Ayuda a mi esposo (esposa) para que se destaque en su trabajo y que sea reconocido por el trabajo que hace (Proverbios 22.29). Ayúdalo (ayúdala) para que no le falte diligencia, sino a que sea ferviente en el espíritu, sirviéndote a ti en todo lo que hace. Confirma la obra de sus manos (Salmo 90.17). Oro en el nombre de Jesús.

VERDADES PARA AFIRMAR

Concentren su atención en las cosas de arriba, no en las de la tierra.

COLOSENSES 3.2

Entonces el SEÑOR tu Dios te bendecirá con mucha
prosperidad en todo el trabajo de tus manos.

DEUTERONOMIO 30.9

Prepara primero tus faenas de cultivo y ten listos tus
campos para la siembra; después de eso, construye tu casa.

PROVERBIOS 24.27

Prueben y vean que el SEÑOR es bueno;
dichosos los que en él se refugian.

SALMO 34.8

El SEÑOR abrirá los cielos, su generoso tesoro,
para derramar a su debido tiempo la lluvia sobre la tierra,
y para bendecir todo el trabajo de tus manos.

DEUTERONOMIO 28.12

7

Cuando SE MANIFIESTAN ADICCIONES u OTROS COMPORTAMIENTOS DESTRUCTIVOS

Un matrimonio es pura y exclusivamente para dos personas. Aparte de incluir a Dios en tu relación, cualquier otro asunto rompe el vínculo relacional. Las drogas, el alcohol y otros comportamientos destructivos son cosas que se pueden inmiscuir en la relación de ustedes.

Hay un precio que pagar por todo lo que hacemos que no sea la voluntad de Dios para nuestra vida. Dios dice: «Yo, el SEÑOR, sondeo el corazón y examino los pensamientos, para darle a cada uno según sus acciones y según el fruto de sus obras» (Jeremías 17.10). También hay una recompensa por todos nuestros intentos de hacer lo correcto. «El Hijo del hombre…recompensará a cada persona según lo que haya hecho» (Mateo 16.27).

Los comportamientos destructivos —o simplemente comportamientos que molestan a tu cónyuge al punto que lo llevan a la desesperación— no son correctos, y siempre tendrán una consecuencia seria en tu matrimonio y en tu vida personal. Pero cada intento que hagas para librarte de ese comportamiento y hacer lo correcto será recompensado.

Tal vez tú no tengas ni un solo mal hábito y tampoco tu cónyuge, pero aun es necesario que ores sobre este asunto. Hay muchas parejas que ahora están divorciadas porque un momento de debilidad en sus vidas, uno de los dos adoptó alguna clase de comportamiento destructivo que no pudo abandonar, y eso fue lo que lo hizo caer.

Por qué la gente usa el alcohol, las drogas u otras sustancias destructivas

Las adicciones y el abuso de sustancias químicas es algo que sucede entre toda clase de gente —los ricos, los pobres, los educados o no educados, los jóvenes y los viejos, y entre las personas de toda raza. Somos una sociedad en la cual podemos obtener todo lo que queremos y cuando lo queremos. Algunos comportamientos destructivos no se toman en serio y han llegado a ser socialmente aceptables. Tú no tienes que tener una adicción para jugar con sustancias que tienen el potencial de dañarte. Esto es la que llamamos vivir arriesgadamente, y pone en peligro tu salud, tu trabajo, tus relaciones, tu matrimonio, tu futuro y tu vida.

Algunas personas comienzan a tomar drogas o a beber como un experimento social, para seguir la corriente. Otros lo hacen porque se sienten sin esperanza, inseguros o abrumados, y una sustancia intoxicante los hace sentir mejor. Aun otros quieren estar en *control* de su situación, y sienten como que tienen control cuando beben o se drogan. Se dejan a sí mismos *perder* el control haciendo algo malo para poder sentir que *tienen* control. «Al hambriento, hasta lo amargo le es dulce» (Proverbios 27.7). Las personas que recurren a estas cosas dicen que sienten algo dentro que los obliga a hacerlo. Es la voz del enemigo de sus almas atrayéndolas a apartarse de todo lo que Dios tiene para ellas.

A menudo la gente usa el alcohol, las drogas y otras sustancias dañinas como una solución rápida a sus problemas. Cuando la vida se les hace insoportable, esta es la forma en que evitan enfrentarla. Por lo general tienen una opinión pobre de sí mismos y se sienten inadecuados. Quieren aprobación y son muy sensibles al rechazo. Su temor al rechazo los lleva a verse rechazados en cada pequeña cosa que sale mal, y esto los impulsa a ser cada vez más autodestructivos. Desarrollan hábitos destructivos como una forma de bregar con el estrés, la soledad y el dolor. Quieren ser *perfectos*, pero se sienten impotentes para aun sentirse aceptables. A menudo la persona siente como que tiene un lugar vacío que necesita ser llenado. Y realmente esto es cierto, pero están llenando el vacío con algo que los destruirá en lugar de darles vida. Usar cualquier clase de droga, aparte de las que receta un doctor, no solo es ilegal, sino que se paga un precio muy alto física, mental y emocionalmente por cada cosa innecesaria que una persona pone en su cuerpo. El placer a corto alcance siempre trae desdicha a largo alcance.

La verdad en cuanto a trastornos alimenticios y otros comportamientos compulsivos

Dios no nos creó para que nos destruyamos a nosotros mismos. Fuimos creados para preservar la vida, y tenemos un instinto de supervivencia dentro de nosotros. De nuestra propia voluntad no nos dejamos caer, ni nos paramos enfrente de un tren en movimiento, ni saltamos de un edificio alto, o nos ponemos un arma en la sien y apretamos el gatillo, a menos que no estemos cuerdos o estemos bajo la influencia de algo que no es Dios.

Cualquier clase de trastorno personal involucra una elección. Escoger en forma deliberada algo que te va a dañar o te va a destruir completamente el cuerpo es un trastorno mental. Las personas que tienen estas clases de trastornos y practican cualquier clase de comportamiento autodestructivo no entienden completamente quién Dios las creó para ser, y el propósito que Él tiene para sus vidas. Tampoco entienden el poder que Dios tiene par liberarlas. Si tú o tu esposo (esposa) lucha con cualquier clase de trastorno en la personalidad

—por ejemplo un trastorno alimenticio— ora pidiendo que el *espíritu* de sabiduría y revelación les abra los ojos a la verdad. Esto no es tener sabiduría acerca de unas cuantas cosas, o que se te revelen algunas cosas, sino que es tener el *Espíritu de sabiduría y revelación* que te capacita para entender *todas las cosas* que necesitas para ser libre.

Cuando tienes una *verdadera revelación de parte de Dios* en cuanto a que los trastornos alimenticios y cualquier otro comportamiento o compulsión destructiva son una trama del enemigo para evitar que logres tu propósito, y llegues a ser lo que Dios te creó para que fueras, esos comportamientos van a desaparecer. Solo en momentos de debilidad y bajo ataque del enemigo volverás a considerar ceder a ellos de nuevo. Pídele a Dios que te muestre el llamado que tiene para ti. Tal vez no lo puedas entender en todos sus detalles, pero sentirás que hay un gran propósito que Dios tiene para ti, y debes estar totalmente dispuesto a obedecerlo para estar en el lugar correcto y en el tiempo correcto.

Cuando el problema es tu cónyuge

Cualquier clase de comportamiento destructivo que tu cónyuge no pueda superar es una adicción. Aun si él (ella) no lo hace todos los días, si participa en eso con cierta regularidad, es un problema que debe ser enfrentado. Cuando afecta la calidad y el éxito de su trabajo o salud física; cuando causa que él (ella) sea desagradable en su trato con otros y actúa sin discernimiento o control; cuando les hace cosas terribles a ti, a tus hijos, a otros miembros de la familia o amigos, él (ella) tiene un problema y necesita ayuda. Si tu cónyuge niega que *existe* un problema, o cree que lo que está haciendo en realidad no es tan malo, pídele a Dios que le revele la verdad a él (ella) de la forma más clara posible.

Si tu cónyuge no puede dejar de usar drogas, alcohol o dejar de estar involucrado en cualquier otro comportamiento adictivo o destructivo, tú debes buscar *ayuda profesional* para él (ella). Esta clase de adicción seria no se mejora sola. Es una enfermedad y debe ser tratada como tal. Hay personas que usan algunas sustancias pero que no son adictas, y pueden dejar de usarlas por sí mismas. Yo he visto muchas historias exitosas en que se dieron cuenta de la realidad y pudieron abandonar completamente lo que los ataba, y nunca miraron hacia atrás. Pero aquellos que tienen la enfermedad, deben buscar ayuda.

La adicción al alcohol y a las drogas se consideran enfermedades mentales. Cualquier clase de adicción es considerada una enfermedad mental. Una persona que bebe o que se droga, y no tiene control sobre la adicción, se preocupa más por lo que *él (ella)* quiere que por lo que su familia necesita. Una persona adicta al alcohol o a las drogas tal vez sienta que ama a su cónyuge y a sus hijos, pero verdaderamente, él (ella) no tiene lo que se requiere para amarlos *en realidad*, lo que quiere decir abandonar todo comportamiento destructivo por el bien de su familia, como así también por el propio bien. La adicción siempre tendrá prioridad sobre otras personas.

Cuando estás cerca de un cónyuge que es adicto al alcohol, a las drogas o que tiene cualquier otro comportamiento destructivo, su *insensatez* afecta tu *sanidad* mental y puedes comenzar a sentir como que estás perdiendo el control. Es por eso que tú también debes buscar ayuda profesional para ti mismo (misma). No trates de resolver esto solo (sola). Tu amor por tu perturbado y enfermo cónyuge tiene que ser lo suficientemente fuerte como para no aceptar lo que es inaceptable. Necesitas el apoyo y las oraciones de otros para poder permanecer firme a través de esto y llegar a la victoria completa para ambos.

La gente no cambia a menos que quiera cambiar. Ora pidiendo que tu cónyuge *quiera* cambiar. Los únicos cambios que perduran son los que ocurren cuando le entregamos nuestra vida completamente al Señor y le damos a Él el control supremo. Cuando invitamos a Dios a que haga cambios en nosotros, él nos hace una nueva criatura.

Cuando tú eres el problema

Cuando yo tenía un poco más de veinte años, y antes de ser creyente, yo acostumbraba tomar bebidas alcohólicas y tomaba drogas porque eso me hacía sentir menos tímida. Las drogas y el alcohol parecían darle rienda suelta a mi espontaneidad y sentido del humor. Me producía miedo el sentirme inadecuada e incómoda en un grupo de personas, y beber hacía que ese temor desapareciera. Yo también quería alivio del dolor y la terrible inseguridad que sentía en cuanto a mí misma, y la ansiedad y el temor que sentía acerca del futuro. Las drogas y el alcohol parecían ayudarme en forma temporal. Y estaban tan disponibles a través de los círculos en los cuales yo me movía en Hollywood, que parecían ser una fuente que nunca se secaba. Yo no me sentía como con superpoderes cuando bebía, sino que me sentía *menos impotente*. Hice cosas estúpidas y peligrosas bajo la influencia de esas sustancias, y es un milagro que sobreviví ese periodo de mi vida. Por lo menos tuve el sentido común de no conducir cuando había bebido. Tampoco tomaba cuando estaba sola o cuando estaba trabajando. Yo era muy profesional, y tomaba mi trabajo con seriedad como para hacer algo necio que lo pusiera en peligro.

Cuando recibí al Señor y descubrí que Dios tenía un propósito para mi vida y una esperanza para mi futuro, no continué bebiendo de esa forma nunca más. Ese fue el fin. En Jesús encontré lo que había estado buscando en el alcohol y las drogas, así que esas cosas en forma instantánea perdieron su atractivo. Yo no quise parte alguna en cosas que no eran la voluntad de Dios para mí. Me rehusé a encontrar alivio en los comportamientos autodestructivos que casi me habían matado tantas veces en el pasado. Por primera vez tuve un sentimiento de que Dios tenía un propósito para mi vida, y quería vivir y encontrar cuál era ese propósito.

Es posible ser una persona normal y todavía caer en la trampa del abuso de sustancias químicas y otros comportamientos destructivos. Puedes ser un adulto maduro que nunca ha tenido problemas antes, y pruebas algo una vez en un momento de debilidad y encuentras que te produce consuelo, te da poder y te alivia el estrés. Entonces cada vez que necesitas consuelo, alivio para tu estrés, y sentirte poderoso, lo pruebas otra vez. Luego, cada vez necesitas tomar más que antes, porque hay una tendencia a sentir menos satisfacción cuando se trata de esta clase de comportamientos. Al igual que un jugador va a apostar cada vez más dinero en un intento de recuperar lo que ha perdido, un adicto va a tomar cada vez más para obtener ese sentimiento de euforia, control, libertad o lo que sea que ha experimentado la primera vez.

En algunos casos, la química del cerebro es alterada, y finalmente la persona tiene una dependencia bioquímica. Tal vez la conexión entre sentirse bien y las drogas o el alcohol que consume establece cierta clase de patrón en el cerebro. Una persona quizá esté predispuesta a hacer algo o haya heredado una tendencia o debilidad de un miembro de su familia.

Se dice que puedes ser adicto a más de una sustancia si tienes una personalidad propensa a la adicción. En otras palabras, si dejas una sustancia adictiva, vas a encontrar otra que también te produzca adicción. Es por eso que tienes que orar que tu única adicción sea a la presencia de Dios y a su Palabra. De allí es de donde viene la libertad. Ora pidiendo que no seas esclavo a esa clase de comportamiento sino a que seas esclavo de Dios (Romanos 6.16).

Las personas que hacen cosas autodestructivas por lo general las hacen para sentirse mejor acerca de sí mismas, pero la verdad es que estás haciendo algo que te altera el estado de ánimo y que crees que te hace sentir satisfacción, pero en realidad te está atrayendo hacia una trampa de engaños que impide que experimentes la plenitud que Dios tiene para ti. Todos sentimos hambre espiritual, pero ya sea que lo comprendamos o no, la verdad es que solo Dios puede satisfacerlo.

Tener una madre que es enferma mental es muy similar a tener una madre o padre alcohólico. Mi mejor amiga en la secundaria tenía una madre alcohólica y nos dimos cuenta de que compartíamos las mismas luchas. Por ejemplo, las dos aprendimos a nunca traer a una amiga a casa porque nunca sabíamos lo que encontraríamos. La madre de ella tal vez estuviera inconsciente en el piso, y la mía quizá estuviera teniendo un ataque de locura. Nuestras madres no estaban disponibles para nosotras, y nunca nos pudimos conectar con ellas emocionalmente. Ambas teníamos padres pacifistas que trabajaban duro para sostener a la familia, pero que nunca nos rescataron de nuestras madres. Debido a eso, teníamos dudas en cuanto a nosotras mismas y temores acerca del futuro. Nos sentíamos inseguras, no amadas y vacías por dentro, y no sabíamos cómo llenar ese vacío.

Nuestras situaciones quedaban en nuestros hogares. No hablábamos de eso con nuestros padres, familiares o amigos acerca de lo que estaba sucediendo. Solo hablábamos la una con la otra. Sentíamos que teníamos muy poca importancia; estábamos confundidas y tristes. Teníamos muy poco sentido de un propósito en la vida, y de esperanza para el futuro. Yo me volví a las drogas y el alcohol, y ella desarrolló un trastorno alimenticio que finalmente acabó con su vida. Desde aquel entonces he conocido a mucha gente que tuvo padres alcohólicos, y cada uno de ellos luchó desesperadamente en la vida debido a eso.

Si tienes problema en dejar cualquier clase de comportamiento destructivo, debes conseguir ayuda profesional de inmediato, porque esto no solo te perjudicará a ti sino que también perjudicará a toda tu familia. Tu mal comportamiento siempre se interpondrá en tu relación con tus hijos e hijas. Hará que se sientan abandonados, porque sentirán que no los amas lo suficiente como para dejar ese hábito. Después del maltrato, este es el comportamiento que más destruye a los hijos.

Las drogas y el alcohol llegan a ser tu ídolo cuando las amas más que a *Dios*, quien te ha dicho que no participes de eso, y más que a tu esposo (esposa) quien te ha pedido que no continúes en eso, y más que a tus hijos quienes están asustados por tu comportamiento. La Biblia dice que nadie bajo los efectos del alcohol «se comporta sabiamente» (Proverbios 20.1), y dice que los que no viven «decentemente» (Romanos 13.13), «no heredarán el reino de Dios» (Gálatas 5.21), y finalmente serán los que pierdan (Proverbios 23.31-32). Ora pidiendo que no te suceda esto. Si no puedes dejar este comportamiento por ti mismo, busca ayuda profesional de inmediato. No vivas con este problema ni un día más. No mejorará por si solo. Y no trates de manejarlo solo; necesitas el amor, el apoyo y la ayuda de otros.

CINCO FORMAS DE ELEVARTE POR ENCIMA DE TU DEBILIDAD

1. *Invita al Espíritu Santo para que te llene de nuevo cada día.* «Le pido que, por medio del Espíritu y con el poder que procede de sus gloriosas riquezas, los fortalezca a ustedes en lo íntimo de su ser, para que por fe Cristo habite en sus corazones» (Efesios 3.16-17).

2. *Permanece en Cristo y crucifica tus deseos carnales.* «Los que son de Cristo Jesús han crucificado la naturaleza pecaminosa, con sus pasiones y deseos. Si el Espíritu nos da vida, andemos guiados por el Espíritu» (Gálatas 5.24-25).

3. *Resiste las tentaciones mundanas.* «[Dios] nos enseña a rechazar la impiedad y las pasiones mundanas. Así podremos vivir en este mundo con justicia, piedad y dominio propio» (Tito 2.12).

4. *No te intoxiques con otra cosa que no sea el Espíritu Santo.* «No se emborrachen con vino, que lleva al desenfreno. Al contrario, sean llenos del Espíritu» (Efesios 5.18).

5. *Decide todos los días sembrar para el Espíritu y no para la carne.* «El que siembra para agradar a su naturaleza pecaminosa, de esa misma naturaleza cosechará destrucción; el que siembra para agradar al Espíritu, del Espíritu cosechará vida eterna» (Gálatas 6.8).

Ora que Dios te libere del mal comportamiento

Tratar de librarse de cualquier clase de hábito destructivo puede parecer una tarea imposible. La fuerza es tan grande y tu voluntad parece tan débil. Pero eso se agranda cuando el enemigo te habla a la mente diciéndote: «Hazlo, lo mereces después de todo lo que ha pasado». «No lo puedes evitar, así es como eres». «Está en tus genes. Está en tu familia». «No hay poder más grande que este, así que te tienes que entregar a él». Identificar esas mentiras y la fuente de dónde provienen te ayudará a ver, desde la perspectiva correcta, lo que estás enfrentando.

También existe el aspecto de la rebelión que no puede ser pasado por alto en esto. Cada vez que tu voluntad es forzada sobre la voluntad de Dios, estás en rebelión contra Él. Tal vez no parezca que estás en abierta rebelión, pero hay algo que se levanta dentro de ti y que dice: «Yo soy quien está a cargo. Nadie me va a decir qué hacer. *Quiero* hacerlo *cuando* yo *quiera*». No estoy diciendo que necesariamente eres rebelde si no puedes controlar tus hábitos destructivos, pero creo que un espíritu rebelde nos viene a todos en algún momento de nuestra niñez, y si el padre o la madre permite que la rebelión tenga lugar en el comportamiento de su hijo en lugar de enseñarle y disciplinarlo para que se aparte de ella, esta actitud y forma de pensar rebelde permanece con él y ejerce influencia en las decisiones y las elecciones desde ahí en adelante. Causa que la persona se diga a sí misma, aun sin estar conscientes de hacerlo: «Voy a hacer lo que se me dé la gana».

Cuando tú *no quieres* dejar de hacer lo que estás haciendo, aun cuando tu cónyuge te ha pedido en forma repetida que lo dejes, estás en rebelión. No solo estás en rebelión hacia *él (ella)*, sino que lo más importante te rebelas contra *Dios*. La mejor manera de romper una atadura de rebelión es resistirla en oración.

Si tu esposo (esposa) tiene hábitos que no puede controlar, Dios tiene sanidad para ustedes dos. Pero para liberarse y avanzar a todo lo que Dios tiene para ti, debes creer que cuando recibiste a Jesús como Salvador, Él llegó a ser tu Salvador en *todas las cosas*. Él aun te *libra* de *ti mismo* cuando le pides que lo haga. Debes creer que la Palabra de Dios tiene vida y libertad para ti. Es preciso que creas que Dios escucha tus oraciones y que las responderá. Debes tener *fe* de que los únicos límites a lo que Dios puede hacer en tu vida son los límites que *tú* le pones a Él cuando no tienes *fe*. Tienes que entender que Dios tiene el poder para librarte de lo que sea que te ata, pero todavía tienes que *pedir* que su poder se manifieste en tu vida.

Cuando te das cuenta del propósito que Dios tiene para ti, no vas a permitir que ningún hábito autodestructivo te controle. Vas a tomar los pasos que sean necesarios para ser libre de dicho hábito. Recordarás que Jesús es tu *sanador* y tu *libertador* y tú no vas a aceptar nada que no sea la libertad que Él tiene para ti (Marcos 16.17-18).

Si tu padre o tu abuelo fue alcohólico, no quiere decir que *tú* lo tengas que ser, pero puede querer decir que hay consecuencias del pecado de él con las cuales tú tienes que bregar. Tal vez has luchado porque esos espíritus fueron invitados en tu familia por los pecados que existieron antes de que nacieras. Puede ser que cualquier debilidad que tengas haya sido heredada. La buena noticia es que Jesús ha roto todas las maldiciones en nuestra vida, incluyendo las que nos llegaron a través de nuestra familia. Pero todavía tenemos que hacer un esfuerzo para dejar de hacer las cosas que impiden que logremos lo que Dios tiene para nosotros.

Jesús les dio a sus doce discípulos «autoridad para expulsar a los espíritus malignos y sanar toda enfermedad y toda dolencia» (Mateo 10.1). La palabra clave es «toda». No había ni una enfermedad, dolencia o espíritu maligno que fuera más grande que el poder de Dios. Jesús vino como *tu* sanador y libertador. Él es el mismo ayer, hoy y mañana. ¿Por qué se habría molestado a venir como tu sanador y libertador si tú pudieras ser sano y liberado por ti mismo?

Qué hacer cuando hago cosas que no quiero hacer

Lee estas alentadoras palabras del apóstol Pablo. Fíjate de la forma en que nos habla a todos los que alguna vez hemos luchado con un comportamiento que sabíamos que no era bueno:

La verdad es que no entiendo nada de lo que hago, pues en vez de lo bueno que quiero hacer, hago lo malo que no quiero hacer. Pero, aunque hago lo que no quiero hacer, reconozco que la ley es buena. Así que no soy yo quien hace lo malo, sino el pecado que está dentro de mí. Yo sé que mis deseos egoístas no me permiten hacer lo bueno, pues aunque quiero hacerlo, no puedo hacerlo. En vez de lo bueno que quiero hacer, hago lo malo que no *quiero* hacer. Pero si hago lo que no quiero hacer, *en realidad* no soy yo quien lo hace, sino el pecado que está dentro de mí. Me doy cuenta entonces de que, aunque quiero hacer lo bueno, sólo puedo hacer lo malo. En lo más profundo de mi corazón amo la ley de Dios. Pero también me sucede otra cosa: Hay algo dentro de mí que lucha contra lo que creo que es bueno. Trato de obedecer la ley de Dios, pero me siento como en una cárcel, donde lo único que puedo hacer es pecar. Sinceramente, deseo obedecer la ley de Dios, pero no puedo dejar de pecar porque mi cuerpo es débil para obedecerla. ¡Pobre de mí! ¿Quién me librará de este cuerpo que me hace pecar y me separa de Dios? ¡Le doy gracias a Dios, porque sé que Jesucristo me ha librado! (Romanos 7.15-25, BLS, itálicas añadidas)

Lo que quiero destacar es que cuando tratas de liberarte y hacer las cosas por ti mismo, no lo puedes hacer. Pero con Jesús, puedes hacer todo lo que necesitas hacer porque Él te fortalecerá y te capacitará para que lo hagas (Filipenses 4.13). Y si Dios está de tu parte, ¿quién puede estar en contra de ti? (Romanos 8.31). Pídele a Dios que te muestre los pasos que debes dar para encontrar toda la sanidad, liberación y restauración que tú y tu cónyuge necesitan.

ORACIONES POR MI MATRIMONIO

Oración pidiendo protección

SEÑOR, TE PIDO QUE PROTEJAS a mi esposo (esposa) de cualquier clase de comportamiento autodestructivo. Ábrenos los ojos para ver si hemos permitido entrar a nuestra vida hábitos que tienen el potencial de dañarnos. Trae todas las cosas a la luz, para que no tengamos nada oculto el uno del otro. En las esferas en que nos hemos abierto para hábitos malos o destructivos, ayúdanos a ser liberados. Danos la capacidad para salir adelante de cualquier frustración o ansiedad que tengamos, llevándote todas nuestras preocupaciones a ti y compartiéndolas el uno con el otro, y ayúdanos a no buscar alivio en recursos de afuera.

Señor, tú has prometido que «Si confesamos nuestros pecados», tú que eres «fiel y justo, nos los perdonará y nos limpiará de toda maldad» (1 Juan 1.9). Ayúdanos a confesar todos los pecados en el instante en que nos damos cuenta de que los tenemos, para poder ser limpiados antes de que puedan ser una atadura en nuestra vida. Gracias porque somos predestinados «a ser transformados según la imagen» de tu Hijo (Romanos 8.29). Eso es lo que queremos. Ayúdanos a siempre ser esclavos tuyos y no esclavos del pecado (Romanos 6.22). Ayúdanos a entender que el poder que levantó a Jesús de los muertos nos apartará a nosotros de todo lo que nos tienta (Efesios 1.19-20). Elévanos de cualquier cosa que nos pudiera derribar. Oro en el nombre de Jesús.

Oración pidiendo victoria en mí

SEÑOR, TE PIDO QUE ME REVELES todos los hábitos destructivos que he adoptado y que me ayudes a entender completamente por qué los practico. Ayúdame para que vea que no son tu voluntad para mi vida. Quita cualquier espíritu de rebelión que haya en mí que causa que sienta que puedo hacer lo que quiero, cuando lo quiero, sin tener en cuenta las consecuencias. Capacítame para ver que lo que hago afecta a mi esposo (esposa) y a mi familia. Te pido que me ayudes a escuchar cuando tú u otras personas —especialmente mi esposo (esposa) o mis hijos— tratan de darme advertencias. Tráeme a un total arrepentimiento ante ti y ante ellos por las veces que pasé por alto esas advertencias.

Ayúdame para no resentirme contra nadie que trate de confrontarme con esos problemas, especialmente mi esposo (esposa). Capacítame para recordar que «más vale ser reprendido con franqueza que ser amado en secreto. Más confiable es el amigo que hiere que el enemigo que besa» (Proverbios 27.5-6). «Yo sé que tú amas la verdad en lo íntimo; en lo secreto me has enseñado sabiduría» (Salmo 51.6). Ayúdame a llegar a ser una persona que practica la verdad y que no tiene una vida secreta.

Gracias, Jesús, porque tú eres mi sanador. Tú eres mi refugio y fortaleza, mi pronto auxilio en las tribulaciones (Salmo 46.1). Gracias, Dios, porque tú eres mi Consolador y mi Ayuda. Puedo poner todas mis cargas en ti, Señor, sabiendo que me sostendrás y que no permitirás que el justo caiga y quede abatido para siempre (Salmo 55.22). Ayúdame a liberarme de cualquier cosa que ejerce una influencia destructiva en mí, y puesto que «Cristo [me] libertó», ayúdame a vivir «en libertad», y ayúdame a no someterme «nuevamente al yugo de esclavitud» (Gálatas 5.1). De todo corazón me presento ante ti como un esclavo (esclava) de la justicia y no de la impureza (Romanos 6.19). Sé que soy carnal y que dependo de la excelencia de tu poder para poder vivir en libertad (2 Corintios 4.7).

Gracias porque «He sido crucificado con Cristo, y ya no vivo yo sino que Cristo vive en mí. Lo que ahora vivo en el cuerpo, lo vivo por la fe en el Hijo de Dios, quien me amó y dio su vida por mí» (Gálatas 2.20). Así que aunque sea débil por mí mismo, Jesús en mí es lo suficientemente fuerte como para liberarme y ayudarme a resistir toda tentación. Gracias porque puedo hacer lo que debo hacer porque tú me ayudas (Filipenses 4.13). Te pido que restaures todo lo que el enemigo ha robado de mi vida (Joel 2.25). Te pido que construyas «las ruinas antiguas» y que levantes «los cimientos de antaño» de mi pasado (Isaías 58.12). Mi alma espera en ti, Dios de mi salvación (Salmo 62.1). Oro en el nombre de Jesús.

Oración pidiendo victoria en mi esposo (esposa)

SEÑOR, TE PIDO QUE mi esposo (esposa) tenga ojos que puedan ver la verdad, y oídos para escuchar tu voz cuando le hablas. Que tu voluntad sea hecha en la vida de él (ella). Lo (la) entrego en tus manos y te pido que lo (la) liberes de todos los hábitos destructivos. Me doy plena cuenta de que no puedo controlar la situación, ni tampoco quiero hacerlo. Desisto de cualquier necesidad de arreglar las cosas o tomar control del problema. Desisto de cualquier deseo de hacer que mi esposo (esposa) cambie. Lo (la) pongo en tus manos y te pido que hagas lo que sea necesario para lograr los cambios que quieres en él (ella). Te pido que tú, «el Dios de nuestro Señor Jesucristo, el Padre glorioso» le dé a mi esposo (esposa) «el Espíritu de sabiduría y revelación» para que le sean «iluminados los ojos del corazón para que [sepa] a qué esperanza él los ha llamado, cuál es la riqueza de su gloriosa herencia entre los santos, y cuán incomparable es la grandeza de su poder a favor» de él (ella) que cree, de acuerdo a la obra de tu poder en su vida (Efesios 1.18-19).

Ayúdalo (ayúdala) a enfrentar todos los problemas y a verlos como algo que puede ser vencido y no como algo invencible. Capacita a mi esposo (esposa) para que tome responsabilidad por sus acciones y que no viva negándolas. Ayúdalo (ayúdala) a poder evaluar su trabajo o progreso sin menospreciarse a sí mismo (misma). Ayúdalo (ayúdala) a tomar responsabilidad por su propia vida y a no culpar a otros por lo que ha sucedido. Oro pidiendo que él (ella) sea siempre totalmente honesto conmigo acerca de todo lo que él (ella) hace. Que no haya secretos. Derriba cualquier pared que haya sido erigida entre los dos.

Ayuda a mi esposo (esposa) para que entienda su valor ante ti, y para que vea que la vida de él (ella) es demasiado importante para ser desperdiciada. Ayúdalo (ayúdala) a que te busque como su sanador y libertador, para que pueda encontrar la restauración total en ti. A mi esposo, esposa, le digo que «el pecado no tendrá dominio sobre [ti], porque ya no [estás] bajo la ley sino bajo la gracia» (Romanos 6.14). Declaro que Dios tiene liberación y sanidad para tu vida. Mi oración es que «el Dios de paz aplastará a Satanás bajo [tus] pies» (Romanos 16.20). Declaro que «Cristo nos libertó para que vivamos en libertad. Por lo tanto, manténganse firmes y no se sometan nuevamente al yugo de esclavitud» (Gálatas 5.1). Oro en el nombre de Jesús.

VERDADES PARA AFIRMAR

Todo lo puedo en Cristo que me fortalece.

FILIPENSES 4.13

No se amolden al mundo actual, sino sean transformados mediante la renovación de su mente. Así podrán comprobar cuál es la voluntad de Dios, buena, agradable y perfecta.

ROMANOS 12.2

Todo me está permitido, pero no todo es para mi bien.
Todo me está permitido, pero no dejaré que nada me domine.

1 CORINTIOS 6.12

Estoy convencido de esto: el que comenzó tan buena obra en ustedes la irá perfeccionando hasta el día de Cristo Jesús.

FILIPENSES 1.6

Por último, fortalézcanse con el gran poder del Señor.
Pónganse toda la armadura de Dios para que puedan hacer frente a las artimañas del diablo.

EFESIOS 6.10-11

8

Cuando INFLUENCIAS EXTERNAS CONTAMINAN *tu* RELACIÓN SEXUAL

No pienses ni por un instante que puedes saltarte este capítulo porque tu vida sexual con tu esposo (esposa) es perfecta y ninguno de los dos ha tenido el ínfimo problema en esa esfera. No creas que porque nunca has visto nada siquiera cercano a la pornografía que tu mente no ha sido contaminada. La verdad es que el enemigo de tu alma, de tu propósito y de tu matrimonio es también el enemigo de tu intimidad matrimonial. Al inyectar en tu relación influencias exteriores que distraen, imágenes sexuales que contaminan, y actitudes mundanas y egoístas que destruyen, la vida sexual de ustedes con mucha facilidad puede llegar a ser menos de lo que debería ser.

Dios tuvo la intención de que las relaciones sexuales en el matrimonio fueran más que pasar una tarde fantástica antes de que tuvieras hijos. O la forma de escapar de las tensiones de un día ocupado. O algo que haces para sentirte bien contigo mismo o el uno con el otro.

O la forma de tener hijos. Es también un medio de unirlos a los dos, uniendo sus cuerpos, corazones, mentes y almas para romper cualquier atadura puesta por el enemigo para destruir tu matrimonio. Las relaciones sexuales en el matrimonio reafirman la unidad, la intimidad y la cercanía que tienen como pareja. Siempre sirven para reavivar la vida en la relación, sin la cual la muerte se puede meter sutilmente.

El enemigo odia la unidad entre ustedes dos, y hará todo lo posible para socavarla. Es por eso que en todo lugar que miras hay incentivos sexuales para sacarte del camino —si no por medio de un hecho, por lo menos por un pensamiento. La promiscuidad es glorificada. La tentación es justificada. Las relaciones sexuales casuales es algo que se espera. Las relaciones sexuales *fuera* del matrimonio son mucho más exaltadas que las que existen dentro del matrimonio. Puedes ver imágenes sexuales en algo tan simple como una cartelera publicitaria mientras conduces por la calle, o aun en revistas de noticias, programas populares de televisión o lo que se supone que sea una película decente. Todo esto es una trampa del enemigo para diluir el impacto de tu vida sexual con tu cónyuge al hacerla menos de lo que debería ser. O aun peor, *más* de lo que nunca se tuvo la intención que fuera. Nunca se tuvo la intención de que las relaciones sexuales fueran un ídolo que adoramos, pero se ha vuelto eso en nuestra cultura.

Las relaciones sexuales se han exaltado al punto de que si no estás sintiendo una experiencia romántica, satisfactoria y fantástica cada vez que estás con tu esposo (esposa), algo debe estar mal con él (ella). Debido a la locura de nuestra sociedad en cuanto a las relaciones sexuales, nuestras mentes pueden estar tan totalmente confundidas y podemos terminar sintiendo ansiedad o incertidumbre. Algo que Dios tuvo la intención que fuera significativo y agradable puede llegar a ser una presión agregada, haciendo que sientas dudas en cuanto a ti mismo o a tu cónyuge.

Mantén los ojos lejos del mal

Lo que ves aun inocentemente puede afectar tu relación sexual en forma negativa. ¿Has visto alguna vez una película que se supone que tiene una buena clasificación, y sin embargo, de pronto algo indecente pasa como un rayo delante de tu vista? Y aun si cierras los ojos en el instante en que te das cuenta de lo que es, la escena va a volver una y otra vez a tu mente e infectará tu alma. Sientes horror, repulsión, estimulación, culpa, disgusto o atracción —todo lo cual ocupa demasiado espacio en tu cerebro. Ahora tienes que pasar tiempo y usar energía bregando con esos pensamientos y sentimientos, cosa que no habrías tenido que hacer si no hubieras visto esas imágenes en primer lugar. Ahora tienes que buscar a Dios y pedirle que te limpie para que esta infección mental no se esparza a tu sentido común. Esta clase de asalto en nuestros sentidos ha llegado a ser tan amplia que cada vez más nos estamos acostumbrando a ella.

En su Palabra Dios nos advierte vez tras vez que debemos huir de tales cosas. Debemos darles la espalda y no mirar hacia atrás. Cambia el canal en el instante en que ves esto. Levántate y sal del cine. Cierra la revista. Quita la vista de la cartelera. «El prudente ve el peligro y lo evita; el inexperto sigue adelante y sufre las consecuencias» (Proverbios 27.12). Dios quiere que la pureza reine en tu relación sexual, y eso quiere decir que no debes permitir que influencias exteriores la contaminen y la infecten.

Cualquier desviación del sendero que Dios ha establecido para nosotros —que es las relaciones sexuales dentro del matrimonio y solo con tu cónyuge—, va a colocar una trampa para tu alma, aun si es algo que solo pasa en tu mente. Mirar cualquier clase de actividad sexual que se muestra en fotos o películas es una trampa con la cual tendrás que bregar espiritualmente para establecerte nuevamente sobre suelo firme. Aun si en ese momento no te das cuenta, estás desobedeciendo las leyes de Dios, y tu alma va a cosechar las consecuencias de esa violación que no tuviste intención de hacer.

CINCO COSAS QUE NUNCA DEBERÍAS MIRAR

1. **No mires nada que te aparta de obedecer a Dios.** «Y si tu ojo te hace pecar, sácatelo y arrójalo. Más te vale entrar tuerto en la vida que con dos ojos ser arrojado al fuego del infierno» (Mateo 18.9).

2. **No mires cosas que no tienen valor.** «Aparta mi vista de cosas vanas, dame vida conforme a tu palabra» (Salmo 119.37).

3. **No mires lo que le atrae al mundo.** «Porque nada de lo que hay en el mundo —los malos deseos del cuerpo, la codicia de los ojos y la arrogancia de la vida— proviene del Padre sino del mundo» (1 Juan 2.16).

4. **No mires el lado oscuro de la vida.** «Tus ojos son la lámpara de tu cuerpo. Si tu visión es clara, todo tu ser disfrutará de la luz; pero si está nublada, todo tu ser estará en la oscuridad» (Lucas 11.34).

5. **No quites la vista del camino que Dios tiene para ti.** «Pon la mirada en lo que tienes delante; fija la vista en lo que está frente a ti» (Proverbios 4.25).

No existe comparación alguna

Una de las amenazas más grandes a tu vida sexual es tener la mente llena de visiones de personas perfectas que tienen relaciones sexuales perfectas. Esas imágenes son ilusiones, y establecen la peligrosa trampa de la comparación en la cual puedes caer. Cuando te comparas a ti mismo o comparas a tu cónyuge con las imágenes que ves, te puede hacer pensar o que tú mismo no alcanzas lo que se supone que seas, o que te estás perdiendo algo fantástico.

Permíteme compartir contigo algo en cuanto a mirar a otros y sentirse inadecuada. Cuando yo era adolescente, solía mirar fotos de personas bellas y me sentía fea. Pero cuando tenía poco más de veinte años, comencé a trabajar en la televisión con algunas de las estrellas más populares de aquel tiempo, y vi la forma en que en realidad se veían cuando llegaban al estudio sin maquillaje temprano de mañana. Fue un shock para mí. Muy pronto me di cuenta de que cualquiera que tenga un buen maquillador, y buen peluquero y un experto en dar tratamientos faciales, un entrenador personal, un nutricionista, suficiente dinero para comer bien, un buen fotógrafo que entiende la necesidad de la buena luz, un estilista de vestuario, un buen cirujano plástico (quien te puede hacer ver descansada y feliz, y no agotada y no con el rostro contraído), y una niñera para los hijos (quien puede cuidar a los niños mientras a ti te hacen todas estas cosas), se puede ver bien. Te garantizo que si te hicieras todas estas cosas durante un mes también te verías fantástica. La forma en que esta «gente bella» está en una posición de que le hagan todas estas cosas es que tienen buena estructura ósea, carisma y alguna clase de talento.

No estoy diciendo que no había ninguna persona con belleza natural, porque las había. Pero eran mucho más raras de lo que puedes pensar. Y aun esas personas veían fallas en sí mismas. Ellas, al igual que el resto de nosotros, siempre tienen algo que no les gusta en cuanto a su cuerpo, su rostro, o sus habilidades y talentos. Lo que quiero recalcar es que ver la forma en que la mayoría de la gente se veía *en realidad*, me ayudó a no ser tan dura conmigo misma.

No te expongas a comparaciones negativas dejando que fotos, películas, revistas y carteleras ejerzan influencia en la imagen que tienes de ti misma. Cualquier cosa que no te guste acerca de tu cuerpo, rostro, cabello o talento te puede inhibir sexualmente con tu cónyuge. Por supuesto, haz todo lo más que puedas para sentirte bien contigo misma, pero no te compares con una norma establecida en las revistas, las películas y la televisión. No te añadas esta clase de presión, porque esas imágenes no son reales y solo perjudicarán tu relación sexual con tu esposo.

Sean considerados el uno con el otro

Refiriéndose a las relaciones sexuales, la Biblia dice: «La mujer ya no tiene derecho sobre su propio cuerpo, sino su esposo. Tampoco el hombre tiene derecho sobre su propio cuerpo, sino su esposa» (1 Corintios 7.4). Esto no quiere decir que le vas a permitir a tu esposo (esposa) que te maltrate. Tampoco quiere decir que puedes forzar a tu cónyuge a hacer algo que no quiere hacer. Y ninguno de los dos debería requerir que practiquen la abstinencia más de lo que tu cónyuge quiere. Esto quiere decir que si tu cónyuge quiere intimidad contigo, se la debes proveer o tener una razón buena por la cual no puedes. Tienes que considerar las necesidades de tu cónyuge por encima de tus propias preocupaciones.

Fuera del reino de Dios, las relaciones sexuales son «*yo* primero». Es algo que *me* hará sentir mejor acerca de *mí*. Y si no quieres intimidad porque tu cónyuge te ha herido o desilusionado, entonces dile eso. No decir nada y tratar de forzar la intimidad con seguridad que va a hacer que las cosas empeoren y haga más daño que no hacer nada en absoluto. Dile a él (ella) que primero necesitas hablar y compartir algunas cosas. Por otro lado, el solo «no sentir que ese es el momento», no es una excusa suficientemente buena. Parte del éxito en cualquier cosa que hagas es hacerlo cuando debes hacerlo, ya sea que sientas en ese momento inspiración para hacerlo o no.

Por supuesto que hay momentos cuando no te sientes bien o sientes agotamiento, pero esa no debe ser la norma. La Biblia dice: «No se nieguen el uno al otro, a no ser de común acuerdo, y sólo por un tiempo, para dedicarse a la oración. No tarden en volver a unirse nuevamente; de lo contrario, pueden caer en tentación de Satanás, por falta de dominio propio» (1 Corintios 7.5). Esto quiere decir que cuando tu cónyuge te da alguna indicación de que el tiempo es el correcto, la única excusa apropiada para no honrar sus deseos expresados es que estés en ayuno y oración. Lo que deben tener en cuenta acerca de la abstinencia es que si es por un tiempo largo o es muy frecuente en un matrimonio, ambos están más expuestos a la tentación. El poner a tu cónyuge primero en tu relación sexual los protegerá a ambos de las tentaciones que se presenten. Cada vez que te rehúsas a tener relaciones sexuales con tu esposo (esposa), siempre existe la posibilidad de que el enemigo coloque una trampa frente a él (ella) al siguiente día. Tal vez no sea una persona, pero las imágenes sexuales que están por todos lados podrían tener un impacto mayor. Sin embargo, si tu esposo (esposa) ya ha tenido sus necesidades sexuales suplidas en ti, él (ella) no será tan vulnerable a la tentación que se le presente.

Las tensiones de la vida, tales como avanzar en una carrera, establecer el hogar, criar a los hijos, bregar con enfermedades o dolencias, las luchas financieras, los desacuerdos y los altercados pueden afectar tu vida sexual. Si una esposa siente que el único momento en que su esposo está interesado en ella es cuando quiere tener relaciones sexuales con ella, entonces se sentirá desalentada. Si un esposo siente que a menos que haga todas las cosas a la perfección para su esposa nunca va a tener relaciones sexuales, sentirá resentimiento. Pero si cada uno de ustedes pone al otro primero, una vida sexual activa mantendrá viva su relación. Los mantendrá sintiéndose más jóvenes; les aclarará la mente; equilibrará las cosas entre los dos. Olvídense de las cuentas, de los desacuerdos, de los niños, de los problemas del trabajo, y concéntrense el uno en el otro. Si siempre piensas en *qué es lo que puedes hacer para bien de él (ella)* en lugar de *¿qué es lo que puedo sacar de esto?*, entonces tu vida sexual será buena. Cada vez que lo hagas, vas a derrotar los planes del enemigo de destruirte.

Borrón y cuenta nueva

Es importante traer delante del Señor cualquier encuentro sexual que hayas tenido antes de casarte, y arrepentirte para que ahora no afecte tu matrimonio. Aun si nunca has tenido relaciones sexuales antes de casarte, si hay algo que has hecho con alguien que sospechas que no era la voluntad de Dios para tu vida, confiésaselo a Dios. Si fue algo que te hicieron a ti, pídele a Dios que te limpie de esos recuerdos. Si no lo haces, los recuerdos de esos incidentes van a volver como espectros cada vez que tu y tu esposo (esposa) tienen intimidad. Estarán contigo en el dormitorio. No le permitas al diablo que tenga esta fortaleza. Corta esas ataduras del alma de inmediato. Pídele a Dios que te traiga a la mente todos esos recuerdos para que puedas confesarlos ante Él y ser liberado. Si eras virgen antes de casarte, dale gracias a Dios de que no tienes que ir por este cementerio de recuerdos pasados, y arrojar a la fuerza a cada fantasma uno por uno.

Ora pidiendo resistir la tentación

Sin importar lo mucho que trates de vivir una vida santa, siempre habrá alguna clase de tentación. Y tienes que recordar que cuando llega, no proviene de Dios para que encuentres mayor satisfacción. Viene del enemigo que trata de destruirte. Pero Dios te dará una salida. Él dice que te *sometas a Él*, que *resistas al diablo*, y que cuando lo haces, el enemigo huirá de ti (Santiago 4.7). Si eres tentado, resiste la inclinación a actuar sobre la tentación, humíllate delante de Dios, y ora hasta que el diablo se vea forzado a irse.

Lo importante en un matrimonio es guardar el corazón de pensamientos descarriados (Proverbios 4.23). No te permitas pensar, de alguna manera sexual, en nadie más que no sea tu esposo (esposa). El enemigo siempre tratará de apartar tu atención de tu cónyuge, y luego tratará de aprisionarte con una culpa que te paraliza. No permitas que se salga con la suya en cuanto a esto. Si alguna vez estás con otras personas y encuentras a alguien particularmente atractivo, fuérzate a ti mismo a pensar en él (ella) como un hermano o hermana en Cristo. Pídele a Dios que te ayude a ti y a tu cónyuge a tener ojos solo el uno para el otro, y a hacer una prioridad la intimidad sexual como matrimonio.

La amenaza de la pornografía

De la gran cantidad de parejas que supe que tenían problemas en su matrimonio, los dos asuntos principales fueron la infidelidad y la pornografía. Con franqueza les digo que me ha impactado mucho la epidemia de estos mismos asuntos entre creyentes. La pornografía es una de las tácticas más insidiosas del enemigo para destrozar las vidas y los matrimonios hoy en día. Y debido a que se puede obtener haciendo dos veces «clic» en la Internet, su acceso es demasiado fácil. Una queja común que he escuchado de las mujeres cuyos esposos son adictos a la pornografía es que la han mirado juntos, esperando mejorar su vida sexual, pero en cambio ha destrozado su matrimonio.

Este terrible hábito comienza poco a poco. El solo mirar la tapa de una revista sugestiva en un aeropuerto, estación de servicios, o supermercado puede plantar una semilla en la mente, que crece y se convierte en algo insidioso. Cuanto más se expone una persona, tantas más semillas son plantadas y tanto más profundamente crecen. Entonces una persona se siente llevada hacia la pornografía y la busca. Los que la practican, se vuelven muy herméticos, pocos comunicativos y no son sinceros con el Señor. La risa sincera ha desaparecido. Sus ojos están cubiertos por un manto de ceguera y no pueden ver la verdad.

Cuando era niña, me regalaron un juego para grabar imágenes en madera. Yo enchufaba el aparato manual de grabar madera, y cuando estaba caliente, lo apretaba contra la madera, la que se quemaba con una imagen que quedaba para siempre. La pornografía es así. Quema o graba una imagen en el cerebro que queda allí. Puede causar que una persona esté obsesionada hasta el punto de perder la razón. No solo destruye el alma, sino que hace que la persona pierda el equilibrio mental.

No importa lo joven o viejo que seas, puedes ser susceptible a cualquier edad. Cuando un niño pequeño es expuesto a la pornografía, planta una semilla en su corazón que continuará creciendo mucho después de que el evento ha tenido lugar. En algún momento en el camino hacia la madurez va a salir a la superficie. Eso es porque detrás de cada pensamiento lujurioso hay un espíritu seductor que quiere apartar a la víctima de las cosas de Dios, y llevarla hacia el mal y la inmundicia que trae destrucción. Y continuará esperando silenciosamente para surgir en un momento de debilidad. Viene directamente del infierno con el propósito de atraparte y destruir tu vida.

Aun si tú y tu cónyuge no tienen ni la menor inclinación hacia la pornografía, todavía hay numerosas imágenes sexuales por todos lados que pueden ser lanzadas delante de su vista, y eso también puede abrirle la puerta a este problema. He visto algunas revistas de noticias que en sus avisos tienen imágenes que son casi pornográficas. Hay programas de televisión, películas y videos que puedes darte cuenta de que tienen material sugestivo en ellos. No estoy hablando de ir a una librería solo para adultos y pedir las revistas envueltas en bolsas de papel que se encuentran en el cuarto de atrás. No estoy hablando de visitar un sitio pornográfico en la Internet. Estoy hablando de imágenes inapropiadas y explícitas en avisos comerciales en la televisión, avisos impresos, videos y películas. Cuando permitimos que nuestros ojos vean esas imágenes o que nuestros oídos escuchen diálogos sugestivos, eso nos contamina la mente. Cuando nos acostumbramos a eso, somos susceptibles a que una atadura del enemigo se implante en nuestra alma. Cuanto más material de esta clase veamos, tanto más profunda será la atadura del enemigo.

Jesús dice que se peca con solo mirar (Mateo 5.28). Pero Jesús también dio la solución. «Por tanto, si tu ojo derecho te hace pecar, sácatelo y tíralo. Más te vale perder una sola parte de tu cuerpo, y no que todo él sea arrojado al infierno» (Mateo 5.29). Eso quiere decir que si aparece algo en la televisión con contenido sexual, apaga el televisor. Si se presenta en una escena de una película, levántate y sal de la sala de cine. No la mires ni siquiera por un segundo. Que tu reacción sea instantánea. No permitas que el enemigo gane una fortaleza en tu alma. Hay un espíritu malo detrás de todo lo que es sexualmente explícito. Es por eso que a menos que ya hayas sido afectado, vas a retroceder cuando veas algo que siquiera se asemeja a la pornografía.

CINCO ADVERTENCIAS PARA RECORDAR ACERCA DE LA LUJURIA

1. **La lujuria está siempre en contra de la voluntad de Dios.** La Biblia exhorta a los creyentes a «vivir el resto de su vida terrenal no satisfaciendo sus pasiones humanas sino cumpliendo la voluntad de Dios» (1 Pedro 4.2).

2. **La lujuria en el corazón es adulterio.** «Pero yo les digo que cualquiera que mira a una mujer y la codicia ya ha cometido adulterio con ella en el corazón» (Mateo 5.28).

3. **Los deseos carnales destrozan la paz del alma.** «Queridos hermanos, les ruego como a extranjeros y peregrinos en este mundo, que se aparten de los deseos pecaminosos que combaten contra la vida» (1 Pedro 2.11).

4. **Los deseos carnales luchan contra tu espíritu.** «Porque [la carne] desea lo que es contrario al Espíritu, y el Espíritu desea lo que es contrario a ella. Los dos se oponen entre sí, de modo que ustedes no pueden hacer lo que quieren» (Gálatas 5.17).

5. **La lujuria en el corazón le pone una trampa a tu alma.** «La justicia libra a los justos, pero la codicia atrapa a los falsos» (Proverbios 11.6).

Si tu cónyuge es el que tiene el problema

Puede ser difícil descubrir si tu cónyuge tiene un problema con la pornografía, porque ustedes tienen vidas muy ocupadas, se dan libertad y cada uno espera lo mejor del otro. Pero si alguna vez sientes que algo anda muy mal, y no sabes lo que es, confía en los instintos que Dios te ha dado, y pídele a Él que te muestre qué es eso que estás sintiendo. Sé de algunas situaciones en las cuales la esposa podía sentir que algo andaba mal, aun cuando no tenía evidencia concreta. Lo que ella sentía era la atención dividida de su esposo y vio que el brillo había desaparecido de los ojos de él. Esas eran señales de un asunto más profundo.

Muchas veces no vemos lo que está mal porque no *queremos* verlo. Queremos ver lo que está *correcto*. Queremos ver lo *bueno*. Queremos pensar lo mejor. No queremos pensar en lo que tememos que sea, porque no podemos resistir que se cumpla nuestro temor. Entendemos que toda nuestra vida será afectada, y no lo podemos enfrentar. Pero la buena noticia es que nunca estás sola cuando tienes a Jesús, que es Emanuel —Dios con nosotros. Él ha enviado al Espíritu Santo para que esté a tu lado como tu Ayudador y Consolador, para que te guíe en todo —aun a enfrentar la amenaza de la pornografía en tu matrimonio.

Cuando una esposa descubre que su esposo es adicto a la pornografía, la hace sentir traicionada, inadecuada, poco atractiva, llena de dudas sobre sí misma, angustiada, herida y como que ha fracasado. Pero la verdad es que nada de eso tiene que ver con ella. No es culpa de ella de ninguna forma. Nadie fuerza a nadie a que llegue a ser un pervertido. El enemigo ha plantado una semilla de lujuria en el corazón de su esposo —ya sea que le ha sucedido a él cuando era niño o la ha dejado entrar él de adulto—, y lo ha atrapado.

Así que si tu esposo (esposa) está metido en la pornografía, por favor, ten la seguridad que no es culpa tuya. En realidad no tiene nada que ver contigo. Te afecta muchísimo, pero tú no eres responsable. Pero no abandones a tu cónyuge si está tratando de ser liberado. La realidad es que él (ella) necesita tu apoyo más que nunca. Eso no quiere decir que tú tienes que ocultar tus sentimientos de enojo o desilusión, pero no permitas que esos sentimientos y la falta de perdón se interpongan en el camino de que tus oraciones sean contestadas.

Tal vez sientas enojo por tener que pensar en este problema, que tu mente tenga que estar ocupada con tales pensamientos depravados, y estarás disgustada con todo derecho, en cuanto a tener que preguntarte si el problema ha desaparecido por completo o no. No hay nada de malo en esperar decencia humana, y cuando encuentras falta de ella en tu cónyuge, sufres por la persona con la que pensaste que te casaste. Date el derecho de sufrir y de enojarte, pero recuerda que es tu cónyuge la persona que tiene el problema y que tú eres parte de la solución. Tus oraciones lo (la) pueden ayudar a encontrar la libertad, y puedes guiarlo a él (ella) a buscar ayuda profesional. Hay expertos que saben qué hacer, y tu cónyuge tiene que rendirle cuentas a alguien además de ti.

Una vez que la pornografía ha invadido sus vidas, no puedes volver a la forma en que era antes. Tienes que comprometerte a trabajar a través de esto y a edificar una vida juntos. Busca consejeros y compañeros de oración piadosos. Comprométete a orar a través de esto con ellos. Ninguna fuerza del infierno se puede oponer al poder de Dios que se manifiesta a favor de un esposo y esposa que oran juntos.

Si tu esposo (esposa) está atrapado en una atadura del enemigo, el poder de tus oraciones por él (ella) será mucho mayor si a la oración le agregas el *ayuno*. Aun después de un simple ayuno de 24 horas en el cual solo bebes agua y oras cada vez que sientes ganas de comer, verás a Dios hacer milagros. Dios dice que el ayuno es para *«romper las cadenas de injusticia y desatar las correas del yugo, poner en libertad a los oprimidos y romper toda atadura»* (Isaías 58.6, itálicas añadidas). Eso es exactamente lo que necesitas para combatir a un problema de esta magnitud.

Si tú eres quien tiene el problema

Cada uno de nosotros tiene un punto débil, un lugar en el cual somos vulnerables, y el diablo lo sabe. Si tu ojo vaga hacia las imágenes llenas de sexualidad, cada vez que veas una de ellas se te grabará con más profundidad en la mente como así también en el corazón y en el alma. Aun mirar en forma accidental un instante puede quedar contigo para siempre. Las fantasías un día se volverán en acción, y las relaciones sexuales en tu matrimonio ya no te resultarán satisfactorias.

La pornografía está hecha de una partida de mentiras que la persona tiene que creer. Una vez que han sido plantadas, las semillas de la pornografía crecerán como maleza y espinas que van a ahogar todo el potencial de tu vida. Si tu mente piensa demasiado en cosas pervertidas, sin valor y viles, cosecharás cosas perversas, sin valor y viles en tu vida.

Cuando te controla un espíritu de lujuria, el resto de tu vida comienza a desmoronarse porque te destruye el alma y la mente. Si miras lo que es malo ante los ojos de Dios, desciendes a las tinieblas. Te conviertes en una persona vacía que es incapaz de conectarse a ninguna otra parte de tu vida. «Pues la ramera va tras un pedazo de pan, pero la adúltera va tras el hombre que vale. ¿Puede alguien echarse brasas en el pecho sin quemarse la ropa?» (Proverbios 6.26-27). Erosiona la esencia de quien eres y de quien podrías ser. Mata las relaciones sexuales sanas, satisfactorias entre un esposo y su esposa. Si ustedes no tratan de averiguar lo que necesitan el uno del otro, mirar videos de otras personas teniendo relaciones sexuales no va a mejorar la situación. En realidad, empeorará las cosas. Nunca vas a poder apreciar los atractivos que tiene tu cónyuge si buscas emociones mirando a otras personas atractivas.

La Biblia dice: «No me pondré como meta nada en que haya perversidad» (Salmo 101.3). La pornografía es perversa. Es una acción de lujuria, no de amor. La lujuria es acerca de «mí» y de lo que «yo» quiero. No es acerca de compartir y edificar sobre un fundamento de amor. La lujuria nunca halla satisfacción, siempre quiere más.

Detrás de cada pecado hay un espíritu maligno que espera establecer una atadura. Cada vez que una persona le da lugar al pecado, la atadura se establece un poco más. Alguien que ha recibido a Jesús como Salvador no puede estar poseído de un demonio, pero por cierto que puede invitar al mal a su vida por las cosas que hace y que permite, y todo eso impedirá que tenga la vida buena que Dios tiene para él (ella). Todavía puede ir al cielo, pero va a tener que caminar por un infierno en la tierra antes de ir al cielo. Dios permitirá que la terrible condición del alma de esas personas los haga sentir desdichados, porque Él quiere que ellos dejen de adorar en el altar de sus lujurias y que comiencen a adorarlo a Él.

Una vida secreta de lujuria contrista al Espíritu Santo. Se burla de un Salvador que entregó su vida para que nosotros pudiéramos escapar del pecado y sus consecuencias. Es como si Él te hubiera libertado en vano porque tú no quieres que te dé aquello por lo que Él murió. Ofende a Dios que sus hijos escojan dejar entrar a sus vidas las cosas que los separan de Él.

Los videos y las imágenes pornográficas se te graban en la mente y en el corazón cada vez que las ves, y te atraerán como un imán. Cada vez te sientes más estimulado por fotos e imágenes de otros, y menos y menos por tu cónyuge. Hay libertad, pero primero debes dejar de mirarlas. Tienes que rehusarte a permitir pecado oculto en tu vida. El primer paso hacia la limpieza y la liberación es reconocer que esto es un pecado *contra* Dios. El siguiente paso es confesarle *a* Dios tu pecado.

Jesús dijo: «Si alguien quiere ser mi discípulo, tiene que negarse a sí mismo, tomar su cruz y seguirme» (Mateo 16.24). Parte de negarte a ti mismo y de tomar *su* cruz y seguir a *Jesús* es rehusarte a mirar ninguna cosa que sea sexualmente explícita. Haz lo que tengas que hacer para evitar mirar pornografía. Lo que sea que te tiente, quítalo de tu vida. Tira a la basura todos los videos y revistas que tienen imágenes o lenguaje explicito en ellos. Eso incluye las palabras obscenas. Esto también es una trampa, así que haz todo lo más que puedas para desconectarte de eso. Deja de ir al cine, quita la Internet de tu casa, desconecta la televisión por cable, desconecta el televisor si estás en un hotel solo, o haz que bloqueen los canales para «adultos» en el instante en que entras a tu cuarto. Deshazte de todas las cosas que no son de Dios. Haz lo que sea necesario. Corta la fuente de lo que sea que causa que peques.

La buena noticia es que la muerte de Jesús en la cruz rompió el poder del acusador en tu vida. El enemigo tratará de convencerte de que no es así e intentará controlar tu vida si tú no entiendes que tienes autoridad que Dios te ha dado sobre él. Esto quiere decir que tienes acceso al poder que puede liberarte de cualquier cosa que trate de envenenar tu vida y tu alma.

Cuando te diriges al Señor para todas las cosas, especialmente para recibir libertad de las cosas que ni siquiera quieres mencionar delante de Dios, serás liberado completamente y ya no tienes que sentir vergüenza. «Radiantes están los que a él acuden; jamás su rostro se cubre de vergüenza» (Salmo 34.5). La Biblia dice que el apóstol Pablo hizo lo siguiente: «A todos les prediqué que se arrepintieran y se convirtieran a Dios, y que demostraran su arrepentimiento con sus buenas obras (Hechos 26.20). Tú demuestras tu arrepentimiento cuando dejas de hacer las cosas de que te has arrepentido y vives de la forma en que se supone que vivas.

Si estás en alguna clase de posición de liderazgo cristiano o de influencia, prominencia o trabajas para la gloria de Dios y su reino, vas a ser tentado de alguna manera debido a ello. No trates de enfrentar la tentación solo. Todos necesitamos dos o tres creyentes fuertes para que se mantengan a nuestro lado en forma continua para resistir los planes del enemigo para nuestra destrucción. Cuantos más, mejor. «Uno solo puede ser vencido, pero dos pueden resistir. ¡La cuerda de tres hilos no se rompe fácilmente!» (Eclesiastés 4.12). Busca a creyentes fuertes que obedecen la Palabra, que viven vidas piadosas y no son chismosos, que puedan ser compañeros de oración contigo y con tu cónyuge. «Por eso, confiésense unos a otros sus pecados, y oren unos por otros, para que sean sanados. La oración del justo es poderosa y eficaz» (Santiago 5.16).

También necesitas estar conectado al cuerpo de Cristo a través de tu iglesia local (1 Corintios 12.12). No estás completamente bajo la cobertura de Dios si no te sometes a un cuerpo piadoso de creyentes. Cuando no estás conectado, pierdes el poder que viene con un grupo.

No estoy hablando de dejar que te controlen la mente; estoy hablando de permitir que tu corazón encuentre un hogar en la iglesia de la cual llegas a ser parte de la familia que la compone. No vayas a la iglesia para simplemente ver qué es lo que pasa allí. Vé para participar de lo que Dios está haciendo allí. Haz contacto con las personas y sirve en la iglesia de alguna forma. Te servirá de protección.

El poder de la Palabra de Dios te fortalece

Hace muchos años aprendí que citar versículos bíblicos, especialmente en nuestras oraciones, es poderoso y lo único lo suficientemente fuerte como para silenciar las voces del desaliento y la desesperación. Las palabras de las Escrituras tienen poder en sí mismas, pero cuando las dices en voz alta, aumentan tu fe y te dan fortaleza. Las Escrituras tienen el poder de liberarnos de todo lo que nos ata. A medida que lees la Palabra de Dios, tu mente puede ser renovada y transformada, porque alinea tu mente y corazón con Dios. Si *no* lo estás haciendo, siempre estás apartándote de Él empujado por la corriente, aun sin darte cuenta. Y esa corriente será suave y casi imperceptible hasta que un día te das cuenta de que has caído y Dios no estaba allí para agarrarte, porque caíste muy lejos de los parámetros que Dios ha establecido para tu vida.

Mientras que el asesoramiento que recibimos de otras personas es extremadamente importante y puede hacer una diferencia enorme, solo Dios puede sanarnos totalmente en el interior. El asesoramiento solo puede ayudarnos a cambiar nuestro comportamiento —el que definitivamente necesita ser cambiado—, pero no puede transformarnos en la clase de persona que Dios nos creó para ser. Solo el Espíritu Santo puede hacer eso. Junto con el asesoramiento, todavía tienes que establecer y profundizar tu relación con Dios. Tienes que permanecer en su Palabra y comunicarte con él por medio de la oración, la alabanza y la adoración. «Antes de sufrir anduve descarriado, pero ahora obedezco tu palabra» (Salmo 119.67). Ora hasta que consigas la libertad que necesitas.

ORACIONES POR MI MATRIMONIO

Oración pidiendo protección

SEÑOR, TE PIDO QUE BENDIGAS nuestro matrimonio en todo, y especialmente te pido que protejas nuestra relación sexual. Ayúdanos siempre a ponernos el uno al otro primero, y a no sacrificarnos el uno al otro al no tener en cuenta las necesidades mutuas. Evita que pongamos la vista en alguna cosa que podría perjudicar nuestra relación. Evita que nuestros corazones sientan la atracción de separarnos. Ayúdanos a vivir decentemente y no en lujuria o disensión (Romanos 13.13). Ayúdanos para vivir siempre en el Espíritu y a no seguir los deseos de la carne (Gálatas 5.16). Ábrenos los ojos para que reconozcamos la impiedad y la mundanidad para poder rechazar esas seducciones y aprender a vivir según tus caminos.

Señor, ayúdanos a estar tan dedicados a ti que lo que más nos importe sea vivir en obediencia a tus estatutos. Capacítanos para ver las cosas desde tu perspectiva. Ayúdanos a reconocer de antemano lo que nos llevará a la tentación para siempre poder dar pasos para evitarla. Ayúdanos a apartarnos de cualquier cosa que pudiera tentarnos a ver cosas de naturaleza explícita. Expone todos nuestros pecados a tu luz para que ninguno de los dos pueda tener una vida secreta. Revela todo lo que debe ser visto en nuestras vidas.

En las esferas en que somos ciegos a la verdadera naturaleza de las cosas que nos permitimos ver, ábrenos los ojos para ver la verdad. En las esferas en que estamos aprisionados por deseos impíos, líbranos. Si estamos en oscuridad en cuanto a esto, haz que tu luz brille en nuestra atracción o desobediencia (Isaías 42.5-7). Sé que «la mentalidad pecaminosa es muerte, mientras que la mentalidad que proviene del Espíritu es vida y paz» (Romanos 8.6). Sé que si vivimos en la carne no te podemos agradar (Romanos 8.8). Ayúdanos a aprender a vivir de una forma que te agrade. Oro en el nombre de Jesús.

Oración pidiendo victoria en mí

SEÑOR, TE PIDO QUE ME HAGAS la esposa (el esposo) que tú quieres que sea. Ayúdame a suplir las necesidades sexuales de mi esposo (esposa). Enséñame a estar atento (atenta) a sus necesidades y deseos, y a poner sus necesidades antes que las mías. Haz que siempre sintamos atracción el uno por el otro.

Señor, te pido que escudriñes mi corazón y que me reveles cualquier pensamiento, atracción o fantasía que pudiera albergar para poder ser libre de ellas completamente (Salmo 139.23-24). Muéstrame cualquier raíz de cualquier problema que hay en mí para poder eliminarla completamente. Si he encontrado a otro hombre (mujer) más atractivo que mi esposo (esposa), te lo confieso como pecado. Aun si solo lo he pensado y nunca he actuado en ese aspecto, sé que todavía es un pecado ante tus ojos. Líbrame de esa atadura. Rompe cualquier atadura que el enemigo tiene en mí (Romanos 7.15-21). Amo tu ley, Señor, y no quiero tener conflicto en la mente que me lleve a la cautividad del pecado. Gracias, Jesús, porque puedo encontrar libertad de la carne —la cual sirve a la ley del pecado—, para en cambio ser siervo (sierva) de tus leyes (Romanos 7.22-25).

Señor, elevo mis ojos a ti en el cielo, y en forma deliberada los quito de las cosas de la tierra (Salmo 123.1). Me consuelo en el hecho de que tú eres mi refugio y que puedo ir a ti cada vez que me siento tentado a mirar cualquier cosa impía, o pensar en cualquier cosa que no te agrada (Salmo 141.8). Quita de mí todo aquello que mantiene abierta la puerta a las cosas pecaminosas y a los pensamientos lujuriosos. Ayúdame a ser una esposa (esposo) fiel y verdadero en pensamiento y en acción. «SEÑOR, tú me examinas, tú me conoces.... aun a la distancia me lees el pensamiento» (Salmo 139.1-2). «SEÑOR,

hazme conocer tus caminos.... Encamíname en tu verdad,
¡enséñame!» (Salmo 25.4-5). Oro en el nombre de Jesús.

Oración pidiendo victoria en mi esposo (esposa)

SEÑOR, ORO POR LA MENTE DE MI esposo (esposa), pidiéndote
que la protejas de las mentiras de Satanás y que esté abierta a
tu verdad. Quita las anteojeras de él (ella) completamente para
que pueda ver cada foso de mentiras por lo que es. Ayúdalo
(ayúdala) a entender completamente el daño que le hace a
nuestro matrimonio cualquier grado de lujuria, cuando él
(ella) le da lugar. Ábrele los ojos para que vea el peligro y dale la
fortaleza para evitar situaciones y personas que pueden llevarlo
(llevarla) a ese foso de nuevo.

Capacítalo (capacítala) para que vea a la pornografía y a
cualquier otra imagen explícita como cosas malas ante tus
ojos. Quita los ojos de él (ella) de las cosas que no tienen valor
(Salmo 119.37-39). Ayúdalo (ayúdala) a entender la grandeza
de tu poder a su favor (Efesios 1.17-19). Si él (ella) fracasa en
esta esfera, ayúdame para que pueda volver a confiar en él (ella)
de nuevo. Ayúdame para todavía querer tener intimidad con
él (ella) y a no sentir resentimiento, sospechas o celos debido
a sus afectos colocados en el lugar equivocado. Ayúdame para
no sentirme defraudado (defraudada). Muéstrame todo lo que
puedo hacer para ayudarlo (ayudarla).

Señor, te entrego completamente a mi esposo (esposa).
Haz lo que sea necesario para que él (ella) vea la verdad
acerca de lo que hace. Pon tu amor en su corazón hacia mí,
y ayúdalo (ayúdala) para que sus ojos, su corazón y su mente
estén protegidos de encontrar atractivo en otras personas.
Muéstrale a él (ella) todas las mentiras disfrazadas de verdad.
Ayúdalo (ayúdala) a abandonar toda conducta que no esté
alineada contigo y a que rechace toda la corrupción que viene
de «los deseos engañosos» (Efesios 4.22). No permitas que él

(ella) sea llevado por un sendero que lleva a la muerte y el infierno (Proverbios 5.3-5). Líbralo (líbrala), y diremos «esto es obra del Señor, y nos deja maravillados» (Marcos 12.11). Ayúdalo (ayúdala) a resistir toda tentación. Dale «el Espíritu de sabiduría y de revelación, para que lo conozcan mejor. Pido también que les sean iluminados los ojos del corazón para que sepan a qué esperanza él los ha llamado» (Efesios 1.17-18). Oro en el nombre de Jesús.

VERDADES PARA AFIRMAR

No se amolden al mundo actual, sino sean transformados mediante
la renovación de su mente. Así podrán comprobar cuál es la
voluntad de Dios, buena, agradable y perfecta.

ROMANOS 12.2

¿Cómo puede el joven llevar una vida íntegra?
Viviendo conforme a tu palabra. Yo te busco con todo el corazón;
no dejes que me desvíe de tus mandamientos.
En mi corazón atesoro tus dichos para no pecar contra ti.

SALMO 119.9-11

La sabiduría vendrá a tu corazón, y el conocimiento te endulzará
la vida. La discreción te cuidará, la inteligencia te protegerá.
La sabiduría te librará del camino de los malvados.

PROVERBIOS 2.10-12

Endereza las sendas por donde andas; allana todos tus caminos.
No te desvíes ni a diestra ni a siniestra; apártate de la maldad.

PROVERBIOS 4.26-27

El SEÑOR aborrece a los de corazón perverso,
pero se complace en los que viven con rectitud.

PROVERBIOS 11.20

9

Cuando la DUREZA del CORAZÓN MATA el AMOR

Tengo que hacerte una advertencia. En cada matrimonio puede llegar un tiempo cuando te cansas. Se te ha acabado la paciencia esperando ver alguna clase de cambio en tu cónyuge. Has perdonado una y otra vez y estás cansado de la lucha. Ya no piensas seguir tratando de hacer que las cosas mejoren. Estás cansado de que te hieran una y otra vez, y de esperar una solución que nunca llega. En tu corazón comienzas a cerrar una puerta que antes estaba abierta entre los dos. Los años han hecho estragos, y tú, inconsciente (o conscientemente), decidiste que ya no vas a seguir tratando. Ya no sientes amor por tu esposo (esposa) como sentías antes, y no te importa volver a sentirlo.

Esto le puede suceder a cualquier matrimonio en el cual uno de los cónyuges está trabajando para mejorar las cosas y el otro no hace nada en absoluto. El corazón se te puede enfriar y endurecer como una piedra, y parecerá que el amor que una vez tuvieron ha muerto. Pero la buena noticia es que Dios tiene el poder de cambiar las cosas completamente. Él es el Dios de los milagros y de la restauración que hace nuevas todas las cosas. Jesús —la fuente suprema de poder de resurrección— puede resucitar un amor que ha muerto, y puede ablandar tu corazón hacia tu cónyuge. Él puede hacer que tu matrimonio tenga vida nuevamente, y eso puede suceder con mucha rapidez.

Quitándole el cerrojo a la puerta de tu corazón

Cuando te casas, tu corazón ha encontrado un hogar. Pero tu corazón es un hogar para cualquier cosa que permitas que entre en él. El hogar de tu corazón puede ser frío, incómodo, amargado y yermo. O puede estar lleno de ternura, luz, amor y vida. A veces ese hogar está trancado con llave porque has dejado afuera al Señor o a tu cónyuge. Pero puedes abrir la puerta si tienes la llave correcta. Jesús dijo: «Te daré las llaves del reino de los cielos; todo lo que ates en la tierra quedará atado en el cielo, y todo lo que desates en la tierra quedará desatado en el cielo» (Mateo 16.19). Dios nos ha dado llaves de autoridad y el poder de cambiar cosas —aun nuestro corazón.

Es de suma importancia que te recuerdes a ti mismo a menudo que cuando algo marcha mal en tu matrimonio —sin importar lo que sea—, Jesús te ha dado el poder y la autoridad para enfrentarlo en el reino espiritual por medio de la oración. Esto no quiere decir que vas a intentar dominar a tu cónyuge, o volverte rígido y dar un ultimátum. Quiere decir que reconoces las huellas del enemigo y que tú enfrentas lo que está sucediendo orándole a Dios para que intervenga con su amor y poder en la atmósfera de tu matrimonio y la condición de tu corazón. Al orar, tú abres la puerta y recibes su sanidad, liberación, transformación y restauración.

Si hay luchas, enojo, ansiedad, tristeza, desesperación, desesperanza, resentimiento o amargura en tu relación matrimonial, puedes tomar autoridad sobre los espíritus que se encuentran detrás de esas emociones negativas y decirle al enemigo que tu corazón y tu hogar están establecidos para la gloria de Dios, y que él no tiene derecho a estar allí, porque tú tienes autoridad completa sobre él. Si el enemigo te atormenta con sugerencias de que tu autoridad ha sido comprometida porque no has asistido a la iglesia últimamente, no has leído la Biblia, o no has obedecido las leyes de Dios, entonces declara: «Esos asuntos son entre mi Padre celestial y yo, y mi autoridad viene de lo que hizo *Jesús*, no de lo que *yo* hago». Luego invita al espíritu de amor, gozo, paz, perdón y esperanza a que sea el invitado de honor que se derrame en tu corazón y en tu relación matrimonial.

A ti te corresponde hacer todo lo más posible para que la dureza no tenga forma de vivir en tu corazón, porque con seguridad que van a ocurrir cosas malas si no lo haces. «¡Dichoso el que siempre teme al Señor! Pero el obstinado caerá en la desgracia» (Proverbios 28.14). Cuando endureces el corazón hacia tu cónyuge, también lo has endurecido hacia Dios. Este es un terreno muy peligroso para estar en él.

No confíes en tu corazón, porque se puede endurecer por algo que crees que es completamente justificable. «Necio es el que confía en sí mismo; el que actúa con sabiduría se pone a salvo» (Proverbios 28.26). Dios no ve nunca que el endurecimiento del corazón se puede justificar. Eso es porque cuando recibes al Señor, Él envía al Espíritu Santo para vivir en tu corazón y ablandarlo. «Yo les daré un corazón íntegro, y pondré en ellos un espíritu renovado. Les arrancaré el corazón de piedra que ahora tienen, y pondré en ellos un corazón de carne» (Ezequiel 11.19). El permitir que tu corazón se vuelva como una piedra indica que no les ha dado al Espíritu Santo rienda libre en él. Cuando invitas al Espíritu Santo a que fluya libremente a través de ti, todos los que están a tu alrededor serán beneficiados, especialmente tu cónyuge y tus hijos.

El arrepentimiento y el perdón son suavizadores de la fibra del corazón

¿Recuerdas a la gente de la comunidad *amish,* quienes en forma tan sorprendente perdonaron instantáneamente al hombre que mató a varios niños en una escuela? Con cuánto amor pronunciaron las palabras «Te perdono» después de una tragedia sin sentido y tan terrible. Pero con seguridad que va a haber etapas de perdón en los próximos años a medida que la extensión de ese crimen se desarrolla. Tal vez el perdón deba ser extendido en cada cumpleaños que ese niño no celebró, en las reuniones familiares a las que ese niño nunca asistió, cuando pensaron en la boda de ese niño que nunca pudieron disfrutar, los nietos que nunca nacieron, y los sueños para ese niño que nunca se realizaron. Con seguridad que todo eso tiene que ser perdonado a través del tiempo. Y estoy segura de que con la profunda fe y pureza de la gente *amish*, eso es lo que harán.

Lo que quiero destacar es que el perdón no siempre es algo que se hace una sola vez. Hay etapas de perdón que tienen que ser reconocidas en cualquier situación, especialmente en un matrimonio. Algunas veces pensamos que hemos perdonado, pero no nos damos cuenta de cuántas etapas hay, y si no bregamos con cada una, nuestro corazón se puede endurecer, y esa dureza puede llegar a proporciones enormes.

El rey David habló sobre su corazón a menudo, diciendo cosas como las siguientes: «late mi corazón con violencia» (Salmo 38.10), «mi corazón desfallece» (Salmo 40.12), «se me estremece el corazón dentro del pecho» (Salmo 55.4),«profundamente herido está mi corazón» (Salmo 109.22), «dentro de mí siento paralizado el corazón» (Salmo 143.4), y «los insultos me han destrozado el corazón» (Salmo 69.20). Cuando nuestro corazón sufre de esa manera por mucho tiempo y la situación no se ha resuelto, nuestro corazón se puede endurecer. Pero el corazón de David no se endureció, y la razón fue que su corazón estaba lleno de *arrepentimiento* y de *adoración* hacia Dios. Esas dos actitudes siempre van a ablandar a un corazón, o evitarán que se endurezca en primer lugar.

Un corazón no se endurece de la noche a la mañana. Es algo que sucede poco a poco, a medida que capa tras capa de corteza se te acumula en el corazón, y luego se cubren con una coraza de protección que parece impenetrable, la cual se ha diseñado por necesidad para proteger el corazón de ser herido o destrozado otra vez. A veces la dureza de corazón no se manifiesta completamente hasta tarde en la vida. A veces te han destrozado el corazón tantas veces que el perdón deja de fluir, y se te forman cicatrices alrededor del corazón endureciéndolo.

La buena noticia es que no importa el tiempo que esas cicatrices hayan estado allí, pueden ser quitadas totalmente en la presencia de Dios. «El Señor está cerca de los quebrantados de corazón, y salva a los de espíritu abatido» (Salmo 34.18). A veces tienes que ir por etapas de perdón para quitar las capas de falta de perdón que han sido construidas, pero se puede lograr con un corazón arrepentido, que perdona y que dice: «Confieso que no he tenido un corazón perfecto delante de ti, Señor, o de mi esposo (esposa), y me arrepiento de eso. Porque tú me has perdonado, no puedo hacer menos que también perdonar a mi esposo (esposa)».

Tu corazón no es demasiado duro para que Dios lo ablande

Dios le preguntó a Abraham: «¿Acaso hay algo imposible para el Señor?» (Génesis 18.14). Dios quería saber si Abraham tenía dudas en cuanto a lo que Él podía hacer. Nuestro corazón se endurece porque dudamos de que en realidad Dios pueda hacer lo que nos parece imposible cuando se trata de nuestro matrimonio. Cuando comenzamos a creer que Dios no puede cambiar la situación, o no puede cambiar a nuestro cónyuge o a nosotros, nos desalentamos y la dureza comienza a establecerse en nuestro corazón.

La Biblia habla de Raquel, que cuando dio a luz, «tuvo un parto muy difícil» (Génesis 35.16). A veces nosotros también podemos tener mucha dificultad tratando de traer nueva vida a nuestro matrimonio, y año tras año sentimos como que nada cambia. Nuestro corazón se endurece cuando enfrentamos situaciones muy difíciles y no vemos el nacimiento de nada. Pero Raquel dio a luz algo muy bueno. Su nombre era Benjamín, y finalmente llegó a ser el líder de una de las 12 tribus de Israel. La mala noticia es que ella murió en el parto. A veces tenemos que morir en el proceso de dar a luz algo grande. No tenemos que morir físicamente porque Jesús ya lo hizo, pero nuestro egoísmo y orgullo tienen que morir.

Los israelitas se amargaron debido a la pesada esclavitud que tuvieron que soportar. Todo su trabajo era difícil y no veían los frutos, lo que causó que se sintieran derrotados. No vieron esperanza para el futuro. Tal vez te sientas como que has trabajado muy duro de tantas maneras para tratar de lograr que tu matrimonio llegue a ser lo que sabes que podría ser, y lo que Dios quiere que sea, y te sientes derrotado porque no ves resultados. Aun cuando quizá tengas justificación para pensar de esa forma, Dios dice que no abrigues esos pensamientos. Tu corazón no fue diseñado para llevar pesadas cargas de desaliento o amargura. No solo harán que se te endurezca el corazón, sino que también te van a hacer enfermar.

Si Dios pudo crear el cielo y la tierra con el poder de su mano extendida, entonces puede extender su brazo alrededor de ti y ablandarte el corazón en un instante. Cuando sientas desaliento, dile al Señor: «Para ti no hay nada imposible», y pídele que te ablande el corazón (Jeremías 32.17).

¿Cómo puedo mantener el corazón blando?

1. Todos los días, pídele a Dios que te hable a través de su Palabra. Te puede ser difícil escuchar cuando se trata de la Palabra de Dios, y cuando eso sucede, se te va a endurecer el corazón. Cuando te cierras a la verdad de Dios, no puedes entender. Cuando no abres el corazón para escuchar que Dios te habla por medio de su Palabra, pierdes las oportunidades que tiene para ti de bendecirte y sanarte. La Palabra de Dios también te revela lo que hay dentro de tu corazón. «La palabra de Dios es viva y poderosa, y más cortante que cualquier espada de dos filos. Penetra hasta lo más profundo del alma y del espíritu, hasta la médula de los huesos, y juzga los pensamientos y las intenciones del corazón» (Hebreos 4.12). Puedes estar ciego a lo que en realidad está ocurriendo en tu corazón si no permites que la Palabra de Dios te lo revele.

2. Prepara tu corazón buscando a Dios todas las mañanas.
La Biblia dice lo siguiente de uno de los reyes de Judá: «Roboán actuó mal, porque no tuvo el firme propósito de buscar al SEÑOR» (2 Crónicas 12.14). Dios busca a alguien que lo busque a Él fielmente para mostrarse fuerte a favor de esa persona. «El SEÑOR recorre con su mirada toda la tierra, y está listo para ayudar a quienes le son fieles» (2 Crónicas 16.9). Prepara tu corazón invitando a Dios que reine con poder en ti todos los días. Cuando buscas a Dios con todo tu ser, lo encontrarás, y Él cambiará tu corazón (Deuteronomio 4.29).

3. Pídele a Dios que te dé un corazón sabio y entendido (1 Reyes 3.12). Dios le dio un corazón sabio a Salomón porque él se lo pidió (2 Crónicas 9.23). Si quieres un corazón lleno de amor, compasión, sabiduría y entendimiento, Él te lo dará cuando se lo pidas. Él puede quitar la dureza de tu corazón y reemplazarla con un corazón tierno hacia tu cónyuge. Eso quiere decir que no importa la condición en que esté tu corazón, Él la puede arreglar (1 Crónicas 29.18).

4. Pídele a Dios que te dé un corazón arrepentido para que con rapidez puedas ver tu pecado. David hizo algunas cosas terribles —y entre las peores se encuentran el adulterio y el asesinato. Pero él dijo: «Yo reconozco mis transgresiones; siempre tengo presente mi pecado. Contra ti he pecado, sólo contra ti, y he hecho lo que es malo ante tus ojos; por eso, tu sentencia es justa, y tu juicio, irreprochable» (Salmo 51.3-4). Como resultado, Dios vio su corazón arrepentido y lo perdonó y lo bendijo. Dios siempre ve nuestro corazón, aun cuando hacemos cosas malas accidentalmente, o cosas necias a propósito. Hablando de Saúl, Dios dijo: «No te dejes impresionar por su apariencia ni por su estatura, pues yo lo he rechazado. La gente se fija en las apariencias, pero yo me fijo en el corazón» (1 Samuel 16.7). Si no quieres que Dios vea una piedra cuando mira tu corazón, ten un corazón arrepentido que está dispuesto a decir: «Sé donde le he errado al blanco en cuanto a la forma en que quieres que viva, y te pido que me perdones».

5. Pídele a Dios que quite todo el dolor de tu corazón. Cuando tus cimientos son sacudidos y le temes al futuro, el temor derrite tu corazón. «Como agua he sido derramado; dislocados están todos mis huesos. Mi corazón se ha vuelto como cera, y se derrite en mis entrañas» (Salmo 22.14). Pero «el SEÑOR está cerca de los quebrantados de corazón, y salva a los de espíritu abatido» (Salmo 34.18). Cuando tienes el corazón quebrantado por el dolor, eso te quebranta el espíritu. Si permites que entre en ti la amargura, tu corazón se endurece (Eclesiastés 7.3-4). Pero si te vuelves al Señor, Él puede quitar el dolor y hacer que tu corazón sea más puro y fuerte. Ora pidiendo que Dios quite el dolor de tu vida.

6. Pídele a Dios que te instruya todos los días mientras duermes. Si se lo pides, Dios te enseñará de noche y te despertarás de mañana con un corazón diferente (Salmo 16.7-9). Yo he visto esto muchas veces en mi propia vida cuando me he acostado sintiendo una dureza que se infiltraba en mi corazón hacia mi esposo, y se la he confesado a Dios y le he pedido que me la quitara. Cada una de esas veces, me he despertado de mañana sintiendo totalmente lo opuesto. Solo Dios puede cambiar un corazón de esa manera. La Biblia dice que Dios le cambió el corazón a Saúl. Si se lo pides, Él también puede darte un corazón nuevo.

7. Alaba a Dios durante todo el día sin importar lo que está sucediendo. Cuando alabas a Dios, invitas su presencia en una medida mayor en tu vida. Tu corazón es cambiado en su presencia. Eso sucede siempre, y la dureza se derrite. «El sacrificio que te agrada es un espíritu quebrantado; tú, oh Dios, no desprecias al corazón quebrantado y arrepentido» (Salmo 51.17). Cuando tenemos un corazón puro hacia Dios, podemos estar en su presencia y recibir un corazón nuevo de Él (Salmo 24.3-5).

DIEZ MANERAS PARA CAMBIAR EL CORAZÓN

1. *Cree en Dios.* «De aquel que cree en mí, como dice la Escritura, brotarán ríos de agua viva» (Juan 7.38).

2. *Acercarte a Dios de todo corazón.* «Este pueblo me honra con los labios, pero su corazón está lejos de mí» (Mateo 15.8).

3. *Confiesa todo pecado delante de Dios.* «Aunque nuestro corazón nos condene, Dios es más grande que nuestro corazón y lo sabe todo. Queridos hermanos, si el corazón no nos condena, tenemos confianza delante de Dios» (1 Juan 3.20-21).

4. *Busca a Dios de todo corazón.* «Dichosos los que guardan sus estatutos y de todo corazón lo buscan» (Salmo 119.2).

5. *Ora sobre todas las cosas.* «Jesús les contó a sus discípulos una parábola para mostrarles que debían orar siempre, sin desanimarse» (Lucas 18.1).

6. *Confía en Dios más de lo que confías en tus sentimientos.* «Confía en el SEÑOR de todo corazón, y no en tu propia inteligencia» (Proverbios 3.5).

7. *Valora al Señor por sobre todas las cosas.* «Porque donde esté tu tesoro, allí estará también tu corazón» (Mateo 6.21).

8. *Derrama tu corazón ante el Señor.* «Confía siempre en él, pueblo mío; ábrele tu corazón cuando estés ante él. ¡Dios es nuestro refugio!» (Salmo 62.8).

9. *Alaba a Dios con todo tu corazón.* «Quiero alabarte, SEÑOR, con todo el corazón, y contar todas tus maravillas» (Salmo 9.1).

10. *Dile a Dios que lo amas con todo tu ser.* Jesús dijo: «Ama al Señor tu Dios con todo tu corazón, con todo tu ser y con toda tu mente» (Mateo 22.37).

La oración te puede ablandar el corazón

Tú sabes lo mal que comienzas a sentirte cuando tienen algo en el corazón contra tu cónyuge. Eso es porque «el corazón tranquilo da vida al cuerpo» (Proverbios 14.30). Si no tienes un corazón tranquilo, se endurecerá y te perjudicará la vida. Cuando tienes el corazón duro y no te has arrepentido, sientes que algo malo sucederá si no arreglas la situación (Romanos 2.5).

En forma errónea creemos que nuestros pensamientos no pueden causar daño, pero no es así. Pensamos que podemos guardarnos nuestros pensamientos y que nadie sabrá acerca de la amargura que allí se oculta. Pero nuestros pensamientos son incomprensibles y un pozo profundo, del cual o sacamos vida o somos envenenados. «¡Cuán incomprensibles son la mente y los pensamientos humanos!» (Salmo 64.6). Dios sabe los secretos profundos de nuestro corazón (Salmo 44.21). La verdad es que llegas a ser lo que piensas. «Porque cual es su pensamiento en su corazón, tal es él» (Proverbios 23.7, RVR 1960). Si tienes pensamientos de amargura, va a ser amargado. Los pensamientos afectan quién eres.

Cada vez que quieres romper cualquier clase de dureza de corazón, lo puedes lograr ayunando y orando. El ayuno da rienda suelta al poder de Dios de romper las fortalezas que mantienen cautivo a nuestro corazón. Dios dice: «Vuélvanse a mí de todo corazón, con ayuno, llantos y lamentos. Rásguense el corazón y no las vestiduras. Vuélvanse al Señor su Dios, porque él es bondadoso y compasivo, lento para la ira y lleno de amor, cambia de parecer y no castiga» (Joel 2.12-13). Cuando ayunas, tu corazón siempre cambia. Es sorprendente como algo tan simple puede ser tan poderoso.

Cuando tratas de dejar de preocuparte por tu cónyuge para no sentir una herida en el corazón cada vez que te sientes rechazado, te endureces y te armas de valor para la próxima ofensa. Tu duro corazón se convierte en un lugar de seguridad, una frazada de seguridad impenetrable, el escudo que te protege de las inevitables flechas. Esto hace que a través del tiempo tu corazón se endurezca más hasta que no va a haber nada que lo ablande excepto el toque del Espíritu Santo.

Cuando nos volvemos duros de corazón, no brindamos gracia o misericordia. Nos sentimos justos delante de nuestros propios ojos. Pensamos que sabemos la verdad. No solo levantamos una pared impenetrable entre nosotros y nuestro cónyuge, sino que también entre nosotros y Dios. En realidad, le echamos la culpa a Dios, lo cual es una forma tonta y tergiversada de vivir. «La necedad del hombre le hace perder el rumbo, y para colmo se irrita contra el SEÑOR» (Proverbios 19.3). Ya no avanzamos desde un lugar de amor, porque no se puede amar a Dios y resentir al cónyuge. Y eso es pecado. Si en tu vida hay pecado que no ha sido confesado y del cual no te has arrepentido, el Señor no escuchará tus oraciones. «Si en mi corazón hubiera yo abrigado maldad, el Señor no me habría escuchado» (Salmo 66.18). Es de vital importancia que tus oraciones sean escuchadas.

Cuando te han herido, se necesita mucho valor para querer sentir de nuevo, porque es posible que te expongas a un nuevo dolor. Pero cuando dejas ir cualquier dureza de corazón y la confiesas como pecado, Dios puede obrar. Nosotros somos el barro, Él es el alfarero, y nos va a moldear de la forma en que quiere si nos sometemos totalmente a Él (Isaías 64.8). Jesús reprendió a sus discípulos «por su falta de fe y por su obstinación» (Marcos 16.14). Tú no querrás que Él te reprenda a ti por lo mismo. Ora pidiendo que nunca te aferres a un corazón endurecido.

Pídele a Dios que te muestre lo que hay en tu corazón que no debería estar allí, y lo que no hay en tu corazón que debería estar allí. Y luego pídele que haga del hogar de tu corazón un escenario para su amor.

ORACIONES POR MI MATRIMONIO

Oración pidiendo protección

SEÑOR, TE DOY GRACIAS porque eres «sol y escudo» para nosotros, y porque debido a tu gracia no hay ninguna cosa buena que nos vas a negar si vivimos de acuerdo a tus caminos (Salmo 84.11). Te pido que protejas a mi matrimonio de la dureza de corazón que se podría desarrollar entre los dos. Oro que nosotros nunca tengamos un corazón duro el uno hacia el otro.

Ayúdanos a no ser obstinados o rebeldes, y a que nuestro corazón esté limpio delante de ti (Salmo 78.8). Enséñanos a «contar nuestros días» para traer al corazón sabiduría, como lo has prometido en tu Palabra (Salmo 90.12). Quita la perversidad de nuestro corazón, para que nunca una mala actitud eche raíz en ninguno de los dos (Salmo 101.4). Quita cualquier orgullo y la amargura en nosotros para que no te desagrademos.

Si nuestros corazones se han endurecido, ablándalos en nuestro trato el uno con el otro. Te pido que ríos de tu agua viva corran dentro y a través de nosotros en todo momento para que ablanden, reparen y restauren nuestro corazón (Juan 7.37-38). Sana cualquier quebrantamiento para que el daño no sea irreparable, y quita cualquier cicatriz que ese daño haya dejado. Te pido que siempre sintamos en nuestro corazón amor el uno por el otro. Oro en el nombre de Jesús.

Oración pidiendo victoria en mí

SEÑOR, CONFIESO CUALQUIER DUREZA en mi corazón hacia mi esposo (esposa) como pecado. Derrítela como hielo bajo los rayos del sol. Quema cualquier cosa sólida, pesada o helada que haya en mí hasta que se derrame como agua delante de ti. Quita mi corazón de piedra y dame un corazón de amor y compasión. Rompe el suelo barbecho donde nada bueno puede crecer, y la vida se ahoga. Confieso todo pecado de enojo, resentimiento, falta de perdón o crítica hacia mi esposo (esposa). Perdóname y límpiame el corazón completamente. Señor, te pido que me des un corazón puro hacia ti para poder estar en tu lugar santo. Dame manos limpias para poder levantarme de mi situación. Ayúdame para no elevar mi alma hacia un ídolo o hablar palabras que no son verdad a la luz de tu Palabra, para poder recibir todo lo que tienes para mí (Salmo 24.3-5). Tú sabes lo que hay en mi corazón (Salmo 44.21). Quita todos los pensamientos y sentimientos negativos, y haz que mi corazón rebose de cosas buenas (Salmo 45.1). Que los buenos pensamientos en mi corazón hagan que hable con sabiduría, y nunca con dureza (Salmo 49.3). Crea en mí un corazón limpio, y renueva la firmeza de mi espíritu (Salmo 51.10). Quiero presentarte el sacrificio de un espíritu quebrantado y de un corazón humilde (Salmo 51.17).

No permitas que sucumba a la terquedad de corazón. Quiero caminar en tus caminos y no en los míos. Quita toda la desilusión que pueda tener en cuanto a mi matrimonio, y muéstrame si he culpado a mi esposo (esposa) sin buscar ver cuál ha sido mi parte en eso. Quita de mí todo el orgullo para que pueda escapar de las consecuencias del pecado, y escucharte mejor. Cámbiame por el poder de tu Espíritu. Remueve de mi corazón todo lo que no proviene de ti. Ayúdame para amarte y servirte con todo mi corazón y alma (Josué 22.5). Ayúdame a guardar mi corazón con diligencia (Proverbios 4.23).

Dame sabiduría para hacer lo correcto y caminar en mi hogar con un corazón perfecto (Salmo 101.2). Rompe cualquier dureza de corazón en mí, y yo me arrepentiré de ella. Restaura en mi corazón el amor por mi esposo (esposa) si ya no lo siento. Te busco con todo mi corazón, y te pido que me ayudes a guardar tu Palabra y a cumplir todos tus mandamientos (Salmo 119.11). Ayúdame a entender y a guardar tu ley (Salmo 119.34). Capacítame para confiar en ti con todo mi corazón y a no depender de mi propio entendimiento limitado sobre las cosas.

Creo que veré tu bondad en mi vida y por lo tanto no me voy a desalentar. Esperaré en ti, Señor, y me mantendré firme en todo lo que entiendo de ti, sabiendo que tú me fortalecerás el corazón (Salmo 27.13-14). Tú eres un Dios de nuevos comienzos. Ayúdame a dar pasos que indiquen un nuevo comienzo en mí hoy. Oro en el nombre de Jesús.

Oración pidiendo victoria en mi esposo (esposa)

SEÑOR, TE PIDO QUE LE DES a mi esposo (esposa) un corazón que te conozca mejor, para que su corazón sea tierno hacia ti y hacia mí. Si su corazón ya se ha endurecido, te pido que él (ella) se vuelva a ti de todo corazón para encontrar que tu presencia lo (la) está esperando (Jeremías 29.13). Ábrele el corazón para que escuche lo que tú le estás hablando (Hechos 16.14).

Señor, te pido que lo (la) ayudes a tener un corazón lleno de tu verdad y no uno que está abierto a las mentiras del enemigo. Líbralo a él (ella) de un espíritu rebelde y de un corazón caprichoso, y haz que su corazón esté limpio delante de ti (Salmo 81.12). Dale un corazón fuerte, lleno de fe para que no tenga que temerle al futuro (Salmo 112.7). Dale un corazón lleno de amor por mí. Resucita el amor dentro de su corazón si él (ella) siente que el amor ha muerto.

Señor, sé que el orgullo es una abominación para ti, así que te pido que hagas todo lo que es necesario para quitar el orgullo del corazón de mi esposo (esposa), para que no sufra el castigo que viene con él (Proverbios 16.5). Sé que «el que es ambicioso provoca peleas, pero el que confía en el SEÑOR prospera» (Proverbios 28.25). No permitas que el orgullo en ninguno de nosotros dos provoque peleas en nuestro matrimonio. Haz que nuestra relación prospere, porque ponemos nuestros ojos en ti.

Señor, ayúdame a ser sensible cuando mi esposo (esposa) tiene una carga en su corazón. Muéstrame cuáles son sus cargas, y cómo puedo ayudar para aliviarlas. Ayúdame a alentar y a apoyar sus decisiones. Oro para que el corazón de mi esposo (esposa) confíe en ti, para que nuestro matrimonio sea bendecido (Proverbios 31.11). Oro en el nombre de Jesús.

VERDADES PARA AFIRMAR

El que es bueno, de la bondad que atesora en el corazón saca el
bien, pero el que es malo, de su maldad saca el mal.

MATEO 12.35

Nada hay tan engañoso como el corazón. No tiene remedio.
¿Quién puede comprenderlo?

JEREMÍAS 17.9

Por sobre todas las cosas cuida tu corazón,
porque de él mana la vida.

PROVERBIOS 4.23

Pon tu esperanza en el SEÑOR; ten valor, cobra ánimo;
¡pon tu esperanza en el SEÑOR!

SALMO 27.14

Les daré un nuevo corazón, y les infundiré un espíritu nuevo;
les quitaré ese corazón de piedra que ahora tienen,
y les pondré un corazón de carne.

EZEQUIEL 36.26

No nos cansemos de hacer el bien, porque a su debido
tiempo cosecharemos si no nos damos por vencidos.

GÁLATAS 6.9

10

Cuando un CÓNYUGE YA NO ES *la* PRIORIDAD NÚMERO UNO *del* OTRO

Cuando se trata de prioridades, Jesús dejó bien claro cuáles deberían ser las nuestras. Él dijo que primero debemos amar a Dios, y segundo a nuestros semejantes (Mateo 22.37-40). Poner a Dios primero no quiere decir que vas a descuidar a tu esposo y a tus hijos. No quiere decir que abandonas a tu familia y pasas todo el tiempo en la iglesia. No quiere decir que les gritas a los miembros de tu familia, y les dicen que se las arreglen solos porque tú te vas al campo misionero. Jesús dijo: «Si ustedes me aman, obedecerán mis mandamientos» (Juan 13.15). Poner a Dios primero quiere decir que lo amas tanto que siempre haces lo que Él dice. Después de amarlo a Él, lo más importante que quiere que hagas es amar a tus semejantes (1 Juan 3.10-18).

Tiene que haber prioridades también en el mandamiento de amar a nuestros semejantes. En primer lugar, tienes que amar a tu esposo (esposa), y en segundo lugar a tus hijos. La razón para esto es que si no pones a tu cónyuge antes de tus hijos, tal vez puedas terminar no teniendo un cónyuge, y eso no es bueno para tus hijos.

Tal vez puedas encontrar sorprendente que cuando amas a Dios y lo pones en primer lugar en tu corazón, todas las otras prioridades caen en su lugar. Amar a Dios no quiere decir tener sentimientos ocasionales de amor hacia Dios. Quiere decir amarlo con todo lo que tienes dentro de ti. Quiere decir que tu corazón siempre está con Él. Aun Dalila sabía que no es en realidad amor si no tienes el corazón en ese lugar. Cuando Sansón no le decía lo que ella quería saber, ella le dijo: «¿Cómo puedes decir que me amas, si no confías en mí? Ya van tres veces que te burlas de mí, y aún no me has dicho el secreto de tu tremenda fuerza» (Jueces 16.15). Sabemos que Sansón estaba viviendo en pecado y no estaba casado con ella, y en primer lugar, no se debería haber puesto en la posición de ser presionado a decirle eso a ella. Y cuando se lo dijo, fue su ruina total. Lo que quiero destacar es que ella sabía que todo el corazón de él tenía que estar con *ella* o no era amor. Lo mismo es cierto en cuanto a ti. Todo tu corazón tiene que estar con Dios. Y también tiene que estar con tu cónyuge. No puedes ser indiferente cuando se trata de que tu matrimonio sea tu prioridad número uno bajo Dios, o te vas a salir completamente del curso de tu vida. Pero cuando amas a Dios de todo corazón, será fácil amar a tu cónyuge de la forma en que lo tienes que amar.

Mantener las prioridades en orden no es tan difícil hasta que llegan los hijos, y entonces se vuelve un asunto más complejo. Tal vez ustedes dos tengan que trabajar para ganar el sustento de la familia, y se necesita mucho tiempo para criar a los hijos y mantener el hogar limpio y marchando bien. Además de todas las otras cosas que debes hacer para mantenerte saludable, ir a la iglesia, y tener contacto con amistades y familiares. ¿Cómo puedes hacer todo esto sin violar lo que deberían ser tus primeras prioridades? Parece como que siempre vas a estar descuidando algo o a alguien. Y lo que es más probable es que descuides a tu cónyuge a favor de tus hijos. O que descuides tu familia a favor de tu trabajo. Pero esto no tiene que ser así.

Jesús le dijo a un erudito que entendió este principio de amar a Dios y amar a los semejantes, que no estaba lejos del reino de Dios (Marcos 12.32-34). Nosotros también estaremos lo más cerca posible del reino de Dios cuando también entendamos este principio.

Todo tiene que partir del amor

Nos sentiremos bien si podemos obedecer algunas las leyes «más importantes» de Dios y si solo descuidamos unas pocas. Pero no estamos supuestos a mostrar parcialidad favoreciendo unas leyes sobre otras (Malaquías 2.9). No podemos decir: «Voy a obedecer esta ley pero no aquella». Dios dice que las debemos obedecer todas, y la única forma en que podemos hacerlo es amándolo a Él primero y luego a nuestros semejantes.

Cada una de las leyes de Dios se cumple por amor. El amor es lo que nos guía para obedecer a Dios, en primer lugar. La Biblia dice: «El amor no perjudica al prójimo. Así que el amor es el cumplimiento de la ley» (Romanos 13.10). Fuimos creados por *amor* para *amar* y ser *amados*. Pero nuestro amor y afecto debe ser dirigido, en primer lugar, hacia Dios. No debemos amar *más* a nadie o nada que no sea Él. El primero de los diez mandamientos dice que no debemos tener dioses ajenos delante de Él. Dios quiere que lo amemos de todo corazón, alma y mente, y que lo reconozcamos por sobre todas las cosas. Esto quiere decir que lo amamos con todo nuestro ser y no solo con las palabras que decimos. Significa que lo alabamos *con todo lo que tenemos*, porque lo amamos *con todo lo que hay dentro de nosotros*.

Amar a Dios causará que resistas cualquier tentación que viene a tu vida que quiere apartarte de lo que es más importante. Cuando Dios es tu prioridad número uno, no vas a permitir que nada diluya o contamine tu relación con Él. Te vas a rehusar a dejar que cosas de menos importancia demanden tu atención.

Esta demanda de atención se puede comparar a lo que sucede cuando los avisos comerciales se muestran en la televisión, y tienen el volumen mucho más alto que el programa regular, y tú te ves obligado a buscar el control remoto para ajustar el volumen. No sé lo que haces tú, pero si yo tengo que usar el control remoto para bajar el volumen debido a un aviso comercial que suena muy fuerte, cambio el canal o apago el televisor. Me sorprende que los programadores de televisión no se den cuenta de que tenemos control remoto, y piensan que vamos a permanecer sin hacer nada y aceptar el abuso del volumen de sonido. Lo mismo es cierto si el programa es inapropiado. Yo no voy a permitir que contaminación de ninguna clase invada mi hogar, y apago el televisor.

Cuando amas a Dios y ves que el enemigo está tratando de contaminar tu vida de alguna forma, puedes tomar tu control remoto santo y apagarlo completamente. No tienes que escuchar su abuso, porque tienes el poder de cambiar el canal. Puedes bajarle el volumen a la voz de tu carne que grita «Quiero lo que quiero». Puedes poner primero a Dios porque lo amas por sobre todo. Si tienes el corazón dividido —en otras palabras, si te sientes arrastrado en direcciones diferentes por algo que no es Dios—, tu amor por el Señor se debilita.

Si eres mujer, por ejemplo, puedes poner a Dios primero cuando vas de compras. Di: «Dios, muéstrame qué comprar y qué no comprar. No quiero desperdiciar el dinero que me has dado comprando algo que no necesito o que no voy a usar, y en especial no quiero comprar nada que no te glorifique. Hazme sensible a tu voluntad en lo que respecta a esto ahora mismo». Una vez que comencé a orar de esa forma, cometí menos errores y compré menos cosas innecesarias. Si pones tu amor por Dios en primer lugar, y el amor por tu cónyuge segundo, vas por buen camino.

Si eres un hombre a quien le encantan los deportes, por ejemplo, pídele a Dios que te ayude a no poner los horarios de deportes antes que las personas. Si quieres ir a un partido o mirar un partido en televisión, no le grites a tu esposa: «Estoy mirando el partido. No me hables por el resto de la tarde». En cambio, unos pocos días antes dile: «Hay un partido el domingo de tarde. Vayamos al primer servicio de la iglesia, y comamos en algún lugar camino a casa. Déjame saber si hay algo que puedo hacer por ti antes que comience el partido». De esa forma te aseguras de que todo lo que haces fluye del amor de Dios y del amor hacia tu cónyuge. Esto demuestra las prioridades correctas.

No estoy diciendo que estos ejemplos simples que te acabo de dar quiere decir que no puedes ir de compras o mirar eventos deportivos por televisión. Lo que quiero decir es que deberías formularte esta pregunta: «¿Tienen un lugar más alto en mi corazón las cosas que hago que Dios o mi cónyuge? ¿Se originan en un corazón que ama a Dios y a mi familia?» Todo lo que haces tiene que fluir de tu amor por Dios.

Mostrar amor por tu esposo (esposa) es una de las formas en que demuestras tu amor por Dios. «Si alguien afirma: ‹Yo amo a Dios›, pero odia a su hermano, es un mentiroso; pues el que no ama a su hermano, a quien ha visto, no puede amar a Dios, a quien no ha visto» (1 Juan 4.20). Jesús dijo que debemos amar a otros como *nos amamos a nosotros mismos*. Pero hay un amor por nosotros mismos que es egoísta, orgulloso y codicioso, y no ha nacido del amor por Dios y por los demás. Esa clase de amor es corrompido y es la raíz del pecado. La clase de amor por nosotros mismos de que habla Jesús aprecia los dones que Dios nos ha dado, los talentos, las cosas únicas que todos tenemos y la manera maravillosa en que Él nos ha creado. Y te motiva a ser un buen siervo de tu cuerpo, alma y vida. Y vas a poder amar a otros como te amas a ti mismo si aprendes a amarte a ti mismo de la forma en que Dios quiere que lo hagas.

Nada es más importante que amar a Dios y a tu prójimo —tu hermano y hermana en el Señor—, y tu cónyuge es el prójimo más cercano que jamás tendrás. Si amas a tu cónyuge de la forma en que te amas a ti mismo, nunca le harás a él (ella) lo que no quieres que te hagan a ti.

Donde está tu tesoro

La forma en que obedeces esos dos mandamientos, que abarcan todas las leyes de Dios, es buscando a Dios todos los días para poder ser guiado por el Espíritu Santo. Si no puedes escuchar que Dios te está guiando, vas a terminar teniendo tus prioridades en el lugar equivocado. Solo Dios puede decirte cuáles deberían ser tus prioridades en tu vida diaria. Él te dice que primero lo busques a Él y a su reino, y que todas estas cosas te serán añadidas (Lucas 12.31). Cuando lo buscas primero a Él, todo lo demás cae en su lugar. Recibirás todo lo que necesitas.

Nuestras prioridades se pueden desencaminar cuando ponemos algo antes que Dios. Jesús dijo: «No se preocupen por su vida.... porque es la buena voluntad del Padre darles el reino» (Lucas 12.22, 32). Él dice que guardemos tesoros en el cielo porque no se arruinan. También dice que donde está tu tesoro allí también estará tu corazón (Lucas 12.34). Si tu corazón está con Dios y con tu cónyuge, estarás guardando tesoros en el cielo. Si ves a tu matrimonio como tu tesoro más grande, después de tu relación con Dios —un tesoro en el que vas a invertir todo tu corazón—, tu matrimonio será transformado. Cuando pones primero a tu cónyuge después de Dios, tu matrimonio será fuerte, libre de contiendas y más placentero en cada aspecto. Y eso a su vez será la bendición más grande para tus hijos.

Para dejar de ser orgulloso, egoísta y quisquilloso hasta el punto de pecar, tienes que pedirle a Dios que te ayude a ser humilde, generoso y amable. Eso quiere decir que debes poder exhibir el fruto del Espíritu, y no lo puedes hacer a menos que estés caminando *en* el Espíritu todos los días. Todas las mañanas te tienes que levantar y decir: «Lléname de nuevo con tu Espíritu Santo, Señor, y ayúdame a ser guiado por tu Espíritu Santo hoy. Ayúdame a mostrar en mi vida el fruto del Espíritu en todo lo que digo y hago».

NUEVE FORMAS DE MOSTRAR EL FRUTO DEL ESPÍRITU EN MI MATRIMONIO

El fruto del Espíritu es:	En lo que respecta a mi matrimonio:
1. Amor	Le mostraré amor a mi cónyuge todos los días.
2. Gozo	Invitaré a que el gozo del Señor se muestre en mí todos los días.
3. Paz	Caminaré en paz y no en estrés.
4. Paciencia	Seré paciente con mi cónyuge y no perderé la calma.
5. Amabilidad	Seré amable con mi cónyuge sin importar lo que suceda.
6. Bondad	Mostraré bondad hacia mi cónyuge en todas mis acciones.
7. Fidelidad	Seré fiel a mi cónyuge en todo lo que hago.
8. Humildad	Seré humilde con mi cónyuge.
9. Dominio propio	No me permitiré perder los estribos.

GÁLATAS 5.22-23

Cuando sientes que ya no eres la prioridad de tu cónyuge

Si sientes que tu compromiso con tu matrimonio se ha mantenido fuerte pero el de tu esposo (esposa) no, la situación produce mucho dolor y desilusión, pero no dejes que eso te haga sentir resentido. El resentimiento empeora las cosas, y te herirá a ti más de lo que hiere a tu cónyuge. Puede causar que digas palabras de las cuales luego te arrepientas, que causen que se agrande la distancia que los separa a los dos.

En lugar de eso, pídele a Dios que te muestre cuál es el verdadero problema. ¿Está demasiado ocupado tu esposo (esposa) con su trabajo, avanzado en su carrera, criando a los hijos o participando en actividades de la iglesia o la comunidad? ¿Está demasiado preocupado con intereses fuera del hogar, tales como los deportes, otra gente o los pasatiempos? ¿Es una señal de que está siendo *descuidado* o que *no tiene idea de lo que está pasando*? ¿Es verdad que él (ella) no muestra interés, o en realidad es que él (ella) no puede ver el problema o resolverlo por su cuenta?

Dialoguen y establezcan dónde cada uno de ustedes cree que sus prioridades *están ahora mismo*, y dónde creen que *deberían estar*. Determinen lo que necesita ser cambiado. Tienen que llegar a un entendimiento cabal de la situación en que se encuentran. Lo más importante es llegar a un acuerdo. Por ejemplo, hay épocas en los negocios que producen más demandas que otras, y tal vez los dos puedan acordar que durante esa época tan ocupada se le debe dedicar mucho más tiempo al trabajo. Decidan juntos en la mejor forma de compensar por ese tiempo perdido. Si están en total acuerdo en cuanto a esto, no habrá ningún daño.

Otro ejemplo es cuando se tienen hijos pequeños que todavía no han comenzado a ir a la escuela. Cuantos más pequeños son, tanta más atención constante necesitan. Habla con tu cónyuge y lleguen a un acuerdo de que esta es una época en la cual no hay tanto tiempo libre para los dos, así que en realidad tienen que hacer un esfuerzo concentrado para encontrar tiempo para que ustedes dos estén solos, y aprovechar ese tiempo.

Otro ejemplo es cuando tienes un proyecto o trabajo importante que debes entregar y que debes hacerlo lo mejor posible. O cuando hay épocas de intereses especiales, y es o lo haces ahora o no lo haces en absoluto. Dialoguen y dí algo como: «Tengo que trabajar duro en este proyecto, pero lo voy a terminar dentro de ocho semanas y entonces podré estar más tiempo en el hogar». O si te preocupa el tiempo que tu cónyuge pasa fuera del hogar, di algo como lo siguiente: «Hasta que los niños comiencen la escuela, para bien de ellos, tratemos de estar en el hogar el mayor tiempo posible». Si se pueden comunicar y llegar a un acuerdo sobre estas cosas, se hará claro que tus prioridades son: Dios, tu cónyuge y tus hijos. Esto va a dejar todo claro en sus mentes y en sus corazones.

Otra cosa que siempre causará que perdamos la noción de nuestras prioridades correctas es el orgullo, porque hace que hagamos elecciones equivocadas. El orgullo en cualquiera de los dos siempre causará contiendas entre ambos (Proverbios 13.10). «Al orgullo le sigue la destrucción; a la altanería, el fracaso» (Proverbios 16.18). Dios no quiere que pensemos o que actuemos como si fuéramos mejores que nadie, especialmente mejores que nuestro cónyuge. Eso es porque el orgullo siempre causa que la persona piense que él (ella) tiene razón, y por lo tanto no es necesario escuchar lo que su cónyuge tiene que decir. Este es un terreno muy peligroso. «Vivan en armonía los unos con los otros.... No se crean los únicos que saben» (Romanos 12.16).

Cuando nuestro orgullo nos vuelve «presuntuosos», llegamos a ser como el enemigo (1 Timoteo 3.6). Si ves orgullo en ti mismo o en tu cónyuge, ora para que sea quitado. Si las prioridades están fuera de orden en tu matrimonio —ya seas tú, tu cónyuge o ambos—, acérquense «confiadamente al trono de la gracia para recibir misericordia y hallar la gracia que nos ayude en el momento que más la necesitemos» (Hebreos 4.16). Entonces di: «Señor, quita mi orgullo para poder ver lo que es más importante».

Cuando las presiones del trabajo afectan su relación

A todos nos gusta sentirnos importantes —queremos sentir que lo que hacemos tiene importancia, y que puede hacer una diferencia para bien en el mundo. Es por eso que el trabajo que hacemos es importante para nosotros. En forma especial, el trabajo de un hombre es muy importante para él, en algunos aspectos aun más importante que para una mujer. Eso es porque la identidad y los sentimientos de un hombre están envueltos en su trabajo hasta que puede llegar a un extremo. Él se entrega de lleno a su trabajo porque continuamente siente la presión de tener éxito. Y lo siente aun más cuando *no* está trabajando. Un hombre que no tiene trabajo siente como si toda su vida estuviera al borde del desastre. Se siente desanimado, enojado, triste, deprimido, desesperanzado, irritable, demasiado quisquilloso y como un fracasado. Y su matrimonio será afectado adversamente por esa enorme tensión que carga.

Por otro lado, parece que la mujer tiene un sentido mayor de quién como persona de valor aparte de su trabajo. Su trabajo es muy importante para ella, y es cierto que quiere destacarse y tener éxito, pero su sentido de identidad y valor personal no se eleva y cae con el éxito en su trabajo.

La presión que un hombre siente acerca de su trabajo se agrega a la presión de su hogar. Si trabaja demasiadas horas, muy duro, y es obsesivo, su esposa siente que está siendo reemplazada por una amante sin rostro. Debido a que la presión que siente un hombre sobre su trabajo es algo que siente todo el tiempo, y es una parte tan grande de él, tal vez él no se pueda dar cuenta de esto. Es por eso que es muy importante que la esposa ore que su esposo encuentre verdadera realización en su trabajo. Y también que él pueda usar sus talentos y dones de acuerdo a la voluntad de Dios, y que su trabajo sea bendecido. También el esposo debería orar pidiendo que el trabajo de su esposa sea exitoso, y que ella encuentre favor con las personas con quienes y para quienes trabaja.

Formas prácticas para restaurar tus prioridades

1. Pídele a Dios que te ayude a mostrarle amor y compromiso a tu cónyuge de formas tangibles todos los días. Sean afectuosos el uno con el otro de formas que no siempre lleven a las relaciones sexuales. Mostrarle amor a tu esposa debería ocupar un lugar alto en tu lista de prioridades. Tu cónyuge necesita saber que él (ella) es amado (amada) por quién es sin necesidad de tener que hacer algo. Haz cosas por él (ella) que harán que te extrañe cuando tú no estás en casa. Jesús dijo: «Nadie tiene amor más grande que el dar la vida por sus amigos» (Juan 15.13). Pídele a Dios que te muestre cómo puedes dar la vida —los deseos egoístas— por tu esposo (esposa) de alguna forma todos los días.

2. *Cuando sea posible, niégate a hacer algunas cosas para poder pasar más tiempo con tu cónyuge.* Traten de tomar una vacación los dos juntos, aunque sea solo una noche. Vayan a algún lugar que quede a unas dos horas en automóvil para que puedan tener tiempo juntos sin interrupciones. Si estás casado con un adicto al trabajo, trata de convencerlo de que ese tiempo solos será mejor para *él (ella).* Pasar tiempo solos los dos puede hacer una gran diferencia en su relación.

Michael y yo hemos asistido a muchos retiros matrimoniales, y durante uno de ellos, no hace mucho tiempo, encontramos que aun después de haber estado casados treinta y cuatro años todavía estábamos aprendiendo cosas nuevas. No es que nunca hayamos escuchado esas cosas antes, pero esta vez en realidad nos llegaron al alma. A mi esposo le gusta pasar tiempo en el hogar, así que solíamos tener dos salidas, dos veces por año además de nuestros cumpleaños. Lo que mi esposo aprendió de ese retiro fue que debía llevarme a una cita una noche por semana. Ya hacía años que yo había dejado de esperar eso, pero algo lo tocó y ahora vamos a cenar y a veces a ver una película casi todas las semanas —aunque es mucho más difícil encontrar películas decentes que encontrar un buen restaurante. Hacer esto ha hecho una gran diferencia en nuestra relación. Tratamos de apartar tiempo para esto, y es algo que los dos anhelamos. Parece algo tan simple, pero es una manera impactante de poner al otro primero. Así que no importa lo ocupado que estemos durante el resto de la semana, sabemos que tendremos ese tiempo a solas por varias horas.

3. *Ten un tiempo devocional con tu cónyuge tan a menudo como les sea posible.* Si no lo pueden hacer todos los días, traten por lo menos una vez por semana. Si tu esposo (esposa) se resiste a hacerlo, pregúntale si puedes leerle un versículo o dos de las Escrituras en forma periódica y ve si él (ella) te permite que ores por él (ella). Orar juntos es una de las cosas que más cambiará sus vidas —aun si es solo uno el que ora.

Las prioridades equivalen a tiempo. Todos tenemos que dejar de lado algunas cosas para hacer tiempo para lo que es importante. Si algo sucede que te toma todo el tiempo —un hijo enfermo, un padre anciano que se ha accidentado, terminar un proyecto grande— comunícale a tu cónyuge que esto es solo temporal y que vas a volver a pasar tiempo dedicado solo a él (ella) tan pronto como la situación sea resuelta.

No bebas el jugo de frutas del enemigo

«Beber el jugo de frutas» es una frase que data del año 1978, cuando ocurrió la masacre de Jonestown en Guyana, en la cual algunos miembros del culto *Peoples Temple* se suicidaron bebiendo jugo de frutas mezclado con cianuro. Para algunos de ustedes que son demasiado jóvenes como para recordar este incidente, en la década de 1970 apareció un gurú llamado Jim Jones. Yo supe sobre él muy temprano, por mi sirvienta, Rosetta, quien trabajó en mi casa todos los sábados por unos cinco años. Ella era creyente, pero de alguna forma ella y su iglesia comenzaron a seguir a Jim Jones. Ella comenzó a hablar de él con frecuencia y de lo maravilloso que era, y de inmediato yo sentí que tenía una estima que no era sana por ese «líder espiritual». Cuando ella comenzó a usar un largo collar al cual le había adherido un cuadro de plástico de 5 cm x 10 cm con una foto de Jim Jones en él, le hablé detalladamente sobre mis inquietudes en cuanto a su lealtad hacia él. En nuestra conversación me dijo que Jim Jones había comprado unas tierras en Guyana, y que le estaba pidiendo a sus seguidores que fueran allí para trabajar la tierra, y que él se haría cargo de sus necesidades. Ella estaba considerando seriamente ir a Guyana.

Yo tenía un sentimiento horrible sobre eso en cuanto al bienestar de ella, así que oré fervientemente para que ella reaccionara. Cuanto más oraba, tanto más sentía que esto tenía que ver con el enemigo. Gracias a Dios, la siguiente vez que hablé con ella tuve éxito en convencerla de que no fuera. La convencí diciéndole que era un error muy grande dejar a su hijo. Yo sabía que ella había tenido una vida difícil, y quería que alguien la cuidara para tener tiempo de servir al Señor. Y pensaba que su hijo de diecinueve años de edad era lo suficientemente grande como para vivir por su cuenta.

«Pero todavía él te necesita», le dije. «No lo puedes dejar. Además no creo que esto sea lo que Dios quiere que hagas».

Finalmente ella decidió no ir, y no fue muchos meses después de eso que Jim Jones les dio a sus seguidores en Guyana el jugo de frutas envenenado. Excepto por unos pocos que escaparon, los seguidores de Jim Jones murieron. Fue algo muy triste que casi no se podía creer.

Lo que quiero destacar es que el diablo siempre tiene alguna clase de veneno para nosotros que él espera que tomemos. No participes en la bebida de muerte y destrucción del enemigo —especialmente en lo que tiene que ver con las prioridades en tu matrimonio. Recuerda que el diablo «es un mentiroso. ¡Es el padre de la mentira!» (Juan 8.44). El enemigo te dirá que todo en tu vida es más importante que tu matrimonio —tu trabajo es más importante, y también lo son tus sueños, tus hijos, tus amigos, tus familiares, tus diversiones, tus intereses, tu carrera o aun lo que haces con tu tiempo libre. No bebas todas esas mentiras. Son veneno para ti y van a ser tu caída. En cambio, bebe la «bebida espiritual» de la «roca espiritual» que es Cristo (1 Corintios 10.4). Vence las mentiras del enemigo con la verdad de Dios, «porque el que está en ustedes es más poderoso que el que está en el mundo» (1 Juan 4.4).

Después de que sucediera ese incidente, mi sirvienta sufrió mucho por todos sus amigos que murieron en Guyana. Fue un desastre difícil de soportar que conmovió profundamente su vida, pero ella podría haber sido uno de ellos. Si yo no hubiera tomado una posición fuerte oponiéndome a que fuera, lo hubiera lamentado por el resto de mi vida. Ahora también estoy tomando una posición fuerte contra los planes del diablo para ti. No quiero que creas en la trampa que él ha colocado para ti y para tu matrimonio al tentarte para dejar que las prioridades estén fuera de orden. Ama a Dios y ama a tu esposo (esposa), y todo lo demás caerá en su lugar.

ORACIONES POR MI MATRIMONIO

Oración pidiendo protección

SEÑOR, TE PIDO QUE ME AYUDES a mí y a mi esposo (esposa) para que siempre te hagamos la prioridad número uno, y hacer el uno del otro nuestra prioridad después de ti. Capacítanos para vivir en tu amor de modo que podamos aprender a amarnos el uno al otro de la forma que tú quieres que nos amemos. Haz de nosotros vasos a través de los cuales fluye tu amor. Muéstranos la forma de establecer las prioridades correctas en nuestro matrimonio y en nuestra familia.

Oro para que no hagamos nada «por egoísmo o vanidad; más bien, con humildad [que consideremos] a los demás como superiores a [nosotros] mismos» (Filipenses 2.3). Ayúdanos a siempre encontrar tiempo el uno para el otro, a ayudarnos, apoyarnos, alentarnos, levantarnos y acompañarnos mutuamente, y a compartir las cosas buenas. Ayúdanos para siempre compartir las cargas el uno del otro referentes a las cosas difíciles que suceden en la vida. Ayúdanos a elegirnos el uno al otro por sobre todas las cosas que parecen importantes y que pugnan por nuestra atención. Enséñanos a apartar tiempo para estar juntos a solas, y a reafirmarnos el uno al otro como nuestra prioridad número uno después de ti. En nuestros tiempos de muchas ocupaciones necesarias, ayúdanos a ser comprensivos y a llegar a un acuerdo sobre cómo vamos a manejar esos tiempos con éxito. Gracias porque tú nos has escogido para que seamos tu pueblo, tu «posesión exclusiva» para tu gloria (Deuteronomio 7.6). Ayúdanos para que siempre encontremos nuestro tesoro en ti por sobre todas las cosas. Oro en el nombre de Jesús.

Oración pidiendo victoria en mí

SEÑOR, AYÚDAME A SIEMPRE ponerte a ti primero en mi vida, y a poner a mi esposo (esposa) segundo, por encima de todo lo demás. Ayúdame a hacerlo, y a mostrarle a él (ella) claramente que esto es lo que estoy haciendo. Me dirijo a ti para que me enseñes la forma en que debo caminar y lo que debo hacer (Salmo 143.8). Revélame cualquier lugar en que mis prioridades están equivocadas. Muéstrame dónde he puesto otras cosas, personas o actividades antes de ti o mi esposo (esposa). Si he hecho que mi esposo (esposa) se sienta que no es una prioridad en mi vida, ayúdame para que le pida perdón y a que rectifique esa situación. Si nuestra relación se ha dañado debido a eso, te pido que sanes esas heridas. Restáuranos al lugar en el cual debemos estar. Ayúdame a poner a mis hijos en una prioridad alta, después de ti, Señor y de mi esposo (esposa), porque sé que la bendición más grande para ellos es que permanezcamos juntos.

Gracias porque tu amor por mí es eterno, y porque en tu bondad tú siempre me estás acercando a ti (Jeremías 31.3). Ayúdame para que te busque primero a ti en todas las cosas, a que guarde tus mandamientos y a que permanezca en tu amor (Juan 15.9-10). Gracias porque antes de que yo te escogiera a ti, tú me habías escogido a mí, para ser «[santo] y sin mancha delante de [ti]» (Efesios 1.3-6). Sé que mi santidad y mi pureza provienen de todo lo que *es* Jesús, y que me son atribuidas. Siempre te estaré agradecido, y quiero complacerte en todos mis caminos —especialmente en la forma en que arreglo las prioridades en mi vida. Oro en el nombre de Jesús.

Oración pidiendo victoria en mi esposo (esposa)

Señor, te pido que invadas el corazón de mi esposo (esposa) con tu amor. Ayúdalo (ayúdala) a entender la grandeza de tu amor. Líbralo (líbrala) de las mentiras del enemigo que han causado que él (ella) tenga dudas de tu amor por él (ella). Jesús, tú has dicho: «Dios es amor. El que permanece en amor, permanece en Dios, y Dios en él» (1 Juan 4.16). Ayuda a mi esposo (esposa) a que aprenda a amarte por sobre todas las cosas. Que todo lo que él (ella) haga, lo haga en amor (1 Corintios 16.14).

Si las prioridades de mi cónyuge están fuera de orden, te pido que lo (la) ayudes a darse cuenta de que necesita ponerte primero a ti, a mí en segundo lugar y a nuestros hijos en tercer lugar, antes de ninguna otra cosa. Ayúdalo (ayúdala) a ver en dónde debe hacer los cambios necesarios sobre la forma en que usa su tiempo. Ayúdalo (ayúdala) para que no sienta tanta presión por su trabajo que le controla la vida, y nuestra familia sufre. Bendice su trabajo para que pueda hacer más en menos tiempo. Capacítalo (capacítala) para que diga «no» a las cosas que no te agradan a ti y que no deben ocupar un lugar alto en su lista de prioridades. No permitas que él (ella) sea descaminado por algún engaño, y no permitas que los temores lo agobien (Isaías 66.4). Ayúdalo (ayúdala) a ver con claridad lo que es más importante en la vida y lo que no lo es. Ayuda a mi esposo (esposa) a escoger el sendero de la humildad y la justicia. Gracias porque tú nos darás todo lo que pedimos en tu nombre (Juan 15.16). Oro en el nombre de Jesús.

VERDADES PARA AFIRMAR

Busquen primeramente el reino de Dios y su justicia,
y todas estas cosas les serán añadidas.

MATEO 6.33

Humíllense, pues, bajo la poderosa mano de Dios,
para que él los exalte a su debido tiempo.
Depositen en él toda ansiedad, porque él cuida de ustedes.

1 PEDRO 5.6-7

Hoy pongo al cielo y a la tierra por testigos contra ti,
de que te he dado a elegir entre la vida y la muerte,
entre la bendición y la maldición.
Elige, pues, la vida, para que vivan tú y tus descendientes.

DEUTERONOMIO 30.19

Pero si a ustedes les parece mal servir al SEÑOR,
elijan ustedes mismos a quiénes van a servir....
Por mi parte, mi familia y yo serviremos al SEÑOR.

JOSUÉ 24.15

Por la mañana hazme saber de tu gran amor,
porque en ti he puesto mi confianza.
Señálame el camino que debo seguir, porque a ti elevo mi alma.

SALMO 143.8

11

Cuando el DIVORCIO ES
una OPCIÓN

U n matrimonio —al igual que la gente que lo forma— está
creciendo y haciéndose más sólido, o se está desintegrando y
llegando a ser más vulnerable. Nunca se queda en un lugar, aunque
a veces puede parecer así. En realidad, el matrimonio tiene vida y se
puede mover hacia delante o hacia atrás. Cuando se le da aire fresco
puede respirar profundamente, o si le priva de oxígeno espiritual se
puede sofocar. Cada cónyuge tiene gran influencia en cuanto a la
dirección en que irá el matrimonio por las palabras que habla, la
forma en que actúa y lo ferviente que sean sus oraciones. Aire fresco
o sofocación; la elección es de ellos.

La buena noticia en todo esto es que aun cuando has cometido
errores en tu matrimonio, y deberías haber hecho las cosas de otra
forma, Dios es un Dios de segundas oportunidades. Eso es algo que
no todas las parejas están dispuestas a darse, pero Dios siempre nos
da otra oportunidad de arreglar las cosas. Esto quiere decir que si tu
matrimonio va en la dirección equivocada, nunca es demasiado tarde
para cambiar las cosas.

La mayoría de las personas se casan con la intención de permanecer casadas en una relación maravillosa por el resto de sus vidas.
Los dos se aman, y tienen una idea de lo que creen que va a ser la vida

juntos. Pero es imposible saber exactamente lo que te espera antes de casarte, no importa el tiempo que fueron novios o que se conocieron. Ni siquiera nos conocemos a *nosotros mismos* completamente antes de casarnos, y menos a la persona con la cual nos casamos.

El matrimonio revela todo lo que somos porque no hay lugar donde esconderse —ni siquiera de nosotros mismos. El contrato matrimonial cambia las cosas. Ahora la relación es realmente cercana y personal, y las formas en que antes disimulábamos algunas cosas ya no funcionan. La verdad sale a la luz. Es por eso que el matrimonio requiere compromiso y trabajo. Una unión en que se da 50-50 no funciona. Cada uno le tiene que dar 100 por ciento de sí mismo al otro. Y eso no es fácil de hacer cuando somos egoístas y queremos retener algo.

Tal vez uno de los dos vive solo para sí mismo o para su trabajo y ni siquiera se da cuenta de que su cónyuge se siente descuidado o solitario. Puede creer que todo marcha bien, pero su esposo (esposa) se siente desdichado. Debido a que no hay comunicación, va a ser una sorpresa grande cuando el cónyuge que se siente solo se va o tiene una aventura amorosa. Lo que quiero recalcar es que si *uno* de los dos en un matrimonio no piensa que todo marcha bien, entonces el matrimonio no marcha bien.

Los cónyuges deben trabajar constantemente para que el matrimonio crezca y se profundice. Si no crece, se está deteriorando. Tal vez se sienta que está bien, pero en lugares ocultos se está deteriorando. Es como tomar una aguja y hacer un agujero en un huevo y dejar que el contenido salga lentamente. No ves lo que está pasando. El huevo se ve igual. Pero un día cuando se pone presión en el huevo, se agrieta hasta el punto en que se destruye. Cuando todo se agrieta en un matrimonio, el divorcio puede parecer la única forma de que puedas salvar tu propia vida en una situación imposible. ¿No sabemos bien que un huevo que se agrieta no puede volverse a arreglar?

Un pecado violento

Dios aborrece el divorcio porque cubre de violencia nuestras vestiduras (Malaquías 2.16). Él usa las palabras «aborrecer» y «violencia» para describir sus sentimientos sobre el divorcio. Después de que le dijo eso a su pueblo al final del Antiguo Testamento, no les habló de nuevo por unos 400 años. Ese es un silencio mucho mayor que el que ocurre entre parejas que tienen contiendas. Creo que Dios quiere decir precisamente eso.

Dios dice «que el hombre no se divorcie de su esposa» (1 Corintios 7.11). Que «lo que Dios ha unido, que no lo separe el hombre» (Marcos 10.9). Fue debido a nuestra dureza de corazón que se permitió el divorcio, pero Dios nunca quiso que fuera de esa manera (Mateo 19.7-8). El divorcio era algo que no debía suceder. Pero nuestros duros corazones le dieron lugar, aun sabiendo que Dios lo odia.

La razón por la cual la tasa de divorcio es tan alta es que el divorcio es considerado una *opción*, por lo menos en la mente de la mitad de las personas que se divorcian. Se habla de él como una *solución*. Parece ser la única salida para una situación terrible. Si piensas que no quieres esa opción, esa solución, te ves forzado a buscar *otra* opción, una solución mejor, y una salida *de esa* situación que parece no tener arreglo.

Dios es testigo de tu matrimonio, y lo ve como un pacto, lo que quiere decir *un compromiso duradero y fiel del uno al otro*. Cuando dos personas se divorcian, es un rompimiento violento de ese pacto y del orden de Dios para sus vidas. Pero cuando tú eres fiel a tus votos matrimoniales, Dios confirma tu matrimonio. Es por eso que tus oraciones pidiendo la preservación y el fortalecimiento de tu matrimonio tienen tanto poder. Ya son la voluntad de Dios aun antes de que las pronuncies. Cuando oras, estás poniendo en acción la voluntad de Dios. Quiere decir que el poder de Dios va a resistir cualquier enemigo que enfrentes —ya sea que el enemigo venga de afuera o de hecho sea uno de ustedes o los dos.

Niégate a usar la palabra «divorcio»

Como mencioné anteriormente, antes de ser creyente, yo estuve casada con alguien que tampoco era creyente. Ese matrimonio estaba destinado al fracaso desde el comienzo, porque me casé sabiendo que mi matrimonio no duraría. Lo que yo quería era un hogar y alguna clase de compañerismo, aun si esas cosas eran solo temporales. El divorcio siempre estaba en algún rincón de mi mente. Yo no esperaba que el matrimonio durara dos años, y ni siquiera llegamos a nuestro segundo aniversario. Ese matrimonio fue muy desdichado —y *yo* fui la que lo dejó a él—, el divorcio fue terrible. Sentí que la vida se me destrozaba. Yo no sabía nada sobre los pactos y los caminos de Dios, pero aun así sentí la violencia de que habla Dios con respecto al divorcio. No me puedo imaginar lo doloroso que es un divorcio cuando tú no lo quieres y tu cónyuge se quiere divorciar.

Lo ideal es que el asunto del divorcio se decida de una vez por todas *antes* de casarte. Pero ya sea que te hayas casado hace poco o que estés casado por mucho tiempo, puedes decidir hoy no dejar que la palabra «divorcio» sea una opción en tus pensamientos o palabras. Aun si tú y tu cónyuge han hablado de divorcio en el pasado, acuerden no pensar en él como una opción, y a nunca más hablar de él como una amenaza. En cambio, pónganse de acuerdo para dialogar, y escuchar los sentimientos y pensamientos el uno del otro. Concuerden en que harán lo que sea necesario para resolver cualquier impasse o problema que se presente, porque por sobre todas las cosas, no quieren que esta relación fracase. No querrás dividir las propiedades, los hijos, las entradas y comenzar de nuevo. Por cierto que no quieres que continúen las cosas que te han estado molestando por tanto tiempo, pero lo mejor es que encuentres una forma de solucionar los problemas.

Tienes que recordar que las palabras tienen poder. Cuando dices la palabra «divorcio» en forma de una solución o amenaza, hay un espíritu de divorcio que entra a tu mente y corazón —o a la mente y el corazón de tu esposo (esposa)—, y el enemigo espera a la puerta que acabas de abrir para usar eso en contra tuya. Tal vez hayas usado la palabra como una simple amenaza, quizá para traer consciencia a la seriedad de la situación, pero no tienes la intención de llevarlo a cabo, pero ahora has plantado ese pensamiento en la mente de tu esposo (esposa). La has colocado allí en tu relación, y el enemigo va a alimentar la idea hasta que crezca como un cáncer. Dios piensa sobre el divorcio como una traición. «Pues porque el Señor actúa como testigo entre ti y la esposa de tu juventud, a la que traicionaste aunque es tu compañera, la esposa de tu pacto. ¿Acaso no hizo el Señor un solo ser, que es cuerpo y espíritu? Y ¿por qué es uno solo? Porque busca descendencia dada por Dios. Así que cuídense ustedes en su propio espíritu, y no traicionen a la esposa de su juventud» (Malaquías 2.14-15). Dios quiere que tengamos un compromiso fuerte a amarnos y cuidarnos mutuamente. A Él le gusta el amor incondicional porque fue quien lo creó. Así es como *Él es*. Dios los ha unido a los dos en un pacto, no solo el uno con el otro, sino también con Él. Si se tratan traicioneramente el uno al otro divorciándose, están contristando al Espíritu Santo.

No ofendan a Dios por la forma en que se tratan el uno al otro

Se supone que el matrimonio es una manifestación de la relación entre Cristo y la iglesia. Cristo no abandona, se hastía, se va, o se divorcia de la iglesia. Tampoco es rudo, abusivo, desconsiderado, egoísta, sin amor, arrogante o se enoja con la iglesia. Todos los problemas de un matrimonio se podrían resolver si cada uno de los cónyuges fuera más como Cristo, especialmente en su trato con el otro. Una relación se desintegra lentamente con cada palabra descuidada o acción falta de sensibilidad, y con cada oportunidad que se pierde de consolar y apoyar al cónyuge. Se va rompiendo gradualmente con cada crítica o queja que se exprese al otro sin afirmación o amor. Si uno de ustedes trata al otro sin consideración, lo maltrata o lo deshonra, entonces está deteniendo las bendiciones que Dios tiene para sus vidas.

Dios quiere que tengan, el uno para el otro, un amor que es

paciente, que no es jactancioso ni envidioso, que no se comporta con rudeza, que no es egoísta ni se enoja fácilmente. Él quiere que ustedes sean la clase de persona que no piensa en lo malo, que no disfruta la injusticia, que soporta las imperfecciones y que cree lo mejor el uno del otro. Él quiere que tengan la clase de amor que nunca pierde la esperanza, y que cree que con Dios, todas las cosas van a salir bien. Él quiere que tú tengas la clase de amor que se regocija con la verdad y que está dispuesto a hacer todo lo que sea necesario para hacer lo correcto (1 Corintios 13.4-7). Dios dice que esa clase de amor jamás se extingue, aun cuando todo lo demás desaparecerá (1 Corintios 13.8). Esta clase de amor solo viene de Dios y solo puede ser desarrollado pasando tiempo con Dios. Eso es porque estar en la presencia de Dios nos cambia.

La transformación se encuentra en la presencia de Dios.

Dios nos puede transformar de ser alguien que no sabe amar, en alguien que ama como Él ama. Todo lo que tenemos que hacer es pedirle que obre eso en nosotros, y luego hacer lo que nos dice que hagamos.

Por supuesto que es imposible ser perfectos en nuestra relación. No hay dos personas que puedan vivir de acuerdo a las expectativas del otro todo el tiempo. En algún momento habrá desacuerdos. Las cosas que uno hace van a molestar al otro. A veces ambos se van a desilusionar el uno del otro. Pero es lo que sucede durante esos tiempos lo que va a colocar al matrimonio en un sendero o el otro. El sendero que tiene el aire fresco va a llevar a una relación más profunda y mejor; y el otro sendero de sofocación va a llevar al rompimiento del vínculo del amor y del compromiso.

Cuando nos ofendemos —y nos vamos a ofender aun en las mejores circunstancias debido a las diferencias entre las perspectivas del hombre y la mujer—, debemos hablar francamente. Si tratan de llegar a un acuerdo mutuo, y no lo pueden lograr porque uno de los dos se *rehúsa* a colaborar, te puedes desalentar y perder la esperanza, lo que causa que te retraigas y dejes de seguir tratando. Pero cuando invitas a Dios a que los ayude a comunicarse y a tener la misma mente y el mismo espíritu, las cosas mejoran. Puedes crecer a través de los tiempos difíciles cuando caminas con Dios a través de ellos.

El divorcio emocional

Te divorcias en el corazón primero. Es por eso que aunque una pareja puede estar comprometida a permanecer casada, sus corazones pueden estar divorciados el uno del otro. Eso le quita el oxígeno a tu matrimonio, y este se queda sin vida. Eso no le gusta al Señor. Y tampoco a nosotros. Vivir en un matrimonio sin vida y desdichado es el infierno en la tierra. Y no glorifica a Dios en lo más mínimo.

Cuando uno de los cónyuges comienza a sentir que no *es amado*, y el otro cónyuge *no es amoroso*, están en territorio peligroso. Pueden llegar a ser extraños que viven en la misma casa pero que nunca se comunican. Y esto es mucho más común de lo que la mayoría de la gente quiere admitir. A esa altura, la relación está muriendo. Si uno o los dos se involucra en las actividades de la vida y nunca incluye al otro, van en la dirección del divorcio emocional. Se van a apartar completamente si inmediatamente no dan los pasos necesarios para detener esa situación. Deben comenzar a decir «no» a todas las otras cosas y a todas las otras personas, y decirse «sí» el uno al otro. Tienen que decidir si esas actividades y personas van a ser tan importantes para ellos si su matrimonio fracasa. No te conformes con un divorcio emocional. No te conformes con menos de lo que Dios tiene para ti en tu matrimonio. Y lo que Él tiene para ti no puede suceder si tienes la palabra «divorcio» grabada en tu corazón, y siempre estás considerando irte y el divorcio es una opción. Una vez que eso tiene lugar en tu corazón, va a comenzar a quemar una imagen. Si dejas que se quede allí el tiempo suficiente, te da una salida e impide que tu relación se profundice y sea cada vez más comprometida.

Cuanto más le das lugar al divorcio como una opción, tanto más se profundiza esa imagen, tanto más grande es la distancia que los separa, y tanto más desconectados se sienten el uno del otro, hasta que tienes un espíritu de divorcio. Entonces te va a partir el corazón. No se tratará de *si* te vas a divorciar, sino *cuándo* te vas a divorciar. Una vez que la palabra «divorcio» tiene un lugar en tu mente, parece como que tuviera una vida propia. El espíritu de divorcio se hace cargo, y comienza el proceso. Es casi como si un demonio de divorcio dijera: «De aquí en adelante, me hago cargo». Entonces dejas de hacer planes para un futuro juntos y solo haces planes para un futuro solo. Las cosas van a empeorar entre los dos, y un día, cuando las discusiones, las peleas y la discordia son constantes, el divorcio parecerá un alivio agradable.

Si estás en una relación matrimonial muerta en la cual no hay gozo, placer o comunicación, y no tienen metas o intereses comunes, nada que esperar con anticipación, ninguna esperanza para el futuro —en otras palabras, no hay aire fresco—, debes hacer algo inmediatamente. Ve al Señor y confiésale todo pensamiento de divorcio que hayas tenido para que el espíritu de divorcio no establezca una fortaleza en tu corazón. Órale a Dios para que renueve un espíritu recto dentro de ti y en tu cónyuge. Si tu esposo (esposa) no está dispuesto a trabajar para solucionar las cosas, busca un buen consejero cristiano. Las sesiones de asesoramiento son mucho más baratas que el divorcio. Y a menudo se necesita una tercera persona para hacer despertar a la gente que está siendo empujada por la corriente.

DOCE RAZONES POR LAS CUALES EL DIVORCIO ES MALO PARA TI

1. Dios odia el divorcio.
2. Destruye lo que una vez fueron tus sueños.
3. Tienen que dividir a sus hijos entre los dos.
4. Tus hijos sufrirán más de lo que te imaginas.
5. Muchos de tus amigos no seguirán siendo amigos.
6. No te vas a sentir tan cómodo en la iglesia.

7. Tal vez pierdas tu casa.
8. El dinero que entra va a ser mucho menos.
9. Las reuniones familiares nunca más van a ser lo mismo.
10. Perjudica mucho la salud.
11. Van a tener que repartir todos sus bienes.
12. Siempre vas a tener un sentimiento de fracaso acerca del divorcio.

Dejando un legado de divorcio

Los hijos siempre sufren en un divorcio. Si eso no es cierto, entonces, ¿por qué hay tantos libros para los hijos adultos de padres divorciados que sufren? ¿Y por qué se venden tan bien? Es porque esas personas tienen luchas muy reales. Saben lo que es que se cumplan sus peores temores. No han visto que Dios les responda a sus oraciones de que mamá y papá no se divorcien. (Es decir, si no se les hizo entender que sus oraciones no estaban siendo contestadas debido a la fuerza de voluntad de uno o de ambos padres). Se culpan a sí mismos por el divorcio. Tienen problemas en la escuela porque han sido heridos, y están deprimidos, ansiosos, confundidos y no se pueden concentrar. Con frecuencia buscan una salida a su dolor en el alcohol, las drogas y la promiscuidad.

Para tus hijos, el divorcio es como una experiencia de muerte, solo que sin el consuelo que uno recibe de otros cuando alguien muere. Cuando una persona muere, se pasa por un periodo de duelo, un periodo de recuperación y finalmente sufres menos. Sin embargo, cuando hay un divorcio, a los hijos no se les concede un periodo de duelo en el cual reciben tarjetas de condolencia. No hay periodo de recuperación, y nunca parece que el sufrimiento es menos. Tal *parezca* que se recuperan, pero llevan las ramificaciones del divorcio a sus propias relaciones. Más tarde, en sus propios matrimonios sienten temor e inseguridad. Sé que hay excepciones a esto, pero no son la mayoría de los casos. La mayoría de los hijos sufren. Evitar que los hijos sufran ese dolor vale la pena todos los esfuerzos que se puedan hacer para permanecer casado.

Si tienes hijos y ya estás divorciado, ora pidiendo que no se culpen a sí mismos por el divorcio. Pídele a Dios que los sane de cualquier culpa que puedan sentir pensando que si hubieran sido mejores hijos, el divorcio no hubiera sucedido. Y ora para que no les echen la culpa ni a ti ni a tu cónyuge. Todo lo que sale mal en sus vidas después del divorcio tal vez se vea como que es culpa de los padres. Van a tener mucha dificultad en honrarte si te están culpando por su vida desdichada. Ora pidiendo que te perdonen y que sean librados del enojo, para que no se metan en problemas y luego se saquen el enojo con la persona con la cual se casan.

DOCE BUENAS RAZONES PARA PERMANECER CASADO

1. Le agrada a Dios.
2. Las personas casadas viven más.
3. Tendrás mejor salud.
4. No tienes que dividir tu sueldo.
5. No tienes que dividir a tus hijos.
6. Tendrás más protección.
7. No tienes que vivir solo.
8. Pueden edificar algo juntos.
9. No vas a dejar un legado de divorcio a tu familia.
10. No tendrás que mudarte a un lugar más chico.
11. Cuando uno cae, el otro lo podrá levantar.
12. Sus oraciones juntos son más poderosas.

Cómo evitar el divorcio

Ora a menudo pidiendo que tú y tu cónyuge mantengan una posición firme contra el divorcio. Declara que estás edificando tu matrimonio sobre la Palabra de Dios, y por lo tanto no vas a permitir que el enemigo separe lo que Dios ha unido. Declara que tu matrimonio es el plan de Dios, y que no les vas a dejar a tus hijos un legado de divorcio y relaciones rotas.

Todo matrimonio es vulnerable. La relación esposo-esposa requiere trabajo. En la mejor situación, el matrimonio todavía puede deteriorarse y separarse. Yo he visto desintegrarse lo que parecía ser una relación muy buena. Nada me sorprende ya en ese aspecto. Nadie sabe lo que en realidad sucede en un matrimonio excepto las dos personas que lo componen. Pero tú tienes que hacer lo que sea necesario para lograr que tu matrimonio vuelva al curso correcto y se aleje del divorcio. Y eso quiere decir no permitir que el divorcio se asiente en tu corazón. Tienes que guardar tu corazón y no dejar que se llene de lo que Dios dice que es malo (Proverbios 4.23). Tienes que decir: «No voy a dejar que el divorcio sea una opción viable para mí. No voy a buscar en el divorcio la solución a mis problemas matrimoniales».

Pídele a Dios que te ayude a no poner a otras cosas o personas antes que Él o tu cónyuge. Pídele a Dios que te ayude a ver si el trabajo u otras actividades han dominado tu vida. Ten valor y pídele a tu cónyuge que comparta cómo se siente. Él (ella) va a querer compartirlo contigo. Pero lo importante es que tienes que *escuchar* lo que él (ella) te dice, y *no pasarlo por alto*. Debemos *mostrar interés* en la *perspectiva* de él (ella). Quita de tu vida el enojo, el resentimiento, la falta de perdón y la amargura *antes* de que hablen. Esas emociones no tienen lugar alguno en un matrimonio que perdura.

Ningún matrimonio está más allá de poderse salvar, si los dos cónyuges quieren salvarlo. Pero si estás casado con alguien que está determinado a divorciarse, todavía hay cosas que puedes hacer y formas en que puedes orar para que también puedan salvar su matrimonio. Yo he visto matrimonios que habían pasado por la corte de divorcio que se restauraron cuando la esposa o el esposo comenzaron a orar fervientemente. Sin embargo, si has hecho todo lo que puedes hacer, y tu cónyuge todavía está determinado a irse, entrégalo en las manos de Dios. Deja que Dios trate con él (ella), y tú sigue adelante con lo que Dios te ha llamado a hacer.

No estoy diciendo aquí que no hay causas para divorciarse. Algunos matrimonios son un desastre desde el comienzo, y permitirte ser destrozado en un matrimonio no glorifica a Dios. Cuando me casé por primera vez, le dije a alguien que prefería estar muerta que casada, y lo dije de corazón. Yo no quería vivir un día más en ese infierno. Yo sé que mucha gente se siente igual, y siento dolor por ellos. Tal vez la persona con quien se casaron es muy mala, abusiva, impía o malvada para poder tratar de resolver los problemas, y ellos tienen que salvar sus propias vidas. La gente tiene que hacer lo que debe hacer para sobrevivir, y Dios no los va a matar con un rayo. Dios no diseñó el matrimonio para que te destruyera. Él tiene una vida mucho mejor para ti que eso.

De ninguna forma quiero hacerle sentir condenación a nadie que haya sido divorciado en el pasado. Yo soy miembro de ese grupo, pero hay sanidad para los efectos de eso: restauración del corazón y un nuevo comienzo que te da el Señor. Dios o hace todo nuevo o no lo hace. Si escoges creer en la Biblia, entonces eres candidato para la renovación total. Pero es un error volverse a casar antes de encontrar ese lugar de restauración y sanidad que Dios tiene para ti. También debes entender y saber por qué tu matrimonio no tuvo éxito la primera vez, y por qué crees que va a tener éxito esta vez. Busca el consejo de Dios y ora mucho a través de este proceso.

Tiene que haber algo que anheles de tu matrimonio. Si estás casado con alguien que cada año que pasa se vuelve más malo y desconsiderado, y que parece disfrutar ser de esa manera, todo lo que verás para tu futuro es estar solo con alguien así. Puedes o resignarte a esa vida sin gozo, o escoger no perder el sueño que tienes en el corazón para el futuro. Pídele a Dios que haga un milagro. Yo lo he visto hacer un milagro en mi matrimonio. Llevó años de oración, pero me alegro de no haber desistido.

A veces pensamos que nuestro corazón nos pertenece solo a

nosotros mismos y que podemos pensar lo que queremos, pero es no es cierto. Cada vez que piensas en algo que no es del Señor, estás invitando problemas. Si estás luchando con pensamientos de divorcio, acércate a Dios y deja que Él pelee la batalla por ti. «No tengan miedo.... Mantengan sus posiciones, que hoy mismo serán testigos de la salvación que el SEÑOR realizará en favor de ustedes.... Ustedes quédense quietos, que el SEÑOR presentará batalla por ustedes» (Éxodo 14.13-14). Pon una defensa de protección sobre tu corazón, y no permitas que la palabra «divorcio» penetre en él. Te alegrarás de haberte mantenido firme en la batalla y de haber ganado.

ORACIONES POR MI MATRIMONIO

Oración pidiendo protección

SEÑOR, TE PIDO QUE NOS AYUDES a mi esposo (esposa) y a mí para que nos elevemos sobre cualquier pensamiento de divorcio como una solución a nuestros problemas o como una salida de nuestro matrimonio. Quita de nuestro corazón cualquier deseo de divorcio. Mantén nuestros corazones tan cerca de ti, y el uno del otro, que nunca pronunciemos la palabra «divorcio» cuando dialogamos, y ayúdanos a nunca abrigar en la mente la idea de divorciarnos. Señor, ayúdanos para ser siempre amorosos el uno con el otro, como dice la Biblia: «respetándose y honrándose mutuamente» (Romanos 12.10). Muéstranos las esferas en que estamos haciendo cosas que perjudican nuestro matrimonio en lugar de edificarlo. Ayúdanos a los dos a fortalecernos en ti, y a aprender a tratarnos el uno al otro de una forma que te agrade.

Ayúdanos para mantenernos fuertes y unidos a través de cada problema y a no tener temor de buscar ayuda de otros cuando la necesitamos. Que nunca neguemos lo que sucede en nuestro matrimonio, porque eso nos cegaría a lo que está haciendo el enemigo. Ayúdanos a confesarlo como un pecado ante ti, cada vez que pensamos en el divorcio como una solución a los problemas de nuestro matrimonio. Oro en el nombre de Jesús.

Oración pidiendo victoria en mí

SEÑOR, TE CONFIESO CADA UNA de las veces en que consideré el divorcio en la mente, o que les dije la palabra a mi esposo (esposa), amigos o familiares refiriéndome a mi matrimonio. Cada vez que tenga pensamientos de divorciarme como una opción o salida para nuestros problemas, te pido que me perdones, porque sé que te desagrada. Sé que tú odias el divorcio y que contrista tu Espíritu, así que oro que me ayudes, desde hoy en adelante, a nunca más hacer eso.

Rechazo cualquier espíritu de divorcio que he permitido que entre a mi corazón y a nuestro matrimonio, debido a las palabras descuidadas que he dicho o a los pensamientos que he tenido. Me arrepiento de todas las veces en que he pensado cómo hubiera sido estar casado (casada) con otra persona. Reconozco estos pensamientos como malos y adúlteros, y me arrepiento de ellos delante de ti. Me vuelvo a ti para encontrar soluciones a todos los problemas de mi matrimonio. Dame sabiduría para hacer todo de acuerdo a tus caminos. Oro en el nombre de Jesús.

Oración pidiendo victoria en mi esposo (esposa)

Señor, te pido que quites todos los pensamientos de divorcio de la mente y el corazón de mi esposo (esposa). Si él (ella) ha estado pensado en eso, te pido que le abras los ojos para que pueda ver lo lejos que eso está de lo mejor que tú tienes para él (ella) y para nuestras vidas juntos. Por cada una de las veces en que hemos hablado de divorcio o que él (ella) ha usado la palabra «divorcio» como una salida para nuestros problemas, vengo delante de ti por mi esposo (esposa) y te pido que lo (la) perdones. Perdónale a mi esposo (esposa) ese pecado para que un espíritu de divorcio no se arraigue en su corazón. Si ya está allí, te pido que rompas esa atadura por el poder de tu Espíritu Santo. Destruye esa mentira del enemigo para que nunca más pueda volver a surgir. Muéstrale a él (ella) un camino mejor, que es tu camino para nuestras vidas. Que no haya divorcio en nuestro futuro. Oro en el nombre de Jesús.

VERDADES PARA AFIRMAR

Yo aborrezco el divorcio —dice el SEÑOR, Dios de Israel—,
y al que cubre de violencia sus vestiduras.

MALAQUÍAS 2.16

Pero yo les digo que, excepto en caso de infidelidad conyugal,
todo el que se divorcia de su esposa, la induce a cometer adulterio,
y el que se casa con la divorciada comete adulterio también.

MATEO 5.32

Si algún hermano tiene una esposa que no es creyente,
y ella consiente en vivir con él, que no se divorcie de ella.
Y si una mujer tiene un esposo que no es creyente,
y él consiente en vivir con ella, que no se divorcie de él.

1 CORINTIOS 7.12-13

Así que ya no son dos, sino uno solo.
Por tanto, lo que Dios ha unido, que no lo separe el hombre.

MATEO 19.6

Si dos se acuestan juntos, entrarán en calor;
uno solo ¿cómo va a calentarse?

ECLESIASTÉS 4.11

12

Cuando la INFIDELIDAD SACUDE *el* CIMIENTO *de tu* MATRIMONIO

La infidelidad matrimonial entristece tanto a Dios, que a pesar de que Él odia el divorcio, permite que la infidelidad sea base para justificar un divorcio. Si tu esposo (esposa) cometió adulterio, tú puedes divorciarte si quieres, porque Dios entiende la devastación que trae la infidelidad a nuestra alma. Las relaciones sexuales fueron idea de Dios, y Él tiene planes específicos por la forma en que deben ser para obtener la mayor realización en nuestras vidas. El adulterio viola ese plan, y sus consecuencias son muy severas.

Aparte del asesinato, el pecado sexual es el que hace más daño de todos, porque sus consecuencias son de alcance muy largo. Una de las razones de eso es porque tú llegas a ser uno con la persona con quien tienes relaciones sexuales. Tu alma está atada a esa persona. «¿No saben que sus cuerpos son miembros de Cristo mismo? ¿Tomaré acaso los miembros de Cristo para unirlos con una prostituta? ¡Jamás! ¿No saben que el que se une a una prostituta se hace un solo cuerpo con ella? Pues la Escritura dice: «Los dos llegarán a ser un solo cuerpo» (1 Corintios 6.15-16).

El pecado sexual no solo viola un pacto hecho ante Dios, sino que te lastima el alma y el cuerpo. Todos los otros pecados que comete una persona son fuera del cuerpo, pero la inmoralidad sexual es un pecado contra tu propio cuerpo (1 Corintios 6.18). Nuestros cuerpos le pertenecen a Dios y su Espíritu mora en ellos (1 Corintios 3.16-17).

Delante de los ojos de Dios, si cometemos un pecado, somos culpables de todos los pecados (Santiago 2.10). Pero algunos pecados dañan nuestra vida más que otros. El pastor Jack Hayford dice: «Los pecados sexuales no son más difíciles de perdonar para Dios, pero producen mucho *más daño* en las dimensiones personales y sociales que otros pecados. Los pecados sexuales atacan el nacimiento de todas las cosas buenas que Dios quiere para nuestra vida en la tierra, y dejan una secuela de lluvia destructiva que puede afectar generaciones».*

El adulterio comienza en los ojos y en el corazón mucho antes de que suceda realmente el acto físico. Jesús dijo: «Pero yo les digo que cualquiera que mira a una mujer y la codicia ya ha cometido adulterio con ella en el corazón» (Mateo 5.28). El adulterio, aun el que sucede en el corazón, destroza el alma (Proverbios 6.32).

¿Qué hago si me sucede a mí?

He hablado con más personas cuyos matrimonios han sido devastados por la infidelidad que por ninguna otra razón. Es una epidemia debido a nuestra cultura. Tal vez no te des cuenta de lo común que es porque muy poca gente les habla sobre esto a otras personas. Es vergonzoso para todos los involucrados, y son pocos los que lo hacen público. De la manera en que yo lo veo, si tu cónyuge comete adulterio, tú tienes dos elecciones:

1. Quedarte y hacer lo que sea necesario para encontrar la sanidad y la restauración para ustedes dos y para su matrimonio.

2. Irte y hacer una vida nueva.

---

* Jack Hayford, *Fatal Attractions* (Ventura, CA: Regal Books, 2004), p.11 [*Atracción fatal* (Grand Rapids: Vida, 2005)].

Hay una tercera posibilidad y es quedarte y hacerle la vida a él (ella) tan desdichada como él (ella) te la ha hecho a ti, dejando que tu enojo, falta de perdón y amargura le haga pagar por lo que ha sucedido por el resto de tu vida. Pero esto en realidad no es una elección; es una excusa para no tomar acción alguna.

En cuanto a la opción de «quedarse y hacer lo que sea necesario», conozco a una pareja que se ha recuperado de la infidelidad mejor que cualquier otra pareja que he conocido. Ambos eran creyentes muy fieles a su iglesia. Eran padres excelentes que se ofrecían de voluntarios en las escuelas a las que asistían sus hijos. Parecía que tenían un matrimonio y familia maravillosos. Sin embargo, el esposo descubrió que su esposa había estado teniendo una aventura amorosa con otro hombre. Cuando la confrontó, ella admitió que era verdad.

El esposo vino a nuestro hogar a decirnos que había descubierto esta aventura y a compartir lo enojado que estaba. Nos pidió que oráramos por él mientras bregaba con lo que seguiría a todo eso. Sin embargo, a medida que buscaba al Señor, se dio cuenta de que quería salvar su matrimonio más de lo que quería vengarse. Así que tomó unas vacaciones y pasó tiempo totalmente dedicado a su esposa, escuchándola compartir con él todo lo que había estado sucediendo dentro de ella a través de los años que habían llevado a esa aventura amorosa. Yo fui a ver a su esposa y hablé con ella y oré con ella, y comprendí un poco por qué esto había sucedido. Parecía que ninguno de los dos quería divorciarse, así que Michael y yo oramos que los dos pudieran sobrevivir a esta situación.

Solo unas pocas semanas después de esto, un sábado de mañana, el esposo trajo a su esposa a nuestra casa y nos dijo que quería compartir algo con nosotros. Los cuatro fuimos a un cuarto privado, donde nadie podía oír lo que hablábamos, y él nos dijo que quería hacerse responsable de lo que había sucedido. Él nos dijo que Dios le había abierto los ojos a lo insensible que había sido a las necesidades de su esposa durante años, y él quería disculparse frente a nosotros por su parte en esto, y por lo enojado y desilusionado que había estado con ella la primera vez que vino a nuestra casa.

Nunca he escuchado nada tan sorprendente como ese tierno y sincero pedido de perdón de parte de ese esposo. Él sabía que había producido una condición en su matrimonio que había llevado a la caída de su esposa y tomó la responsabilidad *completa*. Su esposa estaba tan conmovida por la declaración de amor incondicional y compromiso de hacer lo que fuera necesario para salvar el matrimonio, que estaba totalmente quebrantada y arrepentida.

Después de eso, él tomó tiempo libre de su negocio y viajó con ella a lugares a los que ella siempre había querido ir, e hizo cosas con ella que ella le había pedido que hicieran durante muchos años. Fueron a consejería juntos como así también separados. Permanecieron en la iglesia y permanecieron juntos. Su matrimonio sobrevivió ese terrible desastre y todavía es fuerte hoy en día. Sus hijos han crecido, están casados y tienen hijos propios, y no hay ningún legado de divorcio en su familia para que ellos hereden.

Sobrevivieron a lo que habría destrozado a la mayoría de las personas. Y en los años desde que eso comenzó, el negocio del esposo ha estado prosperando más allá de los sueños más entusiastas que hubieran podido tener. Yo creo que esto se debió a la disposición de él de examinarse a sí mismo, y dejar que Dios le mostrara en las esferas en que hubiera podido ser un esposo mejor. Y él fue lo suficientemente humilde como para no solo recibir lo que Dios le mostró, sino que también estuvo dispuesto a exponer sus fracasos frente a su esposa y a sus amigos para poder ser sanado y que su matrimonio fuera restaurado. Él es el ejemplo perfecto de lo que significa tener un corazón arrepentido.

Nunca olvidaré la notable generosidad de espíritu de ese esposo ni la belleza de la restauración de su esposa. Él no estaba viviendo negando lo que había ocurrido o dejando a su esposa libre de responsabilidad. Él se estaba colocando en el mismo lugar *en* que se colocó Jesús, y creo que solo alguien que esté totalmente entregado a al

Señor puede hacer lo que hizo ese esposo. Por cierto que tenía el corazón del Señor, y se rehusó a recibir crédito por eso. Admitió que Dios tuvo que bregar con él para llevarlo a ese punto, porque esa no había sido su reacción inicial. Pero yo lo felicito por haber escuchado lo que Dios le decía, y la felicito a ella por haberse arrepentido de verdad, y los felicito a los dos por cambiar lo que hubiera podido ser el desastre más grande de ellos en la bendición más grande de Dios para su matrimonio y familia.

Por otro lado, conozco a otra pareja en la cual la esposa tuvo una aventura amorosa, pero el esposo insistió en que pagara por lo que había hecho. Ese hombre no reconoció para nada que tuviera responsabilidad alguna en eso. Su joven esposa había sido dañada emocionalmente en su niñez, y había crecido con muchas inseguridades y dolor. No mucho tiempo después de casados, se mudaron a una ciudad a unos dos mil kilómetros de todos sus amigos y familiares para que él pudiera asistir a una universidad particular. El problema era que él también tenía un trabajo de tiempo completo, mientras que asistía a la universidad a tiempo completo, así que nunca estaba en el hogar. Ella se sentía muy sola y abandonada, y fue lo suficientemente insegura como para iniciar una aventura amorosa con alguien con quien trabajaba.

Por supuesto que ella no debería haberlo hecho, y hubo consecuencias terribles, pero ella se arrepintió totalmente y quería preservar su matrimonio. Por otro lado, él la dejó de inmediato y se mudó de vuelta a su hogar con su familia. Él se rehusó a verla excepto con un consejero que él mismo había elegido, y ella tenía que conducir cientos de kilómetros para ir allí y regresar a su hogar. Él no la dejó olvidar que esto había sido fracaso de ella, y que él tenía todo el derecho de hacer estas demandas de ella. Se rehusó a manejar la situación de ninguna otra manera, y no tenía nada ni siquiera que se pareciera a un corazón arrepentido. Esta pareja, como tal vez sospeches, ahora está divorciada.

Ellos podrían haber tenido un resultado diferente si ese esposo le hubiera dicho a su esposa infiel: «Lo que has hecho me ha destrozado, pero te amo por sobre todas las cosas. He buscado al Señor, y veo también mi parte en esto. Dios me mostró la forma en que te he abandonado para trabajar y asistir a la universidad cuando tú más me necesitabas. Aun cuando yo estaba haciendo eso por nosotros, y creí que tú lo entendías, como la cabeza de este hogar yo no te serví bien. Quiero que estemos juntos y que resolvamos esto. Vayamos a un consejero y busquemos a Dios juntos, y dejemos que Él nos cambie a los dos para que nuestro matrimonio pueda perdurar».

Sé que esto es sumamente difícil de hacer. Y a mí me resulta fácil decirlo porque nunca me ha pasado nada de eso. Y estoy segura de que se requiere más perdón y valor del que tengo dentro de mí. Pero he visto los resultados de dejar de lado todo el orgullo y el egoísmo para salvar un matrimonio, y sé que el resultado es bueno.

Dios nos da una *salida* porque esta clase de traición es devastadora. También nos da una manera de *superar* esto y encontrar la total restauración. Algunas personas están dispuestas a dejar de lado su opción, dada por Dios, de divorciarse para poder salvar su matrimonio y ver que llegue a ser todo lo que Dios quiere que sea. Esas personas son héroes entre nosotros.

Si tu cónyuge ya ha cometido adulterio

Si tu cónyuge ya te ha sido infiel, Dios te da una salida, sin ninguna pregunta. Eres libre para irte. Dios entiende que el dolor de la infidelidad de tu esposo (esposa) puede ser demasiado difícil de soportar. Él no te requiere que lo soportes. Sin embargo, si tú escoges estar y resolver la situación, y estás dispuesto a humillarte delante de Él y escuchar lo que te está diciendo acerca de cómo proceder, Dios puede hacer un milagro. Tú, como el cónyuge que ha sido herido, tienes dos opciones:

1. *Perdonar* e irte y hacer una vida nueva.
2. *Perdonar* y quedarte.

Cualquiera de las dos formas es necesaria, porque la alternativa te va a matar. Ni siquiera pienses en hacerle pagar a tu cónyuge por todo el dolor que te ha causado. Eso nunca da resultado y te herirá más a ti que a él (ella). Además de hacerte ver mal, y entonces él (ella) ve que tiene justificación para encontrar a alguien más. En cambio, comparte con él (ella) el dolor que sientes y ve a un consejero de inmediato —ya sea solo (sola) o con él (ella). Lo mejor es que vayas solo (sola) y también con él (ella). Escribe una carta expresando tus malos sentimientos por escrito, pero no se la envíes, sino quémala. A continuación escríbele una carta a Dios diciéndole cómo te sientes y lo que quieres que Él haga en ti y en tu cónyuge. Guarda esa carta en un lugar especial para poder leerla de nuevo y mostrársela a tu esposo (esposa) si el tiempo te parece correcto. Por sobre todas las cosas, pídele a Dios que haga una obra de total perdón en tu corazón, porque Él es el único que lo puede hacer. Dios sabe que no lo puedes hacer totalmente por ti mismo.

Sin embargo, hay personas que son adúlteras y que nunca se arrepienten. Hay una diferencia entre alguien que comete un acto de infidelidad y siente convicción y se arrepiente, y hace todo lo necesario para arreglar las cosas con Dios y con su cónyuge, y el otro extremo de una persona que comete actos de infidelidad una y otra vez sin nunca arrepentirse. Hay un límite a lo que tú puedes soportar. Y así es como también se siente Dios. Es por eso que Él te da una salida.

Una mujer que conozco perdonó a su esposo por lo menos tres veces, por lo que sé, de sus aventuras amorosas con tres mujeres diferentes. En forma errónea, ella pensó que su amor y su perdón serían suficientes. Pero no fue así, porque ese hombre continuó siendo completamente egoísta y no se arrepintió. Su siguiente aventura fue con la mejor amiga de ella, por quien dejó a la esposa para poder casarse con esa mujer. Después de un año de estar casado con su segunda esposa, llamó por teléfono a su primera esposa y le rogó que lo recibiera de vuelta. Ella le dijo: «Es demasiado tarde». Ella lo había perdonado, pero sabía que no había cambiado y que eso sucedería de nuevo.

Yo les aconsejo a todos los que tienen un cónyuge que comete infidelidad sexual una y otra vez. y que no pueden vivir con eso por más tiempo, que le entreguen a ese cónyuge a Dios para que Él trate con él (ella) mientras ellos se recuperan y comienzan una nueva vida. No se torturen ni un minuto más. Dios tiene una vida mejor para ustedes que esa.

Los adúlteros que se rehúsan a cambiar sus caminos no heredarán el reino de Dios o ninguna de las cosas que Dios tiene para ellos (1 Corintios 6.9-10). Ese esposo que acabo de mencionar tenía una carrera de mucho éxito, pero todo comenzó a cambiar después de que ocurrió todo esto. En realidad, le sucedió una tragedia muy grande, y la suerte le cambió. Yo he visto mucha gente emprendedora y con futuros prometedores que lo han perdido todo porque no pudieron dejar de cometer adulterio. No vieron que ese era el plan de enemigo de destruir el maravilloso futuro que Dios tenía para ellos, así que siguieron a la carne en lugar de someterse al Espíritu de Dios.

No tengas temor de dejar que un cónyuge adúltero llegue al final de la cuerda. «Los golpes y las heridas curan la maldad; los azotes purgan lo más íntimo del ser» (Proverbios 20.30). Sé lo suficientemente fuerte como para dejar que él (ella) sufra las consecuencias naturales de lo que ha hecho, porque puede despertar a una persona para que reconozca su pecado y limpie su corazón del mal. Con esto dicho, tú también tienes que examinarte a ti mismo para ver si de alguna forma eres cómplice en esto.

La Biblia dice que la persona sabia edifica su casa, pero que la necia la destruye con sus propias manos (Proverbios 14.1). Le tienes que preguntar a Dios: *¿He hecho algo para destruir mi casa? ¿Hay algo más que pudiera haber hecho para edificarla?* Todos podemos pensar en cosas que deberíamos haber hecho en forma diferente en nuestro matrimonio. No estoy diciendo esto para hacerte sentir culpable, especialmente si tu cónyuge ha cometido adulterio. El adulterio siempre es malo, y no tiene justificación bajo ninguna circunstancia. Y el adúltero siempre es culpable. ¿Pero recuerdas lo que dije antes en cuanto a tener un corazón arrepentido? Para que la sanidad llegue a un matrimonio por cualquiera que sea la razón, siempre tienes que escudriñar tu propio corazón, alma y mente delante del Señor. Siempre le tienes que decir a Dios que estás dispuesto a reconocer cualquier lugar dentro de ti en el cual no has alcanzado la voluntad de Dios para tu vida.

¿Has tratado a tu cónyuge en forma irrespetuosa? ¿Has sido desconsiderado (desconsiderada) en cuanto a las necesidades de él (ella)? ¿Le negaste a él (ella) gratificación sexual? Estas cosas no justifican que él (ella) cometa adulterio, pero a veces ponemos el escenario para que sucedan porque no tenemos cuidado de proteger a nuestro matrimonio con el pensamiento, las palabras, las acciones y la oración.

Cuando un esposo (esposa) se siente solo, desconectado, distante, desilusionado o abandonado emocionalmente por su cónyuge, todo lo que se requiere es alguien que le proporcione un fuerte sentido de que es comprendido, reconocido y que es importante. Es vulnerable, y esto puede establecer una conexión con esa persona. Aun si no llega al punto de la infidelidad física, ocurre una infidelidad del corazón, que tampoco le agrada a Dios (Mateo 15.19).

¿Se dan cuenta, *esposos*, que cada vez que tratan a su esposa con rudeza, crítica, la degradan, la abusan verbalmente, la descuidan o la abandonan, que están creado en ella un suelo fértil en el cual puede ser plantado la semilla de la infidelidad? A menos que ella esté profundamente cimentada en el Señor, anhelos y pensamientos profundos le pueden invadir la mente y el corazón, y ella puede estar lista para una aventura de la mente si no del cuerpo. Es sorprendente lo atractivo que puede parecer alguien cuando la persona que se supone que te ame ya no actúa como si te amara (2 Timoteo 2.2). Si has colocado a tu esposa en esa clase de peligro, entonces eres parcialmente culpable por lo que sucede.

¿Se dan cuenta, *esposas*, que cada vez que critican a su esposo de forma que lo hacen sentir menos, lo rebajan frente a otros, no lo alaban o no le dicen lo valioso que es en su vida, o se rehúsan a tener relaciones sexuales, están haciendo que le sea mucho más difícil resistir las tentaciones que están por todo lados a su alrededor? Están preparando las condiciones para la infidelidad, porque será más susceptible a la alabanza y a atenciones impías de lo que hubiera sido de otra forma.

Por supuesto que hay esposos y esposas que han determinado en sus corazones que están abiertos a la mínima atención de parte de otros y van a recibir cualquier oportunidad de cometer adulterio. No hay nada que puedes hacer con personas así porque son «extremadamente egoístas» y están predispuestas a pecar. No cambiarán sin un consejero profesional que los confronte, y aun eso tal vez no dé resultado. Así que no te culpes si sientes que has hecho todo lo posible para ser un buen esposo o esposa y tu cónyuge todavía te es infiel. No es culpa tuya, y no hay nada que pudieras haber hecho para detenerlo. Dile a él (ella): «Adiós y buena suerte», y avanza a cosas mejores.

SIETE COSAS QUE SON CIERTAS EN CUANTO AL ADULTERIO

1. *Dios nos dijo que no adulteráramos en los diez mandamientos.* «No cometas adulterio» (Éxodo 20.14).

2. *Jesús dijo que no lo hiciéramos.* «No mates, no cometas adulterio, no robes, no presentes falso testimonio» (Mateo 19.18).

3. *El adulterio trae juicio a tu vida.* «Tengan todos en alta estima el matrimonio y la fidelidad conyugal, porque Dios juzgará a los adúlteros» (Hebreos 13.4).

4. *El adulterio sucede en el corazón y también en el cuerpo.* «Pero yo les digo que cualquiera que mira a una mujer y la codicia ya ha cometido adulterio con ella en el corazón» (Mateo 5.28).

5. *El adulterio causará que pierdas todo lo que Dios tiene para ti.* «¿No saben que los malvados no heredarán el

reino de Dios? ¡No se dejen engañar! Ni los fornicarios, ni los idólatras, ni los adúlteros, ni los sodomitas, ni los pervertidos sexuales» (1 Corintios 6.9).

6. *El adulterio es completamente una obra de la carne, y como tal va a cosechar muerte en tu vida.* «Las obras de la naturaleza pecaminosa se conocen bien: inmoralidad sexual, impureza y libertinaje» (Gálatas 5.19).

7. *El adulterio te destruirá.* «Pero al que comete adulterio le faltan sesos; el que así actúa se destruye a sí mismo» (Proverbios 6.32).

El blanco favorito del diablo

El blanco que más le gusta al diablo, en cuanto a tentar a alguien a ser infiel, son los líderes del cuerpo de Cristo —y especialmente los pastores y sus esposas. Eso es porque estas personas están en la primera línea y están haciendo mucho para guiar a otros al reino de Dios. El enemigo va a llegar a sus corazones y emociones como un maremoto, especialmente después de que los ha bombardeado con desilusión en un lado del espectro, y con orgullo en el otro. Es tal asalto espiritual total en ellos, que nosotros, los que formamos el cuerpo de Cristo, tenemos que rodear a nuestros pastores y líderes espirituales con oración. Si no lo hacemos, ellos van a sufrir. Y cuando *ellos* sufran, *nosotros* también sufriremos (1 Corintios 12.14, 26).

Debemos orar pidiendo que sean sinceros con las personas que están más cerca de ellos, en quienes tienen confianza, acerca de las tentaciones que enfrentan. Y debemos orar para que no se levante un espíritu de chismes. Uno de los peores pecados es chismear. Cuando alguien comparte una lucha con una persona en confianza, pidiéndole que ore, y la persona a quien le contaron eso va y se lo dice a otros, su pecado de decir chismes es tan grande como el pecado sobre el cual están hablando. Repetir chismes en la iglesia es un pecado que impide que los líderes y sus familias compartan lo que necesitan compartir para recibir santidad y renovación. Les impide buscar el apoyo en oración que necesitan. Haz todo lo posible para detener los chismes.

Si alguna vez sientes atracción por otra persona

La infidelidad comienza en la mente aun antes de que ocurra la atracción. Y allí también es donde debe detenerse. «Porque de adentro, del corazón humano, salen los malos pensamientos, la inmoralidad sexual, los robos, los homicidios, los adulterios.... Todos estos males vienen de adentro y contaminan a la persona» (Marcos 7.21, 23). Tienes que vigilar tus pensamientos con mucho cuidado. Si alguna vez te encuentras pensando sobre alguien más que no sea tu esposo (esposa), y te preguntas si hubiera sido el cónyuge perfecto para ti, eso es adulterio de la mente. Y las consecuencias serán muy serias.

Si encuentras que no puedes dejar de pensar en cierta persona de esa forma, ve ante Dios de inmediato y confiésaselo, y ora pidiendo liberación de esos pensamientos. Quédate en la presencia de Dios hasta que esa obsesión haya desaparecido. No va a salir nada bueno de ella y de las consecuencias de perseguirla, o si dejas que te tome, puede arruinarte la vida. Pídele a alguien que ore contigo en cuanto a esto. Tal vez le puedas contar esto a tu cónyuge, pero luego, después de que la atracción ha desaparecido —lo cual sucederá si te mantienes en la presencia del Señor el tiempo necesario—, tu pobre esposo (esposa) tiene que bregar con el rechazo y los sentimientos heridos. No vale la pena. Te digo que vayas al Señor y te postres en el suelo ante Él. Ayuna y ora. Quédate en la presencia de Él hasta que este asunto quede roto. Cada vez que el sentimiento regresa, humíllate delante de Dios. Si todo esto no da resultado y la atracción llega a ser una obsesión, llama a una persona que sea amiga íntima y que no dice chismes para que se ponga de acuerdo contigo en oración para romper esta atadura del enemigo. Si aun eso fracasa, entonces dile a tu esposo (esposa) y vayan a recibir asesoramiento juntos. Lo van a necesitar.

Si sientes atracción por alguien, de ninguna forma se lo vayas a decir a la persona. Solo despertará sentimientos en él (ella) de ser apreciado de forma errónea. Inspira una intimidad entre los dos debido a un secreto que ahora comparten. A la primera señal de una atracción, no te engañes con palabras elocuentes tales como «atracción» y «aventura» que hacen que suene como flores en la primavera. Llámalo lo que es —adulterio del corazón y de la mente. No crees una tensión sexual o inspires atracción en la otra persona, o fuerces a esa persona para que tenga que luchar con una atracción. No la involucres. Esto es entre tú y Dios. Habla con Dios, con un consejero, o con tu cónyuge, o con los tres.

Un espíritu de adulterio es un espíritu fuerte. Se te sube a la cabeza y tratará de hacerte pensar que finalmente has encontrado a la persona que has estado esperando, y el cumplimiento de una vida perfecta en el futuro. Pero esto es una ilusión. La persona por la cual has estado esperando en realidad te está esperando a *ti* en tu hogar. Y debes recapacitar y darle a tu matrimonio todo el esfuerzo que se requiere para que prospere. Debes darle a Dios la oportunidad de hacer un milagro.

Conozco a una esposa de pastor que estaba sintiendo una atracción fuerte hacia otro hombre que no era su esposo en la iglesia. Había llegado al punto en el cual sentía que su matrimonio no era lo que sentía que debería ser. Ella me vino a ver para que la ayudara, y le sugerí que llamara a otras dos mujeres en quienes confiara para que también oraran por ella. Las tres nos mantuvimos a su lado, hablando con ella y orando con y por ella, hasta que vimos que eso se había roto por completo.

Todos somos vulnerables en la mente de sentir atracción por alguien que nos rodea, pero yo estaba convencida más allá de duda, que esta era una trampa del enemigo para destruir el gran ministerio que ella y su esposo tendrían un día. Oramos para que esta atadura del infierno en su vida se rompiera completamente. Llevó meses para finalmente obtener la victoria, pero se logró. Y ella y su esposo disfrutaron de un buen matrimonio y de muchos años juntos en un ministerio de mucho éxito. Criaron una familia maravillosa de hijos y nietos. Nadie nunca supo acerca de esto, ni siquiera su esposo, y por cierto que menos la persona por la cual ella sentía atracción. Esta fue totalmente una batalla en el espíritu, y el enemigo la perdió.

Si te encuentras que sientes atracción por alguien que no sea tu esposo (esposa), pídele a Dios que rompa esa atracción, como cuando se le corta la cabeza a una culebra, para que no haya manera de que pueda volver a existir. Pídele al Señor que ponga una defensa en tu corazón para que te proteja de alguna otra intrusión pecaminosa. Tienes autoridad sobre el mal en tu vida. «Pero si haces lo malo, el pecado te acecha, como una fiera lista para atraparte. No obstante, tú puedes dominarlo» (Génesis 4.7). El enemigo quiere apartarte de la vida que Dios tiene para ti, pero Dios te ha dado el poder de detenerlo.

Vas a poder saber si todavía hay un residuo en tu corazón con respecto a alguna atracción impía si te sientes triste cuando no ves a esa persona. O si sientes entusiasmo cuando la ves. Sabrás que estás libre cuando veas a esa persona un día y le des gracias a Dios en tu corazón de que no actuaste por el impulso de la atracción. Que no sacrificaste tu matrimonio, a tus hijos o tu vida por eso. Te preguntarás: *¿Qué es lo que estaba pensando?* Y le darás gracias a Dios por rescatarte de tu propia necedad.

Puede sucederle a cualquiera, pero no tiene que ser así

No pienses ni por un instante que no puedes caer en una trampa de adulterio. Es algo fuerte, que se te sube a la cabeza, que se puede enroscar a tu alrededor como una serpiente pitón invisible, y cuando el momento es oportuno, te va a quitar el sentido común hasta que no puedes respirar. Y te puede suceder con alguien que ni siquiera soñaste que pudiera ser. O puede suceder de pronto con alguien que acabas de conocer. Es algo insidioso, traicionero y artero, una trampa engañosa que puede atraparte y tentarte a hacer cosas que más tarde lamentarás. Es por eso que nunca puedes jugar con la infatuación, o cualquier conexión del alma, o aun un coqueteo con otra persona del sexo opuesto. (O del mismo sexo, por lo que respecta.)

Hay dos cosas importantes por las cuales oré en cuanto a un esposo. Una era que debía tener una fuerte relación personal con Dios a través de Jesucristo. Yo ni siquiera iba a considerar compartir mi vida con alguien que no tuviera el mismo amor que tengo yo por el Señor. No me podía ni imaginar cómo hacer que un matrimonio tuviera éxito sin eso. La otra cosa importante por la que oré fue que mi esposo me fuera fiel. Yo sabía que nunca hubiera podido tolerar pecados sexuales en mi matrimonio. No podría vivir con eso. Dios contestó mis oraciones y me dio un esposo que lo ama a Él y que siempre ha sido fiel. La fidelidad de Michael a mí y al Señor, es la cualidad que más admiro en él, y nunca me ha dado ninguna razón para dudar eso. Sin embargo, durante los treinta y cuatro años que hemos estado casados, siempre oré pidiendo que el enemigo no nos destrozara con cualquier clase de tentación a cometer un pecado sexual. Creo que eso no solo nos ha mantenido fuertes, sino también lejos del peligro.

La seducción es sutil, y las oportunidades están por todos lados, y tal vez alguien se puede acercar a ti en cualquier lugar, y a cualquier hora. Todos hemos oído de personas que se involucran en situaciones de adulterio y dicen: «No estaba buscando enamorarme o tener una aventura amorosa; simplemente sucedió». Simplemente sucedió porque dejaron que pensamientos de adulterio se abrigaran en su mente. No tuvieron que *buscar* nada. Lo que debieron hacer era dejar de mirar hacia *eso* cuando se presentó. Todos tenemos suficiente inseguridad dentro como para ser atraídos por los halagos o la admiración. Todos tenemos suficiente orgullo como para sentirnos grandes por la atención de alguien. Todos somos vulnerables a sentimientos inapropiados. Podemos ser fuertes, humildes y seguros 99,99 por ciento del tiempo, pero en un momento de debilidad o de sentirnos demasiado confiados, podemos caer.

Puede sucederle a cualquiera, pero no tiene que ser así. No les sucederá a los que han aprendido a guardar su corazón con diligencia, a aquellos que entienden las trampas del enemigo, y que saben cómo oponerse a esto.

En su libro titulado *Anatomía de la seducción*, Jack Hayford enumera cuatro «pasos de una seducción en progreso». Estos pasos son señales de peligro que deberían hacer sonar una alarma muy fuerte en cada uno de nosotros si alguno nos ocurre alguna vez.

1. Preocupación mental acerca de la otra persona
2. Un deseo inusual de estar cerca o en el lugar en que está la persona
3. Un deseo que va en aumento de dar halagos frecuentes
4. La suposición de que un encuentro «inocente» o coqueteo puede ser tolerado*

Si sientes que alguna de estas cuatro señales de advertencia te sucede a ti, corre tan rápidamente como puedas a Dios, confiesa tu atracción pecaminosa como pecado, pídele que la quite completamente de tu vida, y permanece allí hasta que haya desaparecido. Si aun por el más ínfimo momento existe una tentación a la cual tú cedes, un anzuelo tomará lugar en tu corazón y te producirá dolor de una forma u otra. No vale la pena sacrificar tu matrimonio y el futuro que Dios tiene para ti.

Tú sabes lo que es agasajar a alguien en tu hogar. Tú *invitas* a la persona a que *entre* a tu hogar, le das un *lugar* para que se siente, y le provees algo para su *sustento*. Lo mismo se aplica a las imágenes o pensamientos lujuriosos. Te cruzan por la mente, pero tú eres el que los *invita a entrar*. Tú eres el que les da *un lugar para que residan* en tu corazón. Tú eres el que los *sostiene con anhelos pecaminosos*.

Lo que debes hacer es ordenarles a esos pensamientos que se vayan. Esto te podría parecer rudo si se lo hicieras a un huésped en tu hogar, pero si tu huésped hubiera estado haciendo algo que puede destruir tu vida o cerrarle la puerta a lo mejor que Dios tiene para ti, demandarías que esa persona se fuera de inmediato. Y lo mismo debes hacer con pensamientos de adulterio que tratan de permanecer en tu mente. Arrójalos de allí, cierra la puerta de tu corazón, y ponle llave una vez que se van. La Biblia nos advierte en cuanto a ser seducidos

---

* Citado en Jack Hayford, *Fatal Attractions* (Ventura, CA: Regal Books, 2004), pp. 42-44 [*Atracción fatal* (Grand Rapids: Vida, 2005)].

por la inmoralidad, diciendo que el adúltero no sabe «que en ello le va la vida» (Proverbios 7.20, 22-23). La lujuria nos seduce separándonos de la vida que Dios tiene para nosotros y nos lleva al hoyo que el enemigo ha colocado como una trampa.

El espíritu de adulterio está por todos lados. Está en el lugar donde trabajamos, en el vecindario, y es triste decirlo, también en algunas iglesias —casi en todos los lugares a que vas. Es imposible evitar contacto con dicho espíritu completamente. Tiene que tener bien claro lo que es —una trampa para atraparte y destruir tu matrimonio. Y lo que *no* es —un medio de lograr verdadera felicidad y logro.

Recuerda que no importa lo fuerte que sea una tentación, Dios no permitirá que seas tentado más allá de lo que puedes resistir. Él te dará una salida, y te dará la fortaleza y la capacidad para resistirla (1 Corintios 10.13). Aférrate a Dios y abrázalo como tu salida para todas las tentaciones, especialmente la tentación a ser infiel.

Oraciones por mi matrimonio

Oración pidiendo protección

Señor, te pido que protejas mi matrimonio de cualquier clase de infidelidad. Que el adulterio esté lejos de nosotros y que nunca encuentre un lugar ni en nuestra mente ni en nuestro corazón. Derrama tu sabiduría y conocimiento en nosotros para que seamos sabios e inteligentes, y no permitamos que el enemigo nos ataque por el lado que no lo vemos, y que arroje tentación en nuestro camino. Te pido que no permitas que la tentación llegue cerca de nosotros. Mantennos lejos de cualquier persona que pudiera guiarnos a cualquier clase de mal. Quita de nuestras vidas a cualquiera que pudiera tentarnos alguna vez con pensamientos de adulterio.

Señor, sé que en ti «están escondidos todos los tesoros de la sabiduría y del conocimiento» (Colosenses 2.3). Danos la habilidad de ver el peligro por adelantado, y la sabiduría para no hacer nada necio. Queremos vivir decentemente (Romanos 13.3). No permitas que tengamos «los ojos llenos de adulterio y [seamos] insaciables en el pecar» (2 Pedro 2.14). Ayúdanos a vivir en integridad delante de ti y el uno del otro para que caminemos con seguridad (Proverbios 10.9). Establécenos en nuestra fe. No permitas que seamos engañados por el mundo y por el enemigo (Colosenses 2.6-8). Gracias, Señor, porque en ti somos completos, y no necesitamos buscar nada fuera de lo que nos has dado en cada uno y en ti (Colosenses 2.10). Oro en el nombre de Jesús.

Oración pidiendo victoria en mí

SEÑOR, AYUDAME A AMARTE de todo corazón, alma, mente y con todas mis fuerzas, y ayúdame a amar a mi esposo (esposa) de la misma manera (Marcos 12.30). Mantenme apartado del camino ancho que lleva a la destrucción, y siempre ayúdame a escoger el camino angosto que lleva a la vida (Mateo 7.13-14). Gracias por mi esposo (esposa) y por el matrimonio que nos has dado. Destruyo cualquier sueño que he considerado de recibir el amor de otra persona. Ayúdame a ver esto como un dios falso que he colocado para adorar en lugar de adorarte a ti.

Señor, muéstrame cualquier cosa en mí que ha dado lugar a la infidelidad en mi corazón. Si alguna vez he pensado en otro hombre (mujer) y cómo sería estar casado con él (ella) en lugar de mi esposo (esposa), te lo confieso como pecado. Si alguna vez he sentido atracción por una persona del sexo opuesto que no sea mi cónyuge, lo confieso como pecado ante ti. Quita de mi corazón todos los pensamientos pecaminosos y lujuriosos. Me rehúso a escuchar las mentiras del enemigo que me dice que cualquier cosa sería mejor para mí que lo que tengo en mi esposo (esposa).

Reprendo al devorador, que quiere venir para destruirme

con tentación, y digo que solo te serviré a ti, Señor. Gracias, Jesús, porque tú entiendes la tentación y me puedes ayudar cuando soy tentado (tentada), (Hebreos 2.18). Señor, te pido que mi deseo siempre sea solo por mi esposo (esposa) y no por nadie más. Ayúdame a estar tan entregado (entregada) a ti que nadie pueda quitar mi amor por mi esposo (esposa). Oro en el nombre de Jesús.

Oración pidiendo victoria en mi esposo (esposa)

SEÑOR, TE PIDO QUE LLENES EL CORAZÓN de mi esposo (esposa) con tu Espíritu para que no se aleje ni de mí ni de nuestro matrimonio hacia otra persona. Quita de él (ella) todas las oportunidades que podría tener de hacer algo inapropiado o algo que cruza la línea de la decencia. Quita de su corazón toda la lujuria y las atracciones, y reemplázalas con su amor. Muéstrame lo que puedo hacer para edificar a mi cónyuge y a ser la clase de esposa (esposo) que necesita que yo sea. Ayúdalo (ayúdala) a huir de todo pensamiento de adulterio para que pueda glorificarte con su cuerpo, alma y espíritu (1 Corintios 6.18-20).

Si él (ella) ha cruzado la línea y ha caído en tentación en sus pensamientos o acciones, restáuralo (restáurala). Ayuda a mi esposo (esposa) a confesar todas sus transgresiones, porque su pecado siempre estará con él (ella) hasta que esto suceda (Salmo 51.1-3). Límpialo (límpiala) completamente de toda iniquidad. Te pido que si él (ella) peca contra mí o contra ti de alguna forma, que le muestres que no puede escapar de su pecado (Números 32.23). Líbralo (líbrala) de la inmoralidad. Haz lo que sea necesario para hacer que mi esposo (esposa) se arrodille delante de ti, en arrepentimiento para que él (ella) pueda ser restaurado y limpiado para convertirse en un vaso de honor para tu gloria, preparado para uso noble (2 Timoteo 2.20-22). Oro en el nombre de Jesús.

VERDADES PARA AFIRMAR

Cada uno es tentado cuando sus propios malos deseos lo arrastran y seducen. Luego, cuando el deseo ha concebido, engendra el pecado; y el pecado, una vez que ha sido consumado, da a luz la muerte.

SANTIAGO 1.14-15

Ustedes no han sufrido ninguna tentación que no sea común al género humano. Pero Dios es fiel, y no permitirá que ustedes sean tentados más allá de lo que puedan aguantar. Más bien, cuando llegue la tentación, él les dará también una salida a fin de que puedan resistir.

1 CORINTIOS 10.13

La voluntad de Dios es que sean santificados; que se aparten de la inmoralidad sexual; que cada uno aprenda a controlar su propio cuerpo de una manera santa y honrosa.

1 TESALONICENSES 4.3-4

Pero en vista de tanta inmoralidad, cada hombre debe tener su propia esposa, y cada mujer su propio esposo.

1 CORINTIOS 7.2

Estén alerta y oren para que no caigan en tentación. El espíritu está dispuesto, pero el cuerpo es débil.

MATEO 26.41

13

Cuando UNO *de* LOS DOS DECIDE IRSE *del* HOGAR

La separación comienza en el corazón mucho antes de que alguien decida irse del hogar. Al principio comienza cuando la comunicación se rompe, y el esposo o la esposa ya no entiende lo que el otro está pensando, sintiendo, por lo que está pasando o lo que está planeando. Está reforzada por el enojo, la rudeza, el abuso, la falta de perdón o las emociones negativas. Se intensifica cuando hay discusiones sobre los hijos, los problemas financieros, el comportamiento destructivo de uno de los dos, o una vida sexual que no existe o que no es satisfactoria. La separación del corazón aumenta si el corazón del esposo o de la esposa se endurece, o se hace obvio que ya no son la prioridad principal el uno del otro. No mucho después, el divorcio comienza a ser un pensamiento para salir del matrimonio, y el proceso de separación está casi completo. Todo lo que se requerirá será una instancia de infidelidad o alguna otra acción que produzca mucho dolor, y un sentido abrumador de desesperación hará que todo se desmorone. A esas alturas, irse parecerá un gran alivio.

La buena noticia es que este proceso se puede *detener* en cualquier momento, y puede ser totalmente puesto *marcha atrás* si hay *arrepentimiento* en el corazón y *tanto* el esposo como la esposa se perdonan. Todo lo que se requiere es que uno diga: «No quiero seguir así. Quiero hacer algunos cambios. Quiero buscar al Señor y pedirle que haga cambios en ti y en mí, y en los dos juntos. Hablemos sobre las cosas que nos están molestando a cada uno, y busquemos asesoramiento si es necesario. Estoy dispuesto a confesar delante de ti y delante de Dios cualquier cosa que he hecho o que no he hecho que estuvo mal. Quiero pedirte que me perdones. Estoy dispuesto a hacer lo necesario para cambiar las cosas y renovar nuestro matrimonio para que perdure».

Te garantizo que si un hombre o una mujer le dijera esas palabras a su cónyuge, y se las dijera de corazón, y que si el cónyuge las recibe y acuerda decir lo mismo como respuesta, no solo podrían salvar su matrimonio, sino que lo harían mucho mejor de lo que jamás pensaron que pudiera ser. Es triste, pero demasiadas personas no reconocen las señales hasta que es demasiado tarde. No tienen ni una pista de lo que les está pasando a sí mismos y son ciegos a lo que le está pasando a su cónyuge.

¿Cuántas historias hemos escuchado de un hombre que llega a su hogar y se encuentra con que su esposa se ha ido llevándose todas sus pertenencias? Él está abrumado y perplejo, pero esa no fue una decisión instantánea para ella. Ella ha estado pensando en eso por mucho tiempo. Ninguna mujer decide dejar su hogar y su matrimonio por un capricho. Y una mujer que tiene hijos no va a abandonar su hogar sin haber pensado mucho en eso. Es muy traumático y difícil sacar a los hijos de su medio-ambiente, privarlos de su padre, y tratar de comenzar de nuevo tratando de mantenerlos, y encontrar quien le cuide a los hijos. Tiene que haber una separación emocional mucho antes de que haya una separación física. Si el esposo se sorprende, es probable que no haya estado escuchando por mucho tiempo. Una vez que una mujer toma esa decisión, no va a regresar a menos que se hagan algunos cambios grandes.

También hemos escuchado muchas historias de una mujer cuyo esposo la deja de pronto. De nuevo, hubo señales de separación emocional mucho antes de que ocurriera la separación física. Tiene que haber habido problemas de comunicación, problemas sexuales, o problemas de compatibilidad. Y tal vez ella no haya estado escuchando a su esposo por mucho tiempo. Por supuesto, que hay hombres que pueden ser seducidos fácilmente por otra mujer, y demasiadas mujeres que buscan hombres casados. Pero la esposa siempre tiene ventajas para no ceder terreno si hace de sí misma y de su hogar un refugio que él no quiera abandonar. La razón por la cual un hombre «de pronto» deja el matrimonio y hace algo impulsivamente —como irse con su secretaria—, es porque a esa altura duda de que las cosas jamás vayan a mejorar en el hogar.

¿Hay alguna vez un tiempo en que es apropiado irse del hogar?

En lo que respecta a una separación con la intención de arreglar las cosas, debes buscar la guía del Espíritu Santo. La razón para que un esposo o esposa se vaya del hogar y se separe de su cónyuge tiene que ser basada en que aman tanto a la persona que están dejando —como así también a sí mismos y a sus hijos—, que están dispuestos a hacer lo mejor. La motivación debe ser salvar el matrimonio y no castigar. Lo hacen porque si se quedan sería peor. A veces se necesitan medidas extremas en situaciones extremas.

Hay algunos creyentes que creen que la separación es lo mejor que se puede hacer para «despertar» a alguien. A veces se necesita un golpe fuerte para forzar a una persona a enfrentar la verdad acerca de sí misma y de lo que están haciendo. Por cierto que es un llamado a la recapacitación si tu cónyuge se va del hogar, pero he visto casos en que esta táctica ha tenido un resultado completamente opuesto al que se esperaba. En un caso, un esposo se fue del hogar y se separó de su esposa por algo totalmente trivial, y esto la llevó a ella a los brazos y el consuelo de otro hombre debido al enorme temor que le produjo el abandono y el rechazo. Es por eso que se debe orar mucho antes de tomar una decisión como esta. Tienes que tener la mente de Dios. No es algo como la ropa que «un talle le queda bien a todos». No hay garantías. «El corazón del hombre traza su rumbo, pero sus pasos los dirige el Señor» (Proverbios 16.9). Haz planes para tu vida pero no los hagas sin la guía del Espíritu Santo.

Una esposa se fue del hogar y dijo que no regresaría si el esposo no hacía algunos cambios muy grandes. Pero después de mucho tiempo, y de que mucho esfuerzo se hubiera puesto en recibir asesoramiento —el que no produjo los resultados esperados—, fue fácil entablar la demanda de divorcio. Si estás separado demasiado tiempo, puede parecer más conveniente estar separados. Por supuesto que la mejor razón para separarse es si hay maltrato en el hogar dirigido a la esposa o a un hijo. Tienes que hacer a un lado a un cónyuge violento y una situación hogareña volátil, hasta que ambos estén lo suficientemente calmos como para solucionar esas cosas. También, en el caso de adulterio, la separación puede ser necesaria antes de que pueda haber restauración.

Una joven que conozco había estado casada solo unos dos años con un joven que conoció en la iglesia. Tenían un hermoso hijo de un año de edad cuando ella descubrió que su esposo estaba teniendo una aventura con una mujer en su trabajo. La joven esposa estaba devastada y de inmediato tomó a su bebé y se mudó con sus padres. Ella buscó asesoramiento en su iglesia, y ella, sus padres, el consejero y el pastor estuvieron de acuerdo de que ella debería estar separada de su esposo hasta que él estuviera dispuesto a buscar asesoramiento en forma regular, y hacer lo necesario para cambiar su vida.

El esposo estaba tan devastado porque su esposa y su hijo se habían ido del hogar, y se sentía tan avergonzado por lo que había hecho, que estuvo de acuerdo en hacer lo que fuera necesario para la restauración de la familia. Comenzó a ir a ver a un consejero en forma regular, y también a asistir a la iglesia, y se quebrantó y arrepintió tan profundamente que pudo experimentar liberación de un problema de mucho tiempo con la adicción sexual. Él nunca había enfrentado ese problema antes, y su esposa no sabía que lo tenía. La vida de ese joven fue completamente transformada, y su esposa lo perdonó. Solo Dios puede hacer esto. Finalmente, ella y su bebé regresaron al hogar con él, y los dos comenzaron un negocio juntos que está teniendo mucho éxito hoy. Esta es una de las mejores historias que he escuchado acerca de la separación como una solución. Es un ejemplo perfecto de cómo una situación devastadora puede cambiar totalmente para la gloria de Dios.

Dios dice que la mujer no debe abandonar a su esposo, pero que si lo hace no se debe volver a casar y debe tratar de reconciliarse con él (1 Corintios 7.10-11). Esto quiere decir que no te vas simplemente porque consigues una oferta mejor. Quiere decir que si la esposa se va del hogar lo debe hacer con la intención de reconciliarse, si es posible, o de protegerse a sí misma o a los hijos de una situación destructiva, ya sea mental, emocional o física.

Si ya se han separado

Si tu cónyuge ya te ha dejado, o si tú lo has dejado a él (ella), tiene que haber alguna razón muy buena para tanta desdicha en tu matrimonio. Nadie que tiene un buen matrimonio deja su hogar y a su familia. Pídele a Dios que te muestre las verdaderas razones de por qué te ha dejado. Junto a eso, busca a un consejero y a creyentes maduros que pueden ayudarte a pensar en tu pasado, tu presente y tu futuro, y que oren contigo. No trates de pasar por esto solo (sola). Necesitas el apoyo de otras personas. Debes ser franco (franca) en cuanto a lo que está sucediendo en tu vida y debes poder pedir que oren por eso.

Si tienes la oportunidad de encontrar a tu cónyuge cara a cara, si aun por un momento, vístete con esmero. No uses la misma cosa que él (ella) te ha visto usar todos los días durante los últimos cinco años. Usa lo mejor que tengas, ponte perfume y trata de verte bien. Haz algo para mejorar tus atractivos. Tu competidor (competidora) por la atención de tu cónyuge está haciendo todo eso y más. Dale a tu cónyuge todas las razones para querer volver contigo. Haz que te vea como cuando se enamoró de ti. Cuando tengas la oportunidad de hablar con tu esposo (esposa), usa palabras amables, amorosas y que muestran aprecio. Pídele a Dios que su amor fluya a través de ti hacia tu esposo (esposa).

Pídele a Dios que traiga de vuelta a tu esposo (esposa) al hogar y que te dé paciencia para esperar por su tiempo. Alaba a Dios porque en este tiempo de espera tendrás una oportunidad de llegar a ser más como Él. Agradécele porque Él tiene gozo que los espera a los dos en medio de esta prueba.

Sin eludir la responsabilidad o tratar de achicar los pecados que tu cónyuge ha cometido que llevaron a esta separación, disponte a admitir cualquier cosa que hayas hecho que también ha contribuido a esto. Dile a tu cónyuge que quieres trabajar con él (ella) para edificar una vida buena, y que estás dispuesto (dispuesta) a hacer lo que sea necesario. Escucha, con un corazón abierto, las quejas de él (ella) acerca de lo que has hecho mal, y recíbelas. Aun si tu cónyuge dice que todo ha terminado, y que no hay arreglo, continúa orando. Muchos corazones han cambiado porque un esposo y esposa se rehusaron a dejar de orar.

Mientras esperas que Dios restaure tu matrimonio, participa en un maratón de auto-superación. Haz lo necesario para mejorar espiritual, física, emocional o mentalmente. Conviértete en una persona atractiva y que tiene magnetismo. Alimenta el alma y la mente, y conviértete en alguien interesante e interesado en los demás.

Esposas, un esposo necesita una esposa, no una madre. Aun si él necesita una madre porque no tuvo madre durante algún tiempo en su vida, tú no eres la que debe desempeñar ese papel. Así que, en primer lugar, no luzcas como su madre. Arréglate para que no lo hagas sentir viejo porque tú no te ves atractiva sino que te ves con poca gracia. Y no actúes como su madre regañándolo porque no recoge sus calcetines.

Esposos, una esposa no necesita un hijo; necesita un esposo. Así que no trates de convertirla en tu madre. Tú eres el esposo, así que hazte cargo de las cosas que se deben hacer en el hogar, y no la obligues a que te tenga que pedir una y otra vez que las hagas. Trátala con honor, y ella te tratará con honor. Trátala como lo mejor que te ha sucedido en la vida, y ella lo será. Y recoge tus calcetines, para que ella no tenga que tropezar con ellos todos los días y sentirse molesta. Recuerda que la separación no es divorcio. Y no tiene que terminar en divorcio. No si oras que no termine en divorcio. Con Dios, las cosas pueden cambiar. La gente puede cambiar. Pero tienen que *querer* cambiar. Por lo menos tienen que tener cierto grado de amor y aprecio por su cónyuge, y quieren que eso sea reavivado y que el matrimonio sea restaurado.

Una de las mejores cosas que puedes hacer por tu matrimonio es profundizar tu relación con Dios. Acércate a Dios y pídele que te muestre la verdad en cuanto a ti mismo, a tu cónyuge, acerca de tu matrimonio, y sobre Sus caminos. Cuando tienes luchas, Dios te pide que vayas a Él y que dejes tus problemas a sus pies, y Él te dará un lugar para que descanses de ellos. Si lo haces, tendrás paz en el corazón, sin importar lo que está sucediendo en tu matrimonio.

DIEZ COSAS QUE DICE DIOS EN CUANTO A ENCONTRAR UN LUGAR DE DESCANSO

1. **Dios te ha prometido descanso.** «Cuidémonos, por tanto, no sea que, aunque la promesa de entrar en su reposo sigue vigente, alguno de ustedes parezca quedarse atrás» (Hebreos 4.1).

2. **Encontrarás descanso en la presencia de Dios.** «Yo mismo iré contigo y te daré descanso, respondió el Señor» (Éxodo 33.14).

3. **Dios está contigo y te dará descanso en todas las circunstancias.** «El Señor su Dios está con ustedes, y les ha dado paz en todo lugar» (1 Crónicas 22.18).

4. **Dios tiene descanso y refrigerio para ti si tú lo escuchas.** Dios dijo: «Éste es el lugar de descanso; que descanse el

fatigado; y también: Éste es el lugar de reposo. ¡Pero no quisieron escuchar!» (Isaías 28.12).

5. **El reposo de Dios es completo y abarca todo.** «Pues bien, ahora el Señor mi Dios me ha dado paz por todas partes, de modo que no me amenazan ni adversarios ni calamidades» (1 Reyes 5.4).

6. **Debido a que eres hijo de Dios, Él tiene descanso para ti.** «Por consiguiente, queda todavía un reposo especial para el pueblo de Dios» (Hebreos 4.9).

7. **Cuando estás agobiado, Dios te dará descanso.** «Vengan a mí todos ustedes que están cansados y agobiados, y yo les daré descanso» (Mateo 11.28).

8. **Cuando te vuelves a Dios, encontrarás descanso.** «En el arrepentimiento y la calma está su salvación, en la serenidad y la confianza está su fuerza» (Isaías 30.15).

9. **Cuando te levantas con Dios, Él le dará descanso a tu alma.** «Carguen con mi yugo y aprendan de mí, pues yo soy apacible y humilde de corazón, y encontrarán descanso para su alma» (Mateo 11.29).

10. **Cuando obedeces a Dios, encontrarás descanso.** «¿Y a quiénes juró Dios que jamás entrarían en su reposo, sino a los que desobedecieron?» (Hebreos 3.18).

Cuando llega el tiempo de dejar ir

Con todo lo dicho en cuanto a aprender a encontrar el descanso de Dios y no perder la esperanza cuando están separados, hay un tiempo cuando necesitas dejar ir a tu cónyuge. Por supuesto que debes poner a tu cónyuge en las manos de Dios desde el principio de la separación, pero estoy hablando de *realmente* dejar ir.

Una señora que conozco, durante muchos años trató de lograr que su esposo regresara después de que la dejó. Ella todavía estaba tratando de que él regresara aun después de que él se había vuelto a casar y tenía dos hijos con su nueva esposa. Mientras ella había estado casada con él, nunca hizo esfuerzo alguno para verse atractiva, perfumarse o mantener la casa limpia. Nunca usó maquillaje o perfume, nunca se arregló el cabello de forma atractiva, nunca usó ropas con estilo siquiera un poco atractivo, y nunca usó mentas para el aliento. Un esposo (esposa) se tiene que sentir atraído de cierta forma a la persona con quien se ha casado.

Su esposo se quejaba a menudo acerca de esas cosas, pero ella no le prestó atención. Ella estaba obsesionada por los hijos, y allí es donde puso todos sus esfuerzos. Todo era para los hijos, y nunca trataba de hacer algo que le agradara a su esposo. Ella estaba determinada a no enviar a sus cuatro hijos a la escuela sino a enseñarles en el hogar a tiempo completo, sin tener en cuenta la fuerte objeción de su esposo. Él quería tener alguna clase de compañerismo con su esposa, pero ella dedicaba todo su tiempo a sus hijos, ni siquiera se tomaba un par de horas para salir a cenar con su esposo. Yo estoy a favor de enseñarles a los hijos en el hogar, y lo hice por un tiempo. Pero si llega a ser un problema en un matrimonio al punto en que está destrozando la relación, no veo como eso finalmente va a beneficiar a los hijos.

Cuando él recién la había dejado, ella todavía no hizo esfuerzo alguno por limpiar la casa o arreglarse cuando él venía a buscar a los hijos para que pasaran el día con él. Allí ella tuvo una buena oportunidad de volverlo a ganar, pero no hizo nada al respecto. Terminaron divorciándose, y ella tuvo que mandar a sus hijos a la escuela durante todo el día para ir a trabajar. Hubiera tomado tan poco esfuerzo escuchar a su esposo, entender cómo se sentía, y dar los pasos necesarios para hacer lo que él necesitaba. Él necesitaba una compañera, una mujer que fuera su esposa y que supliera sus necesidades sexuales, pero ella estaba tan dedicada a sus hijos que no tenía tiempo para nada de eso. Nunca se dio cuenta de que si en realidad amaba a sus hijos, tenía que asegurarse de que tuvieran un padre feliz. Sus hijos hubieran tenido un tiempo más fácil en la escuela de lo que tuvieron al vivir a través del divorcio de sus padres.

Es por eso que es tan importante escuchar cuidadosamente a tu cónyuge. ¿Cuáles son los comentarios, observaciones u opiniones que ha compartido en el pasado? Piensa por algunos momentos. ¿Han sido repetidos algunos de ellos, aun sutilmente? Trata de entender las señales. ¿Recuerdas el ejemplo de Wrigley y de sus patas que expresan comunicación, en el capítulo sobre la comunicación? Sus deseos eran expresados con mucha sutileza, y sabíamos que si no los entendíamos correctamente, habría un desorden desagradable que limpiar. ¿Entiendes mi analogía aquí? Pídele a Dios que te muestre lo que en realidad está pasando en el corazón y en la vida de tu esposo. Tal vez *creas* que lo sabes, pero nadie conoce el corazón de otra persona sin que se lo digan. Solo Dios ve las inquietudes del corazón. Pídele a Él que te muestre las cosas que tu cónyuge no te revelará.

Yo me solía preguntar por qué las personas podían estar casadas durante treinta y cinco años y luego divorciarse. Yo creía que si habían podido tolerar tanto tiempo, ¿por qué no seguir el resto de la vida? Pero me di cuenta de que cuanto más envejeces, tanto más difícil es soportar cualquier clase de maltrato. Llegas a un punto en el cual te das cuenta de que no te quedan tantos años, y que de ninguna manera los puedes pasar sintiéndote tan desdichada como antes. No dejes que esto te suceda a ti. Si te sientes desdichado ahora, haz algo en cuanto a eso. No va a mejorar por sí mismo. Habla con tu cónyuge y haz que él (ella) escuche cómo te sientes. Pídele que te diga lo que está sucediendo dentro de sí. Vayan a recibir asesoramiento si es necesario.

Si tú y tu cónyuge nunca han considerado abandonar al otro, dale gracias a Dios, y pídele que te muestre lo que cada uno puede hacer para nunca siquiera querer hacerlo. Pídele a Dios que te ayude a hacer lo que sea necesario para que nunca estén separados en sus corazones. Ora pidiendo sabiduría para ser el mejor esposo (esposa) posible. «Si a alguno de ustedes le falta sabiduría, pídasela a Dios, y él se la dará, pues Dios da a todos generosamente sin menospreciar a nadie» (Santiago 1.5). Pídele a Dios que los haga tan sabios que tengan el sentido común necesario para jamás estar separados en sus corazones.

ORACIONES POR MI MATRIMONIO

Oración pidiendo protección

SEÑOR, TE PIDO QUE PROTEJAS mi matrimonio para que nunca estemos separados en el corazón, lo que puede suceder cuando dos personas dejan de comunicarse. Ayúdanos para siempre estar en contacto íntimo y saber cómo nos sentimos emocionalmente el uno y el otro. Ayúdanos a hacer lo que le agrada al otro y a no descuidar las necesidades mutuas. Ayúdanos a ser amables cuando podríamos ser severos, misericordiosos en vez de juzgar, y a perdonar en lugar de ofendernos. Ábrenos los ojos cuando cualquiera de los dos está ciego a lo que está sucediendo en el corazón del otro. Muéstranos cuando hemos estado preocupados por otras cosas y por otras personas. Danos revelación para que podamos ver la verdad y permanecer en el camino que tú tienes para nosotros (Proverbios 29.18).

Señor, tu palabra dice que tú vas a permitir calamidades debido al pecado, y cuando tu pueblo te rechaza y adora a otros dioses (Jeremías 1.16). Te pido que mi esposo (esposa) nunca se aparte de tus caminos y que se involucre tanto en otras cosas que comience a servir a esas cosas en lugar de servirte a ti. Mantennos firmes en el camino que tienes para nosotros, para que la calamidad nunca esté en nuestra proximidad. Una de las calamidades más grandes sería estar separado el uno del otro. Te pido que nunca nos separemos de ninguna forma. Ayúdanos para siempre estar atentos en cuanto a esto. Si tú estás *con* nosotros, ¿quién puede estar *contra* nosotros? (Romanos 8.31). Oro en el nombre de Jesús.

Oración pidiendo victoria en mí

SEÑOR, CONFIESO CUALQUIER LUGAR en mi corazón en el cual me he separado de mi esposo (esposa). Rompo la dureza en mí que me ha mantenido distanciado —ya sea como una medida de autoprotección o por estar preocupado por otras cosas. Sé que no es tu voluntad que exista distancia entre dos personas, especialmente en aquellas que has hecho que sean una. Reconozco esta forma de pensar como una ofensa delante de ti. Gracias, porque debido a tu amor por mí, soy más que vencedor, y puedo obtener victoria sobre esto. Gracias porque nada me podrá separar jamás de tu amor (Romanos 8.37-29). Me niego a sentir ansiedad acerca de cualquier distancia que pueda sentir entre mi esposo (esposa) y yo. En cambio, vengo a ti con acción de gracias por quién eres y por todo lo que has hecho por nosotros, y te expreso todas nuestras peticiones. Gracias porque tu paz, que sobrepasa todo entendimiento, me mantendrán la mente y el corazón en Cristo Jesús (Filipenses 4.6-7). No dejaré que mi corazón se angustie, sino que en cambio confiaré en ti (Juan 14.1). Sé que tu gracia es suficiente para mí y tu fortaleza se perfecciona en mi debilidad. Puedo confiar en que cuando soy débil, tú me harás fuerte, porque pongo mi confianza en ti (2 Corintios 12.9-10). Aun si me siento abandonada(o), tú todavía estás a mi lado y serás para mí lo que mi esposo (esposa) no puede o no quiere ser (Isaías 54.4-5). Si llegara a haber una separación entre los dos, te pido que nos ayudes a reconciliar de nuevo. Obra en nosotros los cambios que son necesarios. Oro en el nombre de Jesús.

Oración pidiendo victoria en mi esposo (esposa)

SEÑOR, SI MI ESPOSO (ESPOSA) se ha separado de mí de alguna forma —ya sea física, emocional o mental—, te pido que lo traigas de vuelta. Gracias, Señor, porque aunque él (ella) me deje, tú has prometido que nunca me abandonarás (Deuteronomio 31.6). Señor, te pido que restaures cualquier separación física y emocional entre nosotros. Cambia nuestros corazones, y ayúdame a mí a ser lo que él (ella) necesita que yo sea. Restáuranos emocionalmente de nuevo a los dos. Dame el valor y la fuerza para luchar por nuestra relación hasta que llegue a ser lo que tú quieres que sea.

Señor, te pido que él (ella) no sea atraído hacia ninguna trampa o señuelo del enemigo. Abre sus ojos para que vea que si estás con nosotros, nadie puede estar contra nosotros y tener éxito (Romanos 8.31). Ayúdalo (ayúdala) a entender que la separación, excepto por el motivo de tratar de resolver los problemas, no es tu perfecta voluntad para nuestras vidas. Confío en que todo lo que pasemos te dará gloria (Romanos 8.18). Capacita a mi esposo (esposa) para que «pruebe y vea» que tú eres un Dios bueno, y que encontrará las bendiciones más grandes siguiéndote a ti y confiando en tus caminos (Salmo 34.8).

Ayuda a mi cónyuge para que escuche tu voz y te siga (Juan 10.27). Acércanos a los dos más a ti, y más el uno al otro. Si nuestro amor el uno por el otro ha fallado, ayúdanos para enamorarnos nuevamente en una medida aun mayor que antes. De la misma manera en que nada nos «apartará del amor de Cristo», te pido que nada nos separe del amor del uno por el otro (Romanos 8.35). Oro en el nombre de Jesús.

VERDADES PARA AFIRMAR

Considero que en nada se comparan los sufrimientos
actuales con la gloria que habrá de revelarse en nosotros.

ROMANOS 8.18

Hermanos míos, considérense muy dichosos cuando tengan que
enfrentarse con diversas pruebas, pues ya saben que la prueba de su
fe produce constancia. Y la constancia debe llevar a feliz término la
obra, para que sean perfectos e íntegros, sin que les falte nada.

SANTIAGO 1.2-4

Más valen dos que uno, porque obtienen más fruto de su esfuerzo.
Si caen, el uno levanta al otro.
¡Ay del que cae y no tiene quien lo levante!

ECLESIASTÉS 4.9-10

El SEÑOR cumplirá en mí su propósito. Tu gran amor, SEÑOR,
perdura para siempre; ¡no abandones la obra de tus manos!

SALMO 138.8

Dios ha dicho: «Nunca te dejaré; jamás te abandonaré.»
Así que podemos decir con toda confianza: «El Señor es quien
me ayuda; no temeré. ¿Qué me puede hacer un simple mortal?»

HEBREOS 13.5-6

14

Cuando PARECE NO HABER ESPERANZA y NECESITAS un MILAGRO

Hay etapas en todos los matrimonios. Primero hay un periodo romántico, con un enamoramiento apasionado, emocionante, divertido, en el cual uno comienza a conocer al otro. Es cuando el amor es tan vehemente que no puedes ver con claridad, lo que quiere decir que no puedes ver claramente en lo que te has metido. La intensidad de ese periodo se va a mitigar, no importa la forma en que trates de evitarlo, y aunque el sentimiento es fantástico, es totalmente agotador. La siguiente etapa es el tiempo en que se está creando un hogar y estableciendo una carrera. Cuando llegan los niños, es la etapa de poco dormir, cada minuto tienes algo que hacer, y no te alcanza el día para todas tus tareas. Luego viene el tiempo en que los hijos se van del hogar y debes recordar por qué es que te casaste, y volver a conocerse el uno al otro y enamorarse de nuevo. A continuación llega la etapa de soy demasiado viejo para seguir aguantando esto, y no quiero pasar el tiempo que me queda en esta clase de desdicha, así que tiene que haber cambios en este tiempo. Y aquí es donde terminan muchos matrimonios. Pero si pueden trabajar duro, y ambos están dispuestos a hacer cambios y superar eso, llegará la etapa de espero que envejezcamos juntos porque no quiero estar con nadie más, y sé que nos vamos a cuidar el uno al otro hasta que llegue el periodo final que anhelamos.

Las cosas pueden marchar mal en un matrimonio en cualquiera de estas etapas, pero si sabes que estos tiempos van a llegar y sabes que van a terminar, pasar a través de ellos será mucho más fácil. Te da esperanza en cada etapa.

Tal vez te sientas lleno de esperanza en cuanto a tu matrimonio hoy. Si es así, mi oración es que siempre sea de esa manera para ti. Quiera Dios que ambos sean cautivos de la esperanza sin importar lo que pasa en la vida que comparten (Zacarías 9.12). Sin embargo, si alguna vez comienzas a sentirte desesperanzado acerca de cualquier aspecto particular de tu matrimonio, espero que este capítulo te sirva de aliento. Y si alguna vez llegas al punto en el cual has perdido toda esperanza en cuanto a tu matrimonio, y se requeriría un milagro para salvarlo, entonces te tengo buenas noticias. Dios está en el negocio de hacer milagros. Eso quiere decir que si las cosas empeoraron tanto que has comenzado el proceso para divorciarte, y los papeles ya han sido firmados, y la tinta se ha secado completamente, todavía hay esperanza.

A través de los años, he conocido infinidad de parejas que han llegado al punto de comenzar un divorcio, y uno de ellos empezó a orar por el otro, y las cosas cambiaron hasta el punto en que hubo una reconciliación total. Cancelaron sus planes de divorciarse, y volvieron a vivir juntos. Algunos tuvieron que volver a casarse, porque se habían divorciado.

Una pareja en particular, a quien aprecio mucho, tiene una historia conmovedora y milagrosa. Una vez esperaron más de dos horas mientras yo firmaba libros, y llegaron adonde yo estaba al final de la línea. Me dijeron que habían experimentado muchas luchas en su matrimonio y que se habían separado. Mientras estaban separados, él fue encarcelado por un año, y finalmente ella presentó los papeles para el divorcio. Él recibió al Señor en la cárcel, y el día antes de ser puesto en libertad, alguien le regaló un ejemplar del libro *El poder de un esposo que ora.* Él leyó el libro entero el día y la noche antes de ser puesto en libertad, y me dijo que en esos momentos en que estaba leyendo supo que su vida nunca volvería a ser igual. Cuando salió de la cárcel, llamó a su esposa y le contó lo que había sucedido, y que Dios le había revelado la clase de esposo que tenía que ser, y que debía estar orando por ella todos los días. Le pidió a ella que lo recibiera de nuevo, y le prometió que haría todo lo necesario para ser la clase de esposo que ella necesitaba.

Su parte de la historia fue muy sorprendente, pero luego continuó su esposa, diciéndome que a ella también le habían regalado un libro unos días antes de que él fuera puesto en libertad, y ese libro se llamaba *El poder de una esposa que ora.* Cuando lo leyó, me dijo que se dio cuenta de la forma en que debía orar por su esposo.

Mientras me contaban esta historia, tenían los ojos llenos de lágrimas, y luchaban para hablar porque estaban muy conmovidos. Me dijeron que habían viajado 800 kilómetros en automóvil para contarme su historia y para agradecerme por haber escrito esos libros y salvar su matrimonio. Cancelaron los procedimientos de divorcio y estaban juntos otra vez. Su matrimonio era fuerte y sus vidas habían sido establecidas sobre un camino diferente del que nunca antes habían seguido. Me mostraron sus gastados libros y me pidieron que se los autografiara con un mensaje especial para ellos. Les dije que conocerlos y escuchar su historia había sido uno de los mejores regalos que jamás había recibido, y que siempre los recordaría y oraría por ellos. Habían estado en una situación sin esperanza, pero cuando comenzaron a orar el uno por otro, Dios hizo un milagro.

Nuestro Dios es un Dios de esperanza. Él es el Todopoderoso Dios del universo, y nada es demasiado difícil para Él. Lo que hizo por ellos, lo puede hacer por ti si te comprometes a orar por tu esposo (esposa). Él estará contigo y te guiará y te ayudará en cada paso del camino. La voluntad de Dios es salvar, restaurar y preservar tu matrimonio, y si lo buscas para que lo haga, Él te dará todo lo que necesitas para lograrlo.

Mientras esperas tu milagro

Tal vez no te sientas desesperanzado en cuanto a todo tu matrimonio, sino solo sobre un aspecto de él. Tal vez tu cónyuge tiene un hábito que te saca de las casillas. O tal vez tú tienes un problema que le hace perder la paciencia a tu cónyuge, y que sin su apoyo sientes que no lo puedes vencer. Tal vez te sientas sin esperanza porque no ves cómo la situación puede cambiar alguna vez. Pero ten ánimo, porque si sigues caminando cerca de Dios, tu dolor va a terminar. «Si por la noche hay llanto, por la mañana habrá gritos de alegría» (Salmo 30.5). No hay garantías de que tu cónyuge vaya a cambiar, pero lo que es seguro es que *tú* cambiarás. Y si *tú* cambias, hay una posibilidad grande de que *él (ella)* finalmente cambie también. Tus problemas van a desaparecer de una u otra forma.

Debido a que Dios es un Dios de milagros, Él puede traer de vuelta lo que se ha perdido o resucitar lo que ha muerto. Cuando te vuelves a Dios como tu única esperanza para que haga un milagro, estás en la mejor posición para recibir un milagro. Pero debes llegar al punto en que desistes —no en el matrimonio, sino en tratar de hacer que el milagro ocurra por tus propios medios. Humíllate delante del Señor, y como un niño dile que no puedes hacer esto sin Él (Mateo 18.4). Dile que quieres llegar al lugar en el cual toda tu esperanza está puesta en él, y que confías en que debido a su gran amor por ti, nunca serás desilusionado por la esperanza que hay en ti. La esperanza en ti refleja tu fe en Dios. Y para el que cree, todo le es posible (Marcos 9.23).

La esperanza en el Señor quiere decir que cualquier cosa puede suceder, porque Dios está a cargo, y Él es el Dios de lo imposible. Él puede cambiar cualquier cosa en un instante. Tal vez te sientas desesperado un momento, y de pronto puede haber un cambio en tu corazón y comienzas a caminar en la dirección del gozo. Mientras esperas un milagro, lo mejor que puedes hacer es dejar que el gozo del Señor inunde tu corazón.

La esperanza te permite hacer planes para el futuro. La desesperanza impide que veas que hay un futuro.

Jesús dijo: «Con vuestra paciencia ganaréis vuestras almas» (Lucas 21.19, RVR 1960). A primera vista, parece que este versículo dice que tenemos que ser pasivos y esperar que las cosas pasen, y tal vez algún día estarán bajo control. Pero Jack Hayford dice: «En este versículo, la palabra griega para ‹paciencia› (*hupomone*) quiere decir ‹soportar bajo presión›. Eso es lo que debemos hacer en estos momentos, mientras la presión de los espíritus seductores de los últimos días están sueltos y trabajando» (*The Anatomy of Seduction,* p. 45 [*Anatomía de la seducción* (Miami: Unilit, 2005)]).

Con esta perspectiva y dimensión de comprensión, la palabra «paciencia» se vuelve muy activa. La forma de ganar es ser paciente —o soportar bajo presión. A veces la victoria nos llega simplemente porque no desistimos, aun si tenemos que pelear una batalla tras otra. Demasiada gente desiste con mucha facilidad. Yo podía haber desistido en mi matrimonio mucho antes de haber visto cambios en mi esposo y en mí. Pero realmente, ambos hemos cambiado. Y creo que esos cambios son duraderos porque Dios hizo un milagro en nuestras vidas. Siento que Michael y yo nos comunicamos mucho mejor, y él no permite que el enojo lo controle como antes. Se requirió mucha oración, y soportar bajo presión (paciencia), pero sucedió. Lo logramos, y ahora estamos en la última etapa, en la cual sabemos que siempre estaremos juntos, y podremos solucionar lo que suceda. Hay mucha paz en eso.

Es por eso que no puedes considerar que perder la esperanza es el fin del mundo. En realidad es algo que Dios usa para hacer un milagro. Ganamos cuando permanecemos firmes hasta el fin, y decimos: «Dios, ayúdame a tener paz en el lugar en que estoy ahora, y en la situación en que me encuentro, porque sé que no me dejarás aquí para siempre. Ayúdame a decir lo que dijo Pablo: ‹he aprendido a estar satisfecho en cualquier situación en que me encuentre›» (Filipenses 4.11).

Mientras sigas caminando con Dios y no le des la espalda al Espíritu Santo, irás de gloria en gloria y de fortaleza en fortaleza, ya sea que lo sientas o no. «Así, todos nosotros, que con el rostro descubierto reflejamos como en un espejo la gloria del Señor, somos transformados a su semejanza con más y más gloria por la acción del Señor, que es el Espíritu» (2 Corintios 3.18). Tú está llegando a ser más como Él, así que, cuando has orado, cree que Dios te ha escuchado y avanza al lugar que Él tiene para ti mientras aguantas bajo presión. No es la clase de paz que puedes obtener de nada de este mundo, porque no hay ninguna razón terrenal para ella (Juan 14.27).

DIEZ COSAS PARA RECORDAR ACERCA DE LA PAZ DE DIOS

1. *Conocer a Dios trae paz y fortaleza.* «El SEÑOR fortalece a su pueblo; el SEÑOR bendice a su pueblo con la paz» (Salmo 29.11).

2. *Ver que Dios pelea por ti te traerá paz.* «Ustedes quédense quietos, que el SEÑOR presentará batalla por ustedes» (Éxodo 14.14).

3. *La humildad trae paz.* «Pero los desposeídos heredarán la tierra y disfrutarán de gran bienestar» (Salmo 37.11).

4. *La obediencia trae paz.* «Si hubieras prestado atención a mis mandamientos, tu paz habría sido como un río» (Isaías 48.18).

5. *La fe trae paz.* «Tu fe te ha salvado, le dijo Jesús a la mujer; vete en paz» (Lucas 7.50).

6. *Conocer a Jesús trae su paz.* «La paz les dejo; mi paz les doy. Yo no se la doy a ustedes como la da el mundo. No se angustien ni se acobarden» (Juan 14.27).

7. *La vida en el Espíritu trae paz.* «La mentalidad pecaminosa es muerte, mientras que la mentalidad que proviene del Espíritu es vida y paz» (Romanos 8.6).

8. *Vivir según los caminos de Dios trae paz.* «El producto de la justicia será la paz; tranquilidad y seguridad perpetuas serán su fruto» (Isaías 32.17).

> **9. Amar las leyes de Dios trae paz y protección.** «Los que
> aman tu ley disfrutan de gran bienestar, y nada los hace
> tropezar» (Salmo 119.165).
>
> **10. Cuando buscas la paz con otros recibirás la paz de Dios.**
> «Busquen la paz con todos, y la santidad, sin la cual nadie
> verá al Señor» (Hebreos 12.14).

Si has perdido todas las esperanzas

Aun si tú o tu esposo (esposa) ha perdido toda esperanza por tu matrimonio, si uno de los dos quiere que su matrimonio sea transformado, y *Dios* sí quiere que tu matrimonio sea transformado, eso es dos de tres. Y esa es una mayoría poderosa que puede hacer cambiar el último tercio de la ecuación. Pídele a Dios que les dé a tu esposo y a ti la capacidad para ver la situación desde su perspectiva. Ora pidiendo que ambos puedan levantar los ojos a los montes de donde vendrá la ayuda para ambos (Salmo 121.1).

Si en verdad quieres ver que tu matrimonio sea completamente restaurado o que sea todo lo que se supone que sea, no te juntes con personas que te dicen que estás loco (loca) si aun consideras la posibilidad de permanecer juntos. (Por supuesto, a menos que estés en una situación de maltrato y te están tratando de decir algo para tu bien.) Ora pidiendo que todo el dolor, la desilusión o el desaliento que experimentan tú o tu cónyuge los acerque más a Dios y que no los separe más. Busca a personas que apoyan lo que estás tratando de hacer y en lo que crees en cuanto a tu matrimonio.

Si has estado casado (casada) bastante tiempo como para experimentar más que unas pocas pruebas, ten presente que la oración al Dios Todopoderoso del universo, que fue el que, en primer lugar, creó el matrimonio, derrama su poder para restaurarlo. Dios dice: «Cuando cruces las aguas, yo estaré contigo; cuando cruces los ríos, no te cubrirán sus aguas; cuando camines por el fuego, no te quemarás ni te abrasarán las llamas. Yo soy el Señor, tu Dios, el Santo de Israel, tu Salvador» (Isaías 43.2-3).

Recuerda que la desesperanza no sucede de la noche a la mañana, aunque las cosas pueden suceder con rapidez y llevarte a un estado de desesperación. Por lo general, la esperanza se pierde poco a poco, a medida que cada ofensa, cada desilusión, cada herida se agranda, hasta que el desaliento toma control y cubre esas cosas como si fuera cemento, solidificando la pared que se ha erigido. La desesperanza por lo general se apodera de ti cuando tus oraciones todavía no han sido contestadas y tú crees que nunca lo serán.

Tal vez sientas que tú y tu matrimonio están cayendo en picada y que solo la mano de Dios se puede extender para salvarte antes de que llegues al fondo, pero tus oraciones pueden ejercer influencia en la mano de Dios en cualquier momento. Es por eso que siempre debes tener esperanza. Si has abandonado la esperanza de que *las cosas* puedan ser diferentes alguna vez, ten presente que la voluntad de Dios es cambiar *todo* en tu vida. Tú puedes rechazar la falta de esperanza y poner tu esperanza en un Dios que hace milagros.

Cuando pones tu esperanza en Dios, no vas a ser avergonzado (Isaías 49.23), porque te van a suceder cosas buenas (Lamentaciones 3.25), Dios se complacerá en ti (Salmo 147.11), no tendrás que estar triste (Salmo 42.11), y encontrarás descanso (Salmo 62.5).

Diez buenas razones para no perder la esperanza

1. **Por Jesús es que tenemos esperanza.** «¡Alabado sea Dios, Padre de nuestro Señor Jesucristo! Por su gran misericordia, nos ha hecho nacer de nuevo mediante la resurrección de Jesucristo, para que tengamos una esperanza viva» (1 Pedro 1.3).

2. **El plan de Dios es darte esperanza.** «Porque yo sé muy

bien los planes que tengo para ustedes, afirma el Señor, planes de bienestar y no de calamidad, a fin de darles un futuro y una esperanza» (Jeremías 29.11).

3. **La Palabra de Dios te da esperanza.** «De hecho, todo lo que se escribió en el pasado se escribió para enseñarnos, a fin de que, alentados por las Escrituras, perseveremos en mantener nuestra esperanza» (Romanos 15.4).

4. **A Dios le agrada que pongas tu esperanza en Él.** El Señor «se complace en los que le temen, en los que confían en su gran amor» (Salmo 147.11).

5. **Cuando pones tu esperanza en Dios, Él mantiene sus ojos en ti.** «Pero el Señor cuida de los que le temen, de los que esperan en su gran amor» (Salmo 33.18).

6. **Siempre hay esperanza por el futuro.** «Cuentas con una esperanza futura, la cual no será destruida» (Proverbios 23.18).

7. **Dios te llena de esperanza cuando tú confías en Él.** «Que el Dios de la esperanza los llene de toda alegría y paz a ustedes que creen en él, para que rebosen de esperanza por el poder del Espíritu Santo» (Romanos 15.13).

8. **Siempre tienes esperanza de que Dios te va a librar.** «Él nos libró y nos librará de tal peligro de muerte. En él tenemos puesta nuestra esperanza, y él seguirá librándonos» (2 Corintios 1.10).

9. **Tienes esperanza porque Dios es fiel y mantiene su promesa.** «Mantengamos firme la esperanza que profesamos, porque fiel es el que hizo la promesa» (Hebreos 10.23).

10. **La verdadera esperanza es cuando no desistes, aun cuando ves muchas razones para hacerlo.** «Porque en esa esperanza fuimos salvados. Pero la esperanza que se ve, ya no es esperanza. ¿Quién espera lo que ya tiene?» (Romanos 8.24).

El amor y el respeto que se manda tener en la Biblia entre un esposo y su esposa no se basa en «si siento ganas» o en «si tu cónyuge lo merece». Se basa en hacer lo que Dios dice que hagamos, porque Él ha derramado su amor en tu corazón. Dios nos ama aun cuando hacemos algo malo y lo desilusionamos. Él nos ama aun cuando nos olvidamos de retribuir su amor y somos descuidados en cuanto a pasar tiempo con Él. Él nos dice que debemos amar a los demás aun cuando parezca que ellos no nos aman. «Si ustedes aman solamente a quienes los aman, ¿qué recompensa recibirán? (Mateo 5.46). La razón por la cual podemos amar siempre es porque Dios ha derramado su amor incondicional en nuestro corazón.

Es por eso que debes continuar amando a tu cónyuge, aun cuando parezca que se ha perdido la esperanza. No permitas que te dominen la mente pensamientos negativos acerca de ti mismo, de tu cónyuge o de tu matrimonio. Haz que tus pensamientos sean buenos y positivos. Destruye los «argumentos y toda altivez que se levanta contra el conocimiento de Dios, y [lleva] cautivo todo pensamiento para que se someta a Cristo» (2 Corintios 10.5). Requiere de ti mismo ser amoroso con los demás, de la forma en que Dios lo es contigo. Al igual que Daniel, dispón tu corazón para entender al Señor y sus caminos, y para humillarte delante de Él. El ángel le dijo a Daniel: «No tengas miedo, Daniel. Tu petición fue escuchada desde el primer día en que te propusiste ganar entendimiento y humillarte ante tu Dios. En respuesta a ella estoy aquí» (Daniel 10.12). Cuando lo haces, puedes tener fe de que tus oraciones han sido escuchadas. Y porque has puesto tu esperanza en el Señor, no serás desilusionado.

ORACIONES POR MI MATRIMONIO

Oración pidiendo protección

SEÑOR, TE ENTREGO MI MATRIMONIO. Permite que llegue a ser todo lo que tú quieres que sea. Aun en los tiempos en que tal vez suframos heridas o malentendidos, creo que tú puedes guardar todo lo que te he encomendado (2 Timoteo 1.12). Te pido que nos ayudes a mi esposo (esposa) y a mí a nunca sentirnos sin esperanza, en especial en lo que respecta a nuestra relación y matrimonio. Ayúdanos a crecer en fe —fe en ti y el uno en el otro. Ayúdanos a poner nuestra esperanza en ti, porque tú eres nuestro socorro y escudo (Salmo 33.20). Que tu gran amor y tu favor sean con nosotros (Salmo 33.22). Capacítanos para heredar todo lo que tienes para nosotros porque tenemos el corazón lleno de esperanza (Salmo 37.9).

Señor, te pido que siempre tengamos paciencia para esperar en ti para que obres en nuestras vidas y en nuestro matrimonio. Te doy gracias porque debido a que tú fuiste crucificado y resucitaste de los muertos, podemos tener esperanza de que tú resucitarás todas las cosas en nuestras vidas, sin importar lo muertas o sin esperanza que parezcan (1 Pedro 1.3). Ayúdanos para no desistir el uno del otro, sino a dejar que la paciencia lleve «a feliz término la obra, para que [seamos] perfectos e íntegros, sin que [nos] falte nada» (Santiago 1.4). Ayúdanos para despojarnos «del lastre que nos estorba, en especial del pecado que nos asedia, y [correr] con perseverancia la carrera que tenemos por delante. [Fijando] la mirada en Jesús, el iniciador y perfeccionador de nuestra fe, quien por el gozo que le esperaba, soportó la cruz» (Hebreos 12.1-2). Ayúdanos a mantener nuestros ojos en ti. Oro en el nombre de Jesús.

Oración pidiendo victoria en mí

SEÑOR, VENGO DELANTE DE TI y pongo toda mi ansiedad a tus

pies, sabiendo que tú me cuidas (1 Pedro 5.7). Te doy gracias porque tus planes para mí son un futuro lleno de paz y de esperanza (Jeremías 29.11). Ayúdame a recordar que no importa lo que esté sucediendo en mi vida y en mi matrimonio, tú nunca me dejarás ni me abandonarás.

Señor, te confieso como pecado las veces en que he sentido desesperanza en cuanto a mi situación, y especialmente sobre aspectos importantes de mi matrimonio. Tu Palabra dice que «la esperanza frustrada aflige al corazón; el deseo cumplido es un árbol de vida» (Proverbios 13.12). Cuando pasa mucho tiempo y no veo cambio alguno, siento desilusión y desesperanza. Pero te confieso toda la falta de esperanza, porque tú has dicho que todo lo que no proviene de fe es pecado (Romanos 14.23), porque revela que mi fe en tu poder de cambiar las cosas es débil. Ayúdame a no vacilar a tener fe de nuevo por temor a ser desilusionado. Me comprometo a confiar en ti en todo momento. Derramo mi corazón ante ti, porque sé que tú, Dios, eres mi refugio (Salmo 62.8).

Ayúdame a llegar a ser como un niño, para que dependa completamente en ti, porque sé que ese es el lugar más seguro para mí. Mi oración es: «Examíname, oh Dios, y sondea mi corazón; ponme a prueba y sondea mis pensamientos. Fíjate si voy por mal camino, y guíame por el camino eterno» (Salmo 139.23-24). Capacítame para llegar a ser todo lo que debo ser. En medio de desafíos en mi matrimonio, te pido: «Ten compasión de mí, oh Dios; ten compasión de mí, que en ti confío. A la sombra de tus alas me refugiaré, hasta que haya pasado el peligro» (Salmo 57.1).

Aun cuando tal vez suframos en algunos momentos en nuestro matrimonio debido a lo que uno ha hecho o no hecho, sé que tú puedes hacer «muchísimo más que todo lo que podamos imaginarnos o pedir, por el poder que obra eficazmente en nosotros» (Efesios 3.20). Seré fuerte y cobraré ánimo, porque mi esperanza descansa en ti (Salmo 31.24). Gracias porque tú pones mis lágrimas en una redoma (Salmo 56.8). Espíritu Santo, mi oración es que me des «una corona en vez de cenizas, aceite de alegría en vez de luto, traje de fiesta en vez de espíritu de desaliento» (Isaías 61.1-3). Hazme un pilar de justicia para tu gloria. Ayúdame a continuar la obra de mi fe, el trabajo de mi amor y de mi constancia en la esperanza que tengo en el Señor Jesucristo (1 Tesalonicenses 1.3). Oro en el nombre de Jesús.

Oración pidiendo victoria en mi esposo (esposa)

SEÑOR, ENTREGO EN TUS MANOS A MI ESPOSO (ESPOSA). Te pido que cualquier desesperanza que sienta en cuanto a sí mismo (misma) le sea quitada de su corazón. Haz de él (ella) todo lo que lo (la) creaste para que fuera. Rompe cualquier atadura en su mente en las esferas en que ha dejado que reine la falta de esperanza. Ayúdalo (ayúdala) para poner su esperanza en ti y a entender que no es por nuestro poder, sino por tu Espíritu Santo que nuestra relación puede ser transformada para llegar a ser todo lo que fue creada para ser. Quita toda la desilusión que él (ella) pueda tener acerca de mí, de nuestro matrimonio y de nuestra vida juntos. Gracias porque tú eres el Dios de toda esperanza, y porque «Jesucristo es el mismo ayer hoy y por los siglos» (Hebreos 13.8).

Espíritu Santo, ayuda a mi esposo (esposa) a entender que debido a quién eres Tú, nuestra situación nunca es desesperanzada (Juan 14.26). Aun cuando tal vez tengamos dificultades, no estamos abatidos porque nuestra esperanza es en ti. «Nos vemos atribulados en todo, pero no abatidos; perplejos, pero no desesperados» (2 Corintios 4.8). Señor, te pido también que le sean iluminados los ojos del corazón para que sepa a qué esperanza lo (la) has llamado, y para que pueda entender «cuán incomparable es la grandeza de tu poder a favor de los que creemos» (Efesios 1.18-19). Dale un amor y fe inquebrantables en ti. Oro en el nombre de Jesús.

VERDADES PARA AFIRMAR

Los que confían en el SEÑOR renovarán sus fuerzas; volarán como las águilas: correrán y no se fatigarán, caminarán y no se cansarán.

ISAÍAS 40.31

Porque todo el que pide, recibe;
el que busca, encuentra; y al que llama, se le abre.

MATEO 7.8

Los justos claman, y el SEÑOR los oye;
los libra de todas sus angustias.

SALMO 34.17

Así tú, Israel, espera al SEÑOR.
Porque en él hay amor inagotable; en él hay plena redención.

SALMO 130.7

Estoy convencido de esto: el que comenzó tan buena obra en ustedes la irá perfeccionando hasta el día de Cristo Jesús.

FILIPENSES 1.6

HAZ PLANES *para* SER *una* HISTORIA *de* ÉXITO

L a semana pasada me enteré de que una pareja que conocemos bien se está divorciando. Son creyentes, tienen dos hijos y son muy bien conocidos en nuestra comunidad. Parecía la familia perfecta, muy talentosa y divertida. Le encantan a todo el mundo. Su familia ahora está *siendo dividida*, y todos los que los rodean están *muy tristes*.

Hoy hablé con una madre que cría sola a sus hijos, que había estado casada veinticinco años, pero que lleva cinco de divorciada, y todavía sufre por el divorcio. Ella trabaja muy duro para mantenerse a sí misma y a sus dos hijos, y siempre lucha con el sentimiento de culpa por tener que estar tanto tiempo lejos de ellos por causa del trabajo. Todos los miembros de la familia de ella han sido *impactados en forma negativa* debido a esto.

Hace poco un pastor muy bien conocido se divorció de su esposa porque ella había vuelto a tener relaciones con su antiguo novio inconverso. Había habido mucha soledad en el matrimonio de ellos por algún tiempo. Tanto la congregación como la comunidad están abrumadas, al igual que sus hijos.

Hace algunos días, un matrimonio joven terminó con la relación debido a un terrible malentendido de parte de ambos. Sus familias están *devastadas y sufren mucho*, y las *caídas* parecen no terminar nunca.

Conozco personalmente a todas esas personas, y me parte el corazón ver la *tristeza* y el *dolor* —especialmente cuando sé que eso se podría haber evitado, porque Dios tiene un camino mejor. No los juzgo. Sé lo difícil que es hacer que un matrimonio marche bien. Pero también sé que vale la pena hacer todos los esfuerzos posibles para superar los problemas y el dolor, y ver que tu matrimonio no solo sobrevive, sino que llega a ser bueno y sólido. Eso es lo que sucedió en mi matrimonio, y todos los años de orar y aprender a seguir los caminos de Dios valieron la pena, aun cuando enfrentamos falta de esperanza. Valió la pena que Dios reconstruyera mi corazón hasta que el arrepentimiento, el perdón y el amor fluyeron de él, todos los días, sin importar las circunstancias. Esto es algo que hizo Dios porque yo estuve dispuesta a hacer lo que fue necesario de mi parte. Es por eso que mi oración por ti es que tú también encuentres la fortaleza, la fe y el valor para hacer lo que sea necesario para ver que tu matrimonio sea una de las historias de éxito. Y yo te voy a estar alentando a lo largo del camino.

ACERCA DE
LA AUTORA

Stormie Omartian es autora de éxitos de librería de la serie de *El poder de... que ora*® con más de 10 millones de copias impresas. Es una conferencista muy solicitada, cuya pasión es ayudar a las personas a conocer a Dios y Su amor de una manera muy profunda. Como sobreviviente de abuso infantil, Stormie incorpora a sus obras una comprensión profunda sobre los temas de sanidad. Ella y su esposo, Michael, han estado casados por 34 años y tienen 3 hijos adultos.

CPSIA information can be obtained at www.ICGtesting.com
Printed in the USA
LVOW071133220812

295447LV00003B/6/P